Economia solidária
Introdução, história e experiência brasileira

FUNDAÇÃO EDITORA DA UNESP

Presidente do Conselho Curador
Mário Sérgio Vasconcelos

Diretor-Presidente / Publisher
Jézio Hernani Bomfim Gutierre

Superintendente Administrativo e Financeiro
William de Souza Agostinho

Conselho Editorial Acadêmico
Divino José da Silva
Luís Antônio Francisco de Souza
Marcelo dos Santos Pereira
Patricia Porchat Pereira da Silva Knudsen
Paulo Celso Moura
Ricardo D'Elia Matheus
Sandra Aparecida Ferreira
Tatiana Noronha de Souza
Trajano Sardenberg
Valéria dos Santos Guimarães

Editores-Adjuntos
Anderson Nobara
Leandro Rodrigues

FUNDAÇÃO PERSEU ABRAMO

Instituída pelo Diretório Nacional do
Partido dos Trabalhadores em maio
de 1996.

Diretoria:
Presidente: Aloizio Mercadante
Vice-presidenta: Vívian Farias
Elen Coutinho
Jéssica Italoema
Alberto Cantalice
Artur Henrique
Carlos Henrique Árabe
Geraldo Magela
Jorge Bittar
Valter Pomar

Conselho editorial:
Albino Rubim, Alice Ruiz, André Singer,
Clarisse Paradis, Conceição Evaristo,
Dainis Karepovs, Emir Sader, Hamilton
Pereira, Laís Abramo, Luiz Dulci, Macaé
Evaristo, Marcio Meira, Maria Rita Kehl,
Marisa Midori Deaecto, Rita Sipahi, Silvio
Almeida, Tassia Rabelo, Valter Silvério

Coordenador editorial:
Rogério Chaves

Assistente editorial:
Raquel Costa

PAUL SINGER

Economia solidária
Introdução, história e experiência brasileira

ORGANIZAÇÃO André Singer, Helena Singer e Suzana Singer

Coleção Paul Singer volume 2

© 2022 EDITORA UNESP

Direitos de publicação reservados à:
Fundação Editora da Unesp (FEU)
Praça da Sé, 108
01001-900 – São Paulo – SP
Tel.: (0xx11) 3242-7171
Fax: (0xx11) 3242-7172
www.editoraunesp.com.br
www.livrariaunesp.com.br
atendimento.editora@unesp.br

DADOS INTERNACIONAIS DE CATALOGAÇÃO NA PUBLICAÇÃO (CIP) DE
ACORDO COM ISBD
Elaborado por Vagner Rodolfo da Silva – CRB-8/9410

S617e
Singer, Paul
    Economia solidária: introdução, história e experiência brasileira / Paul Singer; organizado por André Singer, Helena Singer, Suzana Singer. – São Paulo: Editora Unesp; Fundação Perseu Abramo, 2022.

    Inclui bibliografia.
    ISBN: 978-65-5711-159-8 (Editora Unesp)
    ISBN: 978-65-5626-074-7 (Fundação Perseu Abramo)

    1. Economia. 2. Economia solidária. I. Singer, André. II. Singer, Helena. III. Singer, Suzana. IV. Título.

2022-2982	CDD 330
	CDU 33

Editora afiliada

Asociación de Editoriales Universitarias
de América Latina y el Caribe

Associação Brasileira de
Editoras Universitárias

Sumário

Coleção Paul Singer, *9*

Importante não é saber aonde chegar, importante é a trajetória – *Helena Singer, 11*

INTRODUÇÃO À ECONOMIA SOLIDÁRIA

Apresentação – *Luiz Inácio Lula da Silva, 31*

I – FUNDAMENTOS, *33*

1. Solidariedade × competição na economia, *33*
2. Empresa capitalista e empresa solidária: a repartição dos ganhos, *36*
3. Autogestão e heterogestão, *41*

II – HISTÓRIA, *49*

1. Origens históricas da economia solidária, *49*

III – PANORÂMICA, *63*

1. O cooperativismo de consumo, *63*
2. O cooperativismo de crédito, *81*
3. Mudanças estruturais, *89*
4. O Grameen Bank (Banco da Aldeia): a volta às raízes do cooperativismo de crédito, *94*

5. Cooperativas de compras e vendas, *101*

6. Cooperativas de produção, *107*

7. A Corporação Cooperativa de Mondragón, *115*

8. Clubes de troca, *121*

IV – PRESENTE E FUTURO, *123*

1. A reinvenção da economia solidária no fim do século XX, *123*

2. Perspectivas da economia solidária, *126*

Referências bibliográficas, *137*

ENSAIOS SOBRE ECONOMIA SOLIDÁRIA

DESENVOLVIMENTO CAPITALISTA E DESENVOLVIMENTO SOLIDÁRIO, *141*

1. Desenvolvimento econômico e científico, *141*

2. Desenvolvimento capitalista e desenvolvimento solidário, *144*

3. Desenvolvimento em tempos de reestruturação, *150*

4. Um desenvolvimento semicapitalista e semissolidário, *153*

5. Desenvolvimento misto, *161*

Referências bibliográficas, *163*

ANGÚSTIA ECONÔMICA NO CAPITALISMO E NA ECONOMIA SOLIDÁRIA, *165*

1. Considerações gerais, *165*

2. Liberdade e angústia no capitalismo, *166*

3. A angústia causada pela intensificação da competição
interna às empresas, *168*

4. A angústia econômica na economia solidária, *169*

5. Conclusões, *170*

É POSSÍVEL LEVAR O DESENVOLVIMENTO A COMUNIDADES POBRES?, *171*

1. Comunidades pobres no capitalismo do século XX, *171*

2. O desenvolvimento solidário, *173*

3. A brecha de mercado, *174*

4. Os agentes de desenvolvimento, *175*

5. A coordenação do desenvolvimento comunitário, *177*

6. A organização do desenvolvimento local, *177*

A ECONOMIA SOLIDÁRIA NO BRASIL, *179*

1. Histórico, *179*
2. A economia solidária e seus princípios, *182*
3. As políticas públicas de economia solidária no Brasil, *185*

A ECONOMIA SOLIDÁRIA COMO INOVAÇÃO NO BRASIL
NO FIM DO SÉCULO XX, *193*

A EXPERIÊNCIA BRASILEIRA NAS POLÍTICAS PÚBLICAS PARA
A ECONOMIA SOCIAL E SOLIDÁRIA, *197*

1. Políticas públicas para a ESS, *197*
2. Políticas públicas de ESS, *200*
3. Política pública de desenvolvimento local por meio da ESS, *205*
4. Conhecimentos necessários para o desenho e gestão de políticas
   públicas para a economia social e solidária, *208*

A ECONOMIA SOLIDÁRIA NO COMBATE À POBREZA E POR DEMOCRACIA, *213*

A CONSTRUÇÃO DA ECONOMIA SOLIDÁRIA COMO ALTERNATIVA AO
CAPITALISMO, *219*

1. Prolegômenos, *219*
2. Controvérsias sobre a estratégia da luta dos trabalhadores
   pelo socialismo, entendido como combinação de autogestão
   dos trabalhadores com sufrágio universal, *222*
3. O avanço das lutas populares impõe sucessivas revisões às noções
   de socialismo como sistema socioeconômico destinado a suceder ao
   capitalismo, *227*
4. Auge e declínio do "socialismo realmente existente"
   como sistema socioeconômico universal, sem autogestão
   e sem democracia, e o retorno da autogestão como bandeira
   dos novos movimentos sociais, *231*
5. A autogestão como reivindicação das lutas operárias
   no "socialismo real", *239*
6. A repercussão da revolução do Solidarnosc e a consequente difusão
   do socialismo autogestionário no Brasil, *240*

Referências bibliográficas, *253*

Coleção Paul Singer

Paul Singer nasceu em Viena, Áustria, em 1932. Em 1940, fugiu do nazismo levado pela mãe, viúva, para São Paulo. No Brasil, completou a escolaridade fundamental, tornando-se eletrotécnico no ensino médio. Antes de ingressar na Universidade de São Paulo (USP), em 1956, para estudar economia, foi operário e tornou-se militante socialista, condição que manteria para o resto da vida, tendo intensa participação partidária até a morte, em 2018.

Diplomado pela Faculdade de Economia e Administração (FEA) da USP, fez carreira acadêmica, a qual passou por doutorado em Sociologia, livre-docência em Demografia e titularidade na própria FEA, onde se aposentou em 2002. A segunda metade de sua existência foi marcada pela gestão pública, na qual exerceu os cargos de secretário do Planejamento do município de São Paulo (1989-1992) e secretário nacional de Economia Solidária do governo federal (2003-2016). Neles teve oportunidade de implementar ideias e propostas que havia desenvolvido desde a juventude.

O legado dessa trajetória inclui 24 livros próprios e seis em coautoria, algumas dezenas de artigos científicos publicados em diversos países, várias centenas de textos e entrevistas a jornais, além de relatórios e comunicações orais, hoje no acervo do Instituto de Estudos Brasileiros (IEB) da USP. A Coleção Paul Singer, coedição da Fundação Editora da Unesp e da Fundação Perseu Abramo, visa disponibilizar ao público uma seleção de trabalhos do autor, cuja obra se estendeu não somente a assuntos econômicos, mas relacionados à política, urbanismo, demografia, saúde e história, entre outros.

André Singer, Helena Singer e Suzana Singer

Importante não é saber aonde chegar, importante é a trajetória

*Helena Singer**

> *Não creio que vá mudar totalmente a sociedade em menos de cem anos, por exemplo. Mas o importante não é saber aonde vai chegar, não é saber que tipo de socialismo vai ser construído: importante é a trajetória. Porque nós não sabemos que tipo de sociedade vai vir disso, mas sabemos o que queremos agora, e isto é que é realmente importante.*

Paul Singer[1]

Paul Singer encontrou-se com a economia solidária depois dos 60 anos de idade e foi um encontro definitivo, que o faria resgatar e reinventar diversos aspectos de sua produção intelectual, bem como da trajetória como gestor público e de sua militância

---

* Doutora em Sociologia. Presidente do Conselho do Instituto Paul Singer. Autora de *República de crianças* (Mercado de Letras, 2010); *Discursos desconcertados: linchamentos, punições e direitos humanos* (Humanitas, 2003); entre outros.

1 Entrevista concedida a Claudio Amitrano, Rogerio Schlegel, Flávio Moura e Henri Gervaiseau, em Montero; Moura (orgs.), *Retrato de grupo: 40 anos do Cebrap*, p.91.

política. Certa vez, perguntado sobre como foi essa virada na sua vida, respondeu remetendo à experiência que teve no movimento juvenil sionista socialista, quando ainda era adolescente, e a toda sua história como militante e intelectual de esquerda.[2]

Nos anos 1990, o Brasil enfrentava a continuidade de severa crise econômica, que deixava milhões de trabalhadores sem emprego. Naquele contexto, a Cáritas, organização ligada à Igreja católica, fomentava a organização solidária dos trabalhadores e convidou o então professor titular de Economia da Universidade de São Paulo (USP) a visitar algumas cooperativas. A visita impressionou fortemente Singer, que viu ali um caminho claro para o enfrentamento da crise com princípios que retomavam as propostas socialistas.[3]

Paul Singer havia sido secretário de Planejamento da gestão Luiza Erundina na cidade de São Paulo, entre 1989 e 1992, depois reassumiu suas funções na Faculdade de Economia, mas, como sempre fez, manteve sua atuação militante no Partido dos Trabalhadores (PT). Quando participava da elaboração do plano de governo da candidatura de Erundina para uma nova gestão na cidade, em 1996, trouxe a ideia do fomento à economia solidária em artigos[4] que tiveram bastante repercussão. Erundina não foi eleita, mas Singer levou adiante a proposta fortalecendo um circuito entre a universidade e as organizações dos trabalhadores.

Começou por assumir, ao lado de colegas das outras universidades paulistas, a coordenação do Grupo de Trabalho de Economia Solidária da Fundação Unitrabalho, uma rede nacional de universidades, que passou a organizar seminários em que os vários atores daquele incipiente movimento se encontraram e reconheceram: a Associação Nacional dos Trabalhadores em Empresas de Autogestão e de Participação e Acionária (Anteag), a Incubadora Tecnológica de Cooperativas

---

2 Ibid., p.90.

3 As principais obras de Singer sobre o socialismo compõem o primeiro volume desta Coleção Singer, *Uma utopia militante: três ensaios sobre o socialismo*.

4 Singer, "Economia solidária contra o desemprego", *Folha de S.Paulo*, 11 jul. 1996; Singer, "Desemprego: uma solução não capitalista", *Teoria e Debate*, v.32, 1º jul. 1996. Disponível em: <https://teoriaedebate.org.br/1996/07/01/desemprego-uma--solucao-nao-capitalista/>. Acesso em: jun. 2022.

Populares da Universidade Federal do Rio de Janeiro (ITCP-UFRJ), o Movimento dos Trabalhadores Rurais Sem Terra (MST), entre outras entidades que organizavam a formação de cooperativas em várias partes do país. Singer também provocou a Central Única dos Trabalhadores (CUT) a formar uma incubadora para viabilizar projetos de cooperativas, o que deu lugar à Agência de Desenvolvimento Solidário (ADS), criada em parceria com a Unitrabalho e o Departamento Intersindical de Estatística e Estudos Socioeconômicos (Dieese).

Na USP, o interesse pela economia solidária crescia entre os estudantes. As palestras do velho professor entusiasmavam os jovens estudantes, que o convidaram a orientar um grupo de estudos, prática que Singer sempre estimulou e apoiou. Com o tempo, os estudos se formalizaram em uma disciplina de pós-graduação. Coerente com o conteúdo ministrado, Singer imprime ao curso o caráter democrático, construindo com os estudantes a seleção dos textos a serem estudados e a organização dos seminários, sempre em rodas de debate. Além disso, o curso conecta os estudos aos projetos de pesquisa e de vida dos estudantes, como narram os próprios estudantes no livro *Uma outra economia é possível*.[5] Mas não são só jovens que se transformam nesses encontros:

> Acho que, junto com gerações de marxistas, estou evoluindo, não deixei de ser propriamente marxista, mas reavaliei totalmente a contribuição dos utópicos, praticamente Pierre-Joseph Proudhon, e isso graças aos meus alunos. Nos meus últimos anos na universidade, de 1999 em diante, meus alunos me perguntam por que não fazíamos um seminário sobre Proudhon. Estava fora do meu horizonte, mas topei e fizemos. Li Charles Fourier, Robert Owen, e isso ampliou minha visão. Impressionante como somos um pouco escravos dos mestres: eu lia esses autores pelas lentes de Engels, e me dava por satisfeito, mas foi um erro.[6]

Em 1999, a Coordenadoria Executiva de Cooperação Universitária (Cecae) da USP cria a Incubadora Técnica de Cooperativas Populares

---

5 Souza; Cunha; Dakuzaku (orgs.), *Uma outra economia é possível.*
6 Montero; Moura, op. cit., p.91.

e convida Singer a assumir a função de coordenador acadêmico, convite prontamente aceito. Nos primeiros anos de atividade, a ITCP-USP dedica-se à incubação de cooperativas de trabalhadores que vivem nos bairros vizinhos, à orientação do desenho de políticas municipais de economia solidária em São Paulo e Guarulhos e ao apoio a outras incubadoras universitárias em formação. As incubadoras universitárias decidem formar uma rede, que se filia à Unitrabalho.[7]

A virada do século é de ebulição para os movimentos da sociedade civil organizada no país e a economia solidária tem destaque nesses processos. Multiplicam-se as iniciativas e a articulação das suas organizações no reconhecimento de seus potenciais e desafios e na construção de uma pauta comum. Organizam-se assim as bases de um movimento nacional. Momento decisivo para isso é a constituição de um grupo de trabalho, o GT Brasileiro de Economia Solidária, a partir do I Fórum Social Mundial, em Porto Alegre, no qual as atividades de economia solidária haviam reunido mais de 1.500 pessoas, número que cresceria nos fóruns seguintes.

Quando Lula, que havia escrito a apresentação do livro *Introdução à economia solidária*, vence as eleições para a presidência, no final de 2002, o GT formula uma carta ao novo governo, sugerindo a criação da Secretaria Nacional da Economia Solidária (Senaes). Na sequência, organiza a I Plenária Brasileira da Economia Solidária, em São Paulo, na qual se indica o nome de Paul Singer para liderança da secretaria, a ser instalada no Ministério do Trabalho e Emprego (MTE).[8] Ali, o professor tornado secretário mantém e reforça seu estilo de atuar, convidando todos os servidores de carreira a se formar no tema com o qual passariam a lidar, criando muitas oportunidades de debate e instâncias gestoras participativas.[9]

---

7 Singer, "Incubadoras universitárias de cooperativas: um relato a partir da experiência da USP", em Singer; Souza, *A economia solidária no Brasil: autogestão com resposta ao desemprego*, p.123-33.

8 FBES, *Do Fórum Social Mundial ao Fórum Brasileiro de Economia Solidária*. Ver também Kruppa, "A Secretaria Nacional de Economia Solidária – uma boa nova!", em Mello (org.), *Economia solidária e autogestão: encontros internacionais*, p.134.

9 Para saber mais sobre o estilo de Paul Singer à frente da ITCP-USP e da Senaes, ver depoimento de Sônia Kruppa no debate "Paul Singer: os desafios da democracia,

A democracia e a solidariedade
para superar o capitalismo

Os nove textos que compõem este segundo volume da Coleção Paul Singer foram escritos entre 2001 e 2013 e, no conjunto, oferecem uma visão ampla sobre os princípios, conceitos e histórico da economia solidária no mundo, tendo a experiência brasileira como referência para políticas públicas comprometidas com a superação da pobreza e da heteronomia no trabalho, o fortalecimento da democracia e a conquista de uma vida melhor para todos.

Ao longo dos mais de vinte anos que Singer dedicou-se à economia solidária, além do livro *Introdução à economia solidária*, que abre este volume, escreveu muitos artigos sobre a temática para livros, revistas e jornais e deu inúmeras palestras, várias delas transcritas. Em estimativa conservadora, há cerca de cinquenta títulos. A seleção dos artigos que deveriam compor este volume precisava seguir algum critério. Em seus últimos anos de vida, o próprio autor selecionou dezesseis de seus escritos sobre o tema para o livro *Ensaios sobre economia solidária*, lançado em Portugal, por iniciativa do professor Rui Namorado, em 2018. Partimos então dessa escolha feita pelo autor, priorizando os artigos que ainda estavam inéditos ao público brasileiro ou que já não estavam mais em circulação por aqui, e que complementam ou trazem novos aspectos em relação à primeira obra.

Os fundamentos e o campo da economia solidária

Em *Introdução à economia solidária*, Singer delimita o campo. Inicia por apresentar os fundamentos do modo de produção solidária em contraposição ao modo capitalista, que celebra a competição, mas possibilita que os ganhadores acumulem vantagens. Já o modo de produção solidária promove a igualdade entre os que se associam para produzir, comerciar, consumir ou poupar. Sob os princípios da

---

as políticas e governos", organizado pelo Instituto Paul Singer, 23 mar. 2022. Disponível em: <https://www.youtube.com/watch?v=kFjWglIhmOo>. Acesso em: 7 jul. 2022.

propriedade coletiva ou associada do capital e o direito à liberdade individual, na economia solidária *"ninguém manda em ninguém"* (p.9, grifos do autor). Na empresa solidária, os sócios fazem retiradas conforme a receita obtida. As sobras são divididas entre um fundo de educação e um fundo de investimento, que pode ser em parte dividido entre os sócios e em parte fica como legado para as próximas gerações da cooperativa e da sociedade.

Quanto à gestão, na empresa capitalista, domina a hierarquia em busca da eficiência econômica, enquanto, na empresa solidária, a autogestão se realiza por meio de uma administração democrática que busca o desenvolvimento humano, daí a centralidade da educação na proposta.

Na sequência do livro, Singer traça o histórico das origens da economia solidária, desenhando um panorama da sua abrangência nos campos do consumo, do crédito, das compras e vendas e da produção. Em todos esses campos, os traços distintivos das cooperativas são as relações de confiança e solidariedade e a organização autogestionária. A análise histórica permite acompanhar momentos de expansão do cooperativismo, em que é elemento decisivo para o desenvolvimento, e também momentos de degeneração, quando os agentes abrem mão da autogestão por processos mais burocráticos e desiguais. Muitas vezes, ambos os processos são relacionados, com os princípios se perdendo na medida em que o cooperativismo cresce. O crescimento do cooperativismo acontece principalmente quando seu caráter inovador possibilita às cooperativas oferecerem soluções melhores à população do que a concorrência capitalista.

Para Singer, fomentar os empreendimentos de economia solidária deveria estar no centro dos projetos dos partidos, governos e movimentos de esquerda. O autor lembra que o Estado apoia as empresas capitalistas com isenções fiscais e crédito favorecido.

> Mas este apoio raramente se estende à cooperativa de produção, vista pelo lado conservador do espectro político como anomalia. Também a esquerda, que aposta tudo na tomada do poder político como via única de transformação estrutural, enxerga a cooperativa de produção como quimera, cujo único efeito é desperdiçar forças e esperanças. (p.110)

Muito distante dessa visão da economia solidária como quimera, Singer reconhece nela a real superação do capitalismo.

> A economia solidária foi concebida para ser uma alternativa superior [ao capitalismo] por proporcionar às pessoas que a adotam, enquanto produtoras, poupadoras, consumidoras etc., uma vida melhor. Vida melhor não apenas no sentido de que possam consumir mais com menor dispêndio de esforço produtivo, mas também melhor no relacionamento com familiares, amigos, vizinhos, colegas de trabalho, colegas de estudo etc.; na liberdade de cada um de escolher o trabalho que lhe dá mais satisfação; no direito à autonomia na atividade produtiva, de não ter de se submeter a ordens alheias, de participar plenamente das decisões que o afetam; na segurança de cada um saber que sua comunidade jamais o deixará desamparado ou abandonado. (p.114-5)

O aprendizado da história deixa clara a agenda capaz de transformar a economia solidária, de um modo de produção intersticial, inserido no capitalismo em função dos vácuos deixados pelo mesmo, numa forma geral de organizar a economia e a sociedade. Ela "teria que gerar sua própria dinâmica em vez de depender das contradições do modo dominante de produção para lhe abrir caminho" (p.116). Para tanto, é necessário erguer um sistema de crédito cooperativo e um sistema de geração e difusão de conhecimento.

É com essa agenda clara que o professor encerra o livro e no ano seguinte assume a Senaes. Os textos que vêm a seguir já foram escritos pelo secretário e possibilitam, de um lado, aprofundar e revisar os fundamentos da economia solidária. De outro, conhecer os desafios, limites e potenciais das políticas públicas para o fomento dessa forma alternativa e superior de organizar a vida em sociedade.

Desenvolvimento solidário

No aprofundamento de sua análise sobre a economia solidária, Singer retoma o tema central da sua obra: o desenvolvimento. "O desenvolvimento econômico, enquanto processo de mudança

18 ECONOMIA SOLIDÁRIA

estrutural [era] o centro maior de meus interesses teóricos".[10] Inicia-se no tema, ainda nos anos 1960, buscando superar a visão tradicional que opunha um suposto setor "moderno", formado pelo que hoje chamamos de agronegócio e mineração, voltado para o mercado externo, a outro tido como "tradicional", caracterizado pela produção de subsistência. Para Singer, ambos os setores seriam parte da economia colonial, que o desenvolvimento deveria superar. Na década seguinte, quando está dedicado à questão do trabalho e emprego em países subdesenvolvidos, revisa seu esquema de compreensão sobre o desenvolvimento, descrevendo um setor específico, composto por empreendimentos individuais, cujo produto se destina ao mercado.[11]

Parece claro que a dedicação do autor à economia solidária o leva a qualificar o que seria desenvolvimento, diferenciando o capitalista, dominado pelo grande capital, livre mercado, competição, individualismo e Estado mínimo, do solidário. No artigo "Desenvolvimento capitalista e desenvolvimento solidário", de 2004, descreve o desenvolvimento solidário como "processo de fomento de novas forças produtivas e de instauração de novas relações de produção, de modo a promover um processo sustentável de crescimento econômico, que preserve a natureza e redistribua os frutos do crescimento a favor dos que se encontram marginalizados da produção social e da fruição dos resultados da mesma" (p.141).

Os empreendimentos individuais, que havia descrito nos trabalhos dos anos 1970, quando associados, podem compor o conjunto daqueles capazes de superar o capitalismo. "Se e quando a economia solidária, formada por empreendimentos individuais e familiares associados e por empreendimentos autogestionários, for hegemônica, o sentido do progresso tecnológico será outro, pois deixará de ser produto da competição intercapitalista para visar à satisfação das necessidades consideradas prioritárias pela maioria" (p.142).

Recusando a perspectiva maniqueísta, Singer localiza os debates que envolvem novas tecnologias em diferentes hipóteses científicas

---

10 Singer, op. cit., p.30. O livro inaugural de Singer no tema é *Desenvolvimento e crise*, a ser relançado no próximo volume da Coleção Paul Singer.

11 Ibid., p.73-6.

sobre como conduzir o progresso humano: "O desenvolvimento solidário busca novas forças produtivas que respeitem a natureza e favoreçam valores como igualdade e autorrealização, sem ignorar ou rejeitar de antemão os avanços científicos e tecnológicos, mas submetendo-os ao crivo permanente dos valores ambientais, da inclusão social e da autogestão" (p.142).

"Angústia econômica no capitalismo e na economia solidária", resultado da participação de Singer em um congresso de Psicologia, traz a subjetividade para a distinção entre o capitalismo e a economia solidária, possibilitando ao autor aprofundar as qualificações utilizadas nos textos anteriores sobre "ganhadores" e "perdedores", bem como a análise sobre as consequências, para os empregados, das transformações nas empresas capitalistas decorrentes das inovações tecnológicas.

"É possível levar o desenvolvimento a comunidades pobres?", artigo escrito para ser discutido internamente no Ministério do Trabalho, parte de uma hipótese: a pobreza da comunidade relaciona-se diretamente com seu grau de integração ao mercado global. Mas a forma de promover essa integração deve se dar pelos princípios da economia solidária. Isso significa que tem que ser para toda a comunidade ao mesmo tempo, com juros subsidiados por fundos públicos a longo prazo. O caminho passa por mercadorias que possam ser vendidas pelas comunidades para fora em quantidades crescentes, a chamada "brecha de mercado". Esta deve ser buscada nos produtos tradicionais com qualidade, na criação de produtos que atendam novas demandas ou no aumento da produtividade de atividades já presentes na comunidade.

Para orientar as comunidades nesse caminho, as políticas públicas devem investir em agentes de desenvolvimento, que são profissionais do Estado ou de organizações da sociedade civil encarregados de formar, apoiar o processo de concessão de crédito e acompanhar os empreendimentos criados. É necessário também organizar arranjos produtivos locais, que articulem comunidades com a mesma especialização para o desenvolvimento tecnológico, a compra de insumos e o marketing de produtos. A conclusão do artigo de alguma forma contradiz a ideia do título, de que o desenvolvimento seria "levado" para as comunidades pobres: "Desenvolvimento comunitário já está acontecendo no Brasil há décadas, portanto, não se está partindo do marco zero. A novidade seria a ampliação do apoio federal sistematizado e coordenado, mas sem qualquer intenção de padronizá-lo" (p.178).

"A economia solidária no Brasil" apresenta os sete princípios da economia solidária como orientadores das políticas públicas no país: autonomia, autogestão, porta aberta (ninguém deve ser impedido de ou coagido a entrar ou ficar na cooperativa), solidariedade, transparência, acesso ao conhecimento científico (educação) e rodízio nos cargos de direção. Ao apresentar o princípio da solidariedade, Singer faz referência ao *bem viver*, conceito inspirado nos modos de vida das nações ameríndias que questiona a ideia de desenvolvimento, propondo em seu lugar, a harmonia do ser humano consigo mesmo, com o outro e com a natureza.[12]

A escolha pelo termo dialoga diretamente com a apresentação da estratégia da Senaes para o desenvolvimento local, a do etnodesenvolvimento, "ou seja, o desenvolvimento produzido pelo esforço coordenado dos membros da própria comunidade, sem depender de investimentos externos, provindos de fontes públicas ou de fontes privadas" (p.188).

O caminho da etnodesenvolvimento permite a ampliação das políticas da economia solidária para comunidades tradicionais indígenas e quilombolas, cooperativas de mulheres e coletivos de jovens. No lugar da dependência de investimentos externos, o foco está nas finanças solidárias, por meio de bancos comunitários de desenvolvimento, fundos rotativos solidários e cooperativas de crédito.

Construindo as políticas com o movimento social

"A economia solidária como inovação no Brasil no fim do século XX" traz mais elementos para a proposição de que a economia solidária não é resultado de programas elaborados centralmente pelos governos, mas sim de processos protagonizados pelas comunidades

---

12 Acosta, *O bem viver: uma oportunidade para imaginar outros mundos.*

no enfrentamento dos desafios sociais e econômicos. Este é o fundamento do conceito de inovação social.[13]

Ao relatar a história da economia solidária no Brasil a partir dos anos 1980, Singer ressalta todos os elementos da conceituação da inovação social e suas tecnologias. Desde os Projetos Alternativos Comunitários (PAC) liderados pela Cáritas, que, com o tempo, dão lugar a assentamentos da reforma agrária, cooperativas de produção agrícola e de serviços urbanos. "De todas essas inovações nasceu a economia solidária. Não há dúvida de que, no Brasil dos anos 1980, o cooperativismo de trabalho tornou-se importante tecnologia social, até então desconhecida no país" (p.194).

A inovação social não é necessariamente inédita, mas, por ter como objetivo enfrentar os desafios dos contextos específicos e se basear em pesquisa e processos coletivos de decisão, engendra a criação de novas tecnologias, que refletem a diversidade das culturas que as criam.

> O cooperativismo foi uma inovação social na passagem do século XVIII ao XIX, inventado para enfrentar a degradação do trabalhador, proletarizado pela Revolução Industrial na Grã-Bretanha, França e demais países europeus. Redescoberto no Brasil dois séculos depois, a ele se agregaram mais inovações sociais, como clubes de troca, que introduziram no país a experiência das moedas sociais, hoje emitidas por bancos comunitários. (p.195)

Como inovação social, a economia solidária é diversa e se reinventa continuamente para se tornar resiliente.

Os dois artigos seguintes apresentam os princípios e estratégias das políticas públicas para o fomento da economia solidária a partir da experiência da Senaes. Neles fica evidente a linha de continuidade entre o intelectual que opta sempre pela interdisciplinaridade e pluralidade, o professor que conecta os métodos pedagógicos com os conteúdos estudados e o gestor público que orienta os processos sempre pela intersetorialidade, a produção de conhecimentos na

---

13 CNI, *Desenvolvimento, inovação e sustentabilidade: contribuições de Ignacy Sachs.*

conexão entre a academia e o movimento social e a democracia na base dos processos de decisão.

Em "A experiência brasileira nas políticas públicas para a economia social e solidária",[14] escrito em 2011, Singer afirma que o fomento à economia solidária passa por "disseminar entre a população trabalhadora a convicção de que o emprego assalariado não é a única nem necessariamente a melhor opção para ganhar a vida de forma digna; de que há outras opções, entre as quais se destaca o exercício por conjuntos de trabalhadores associados de atividades por conta própria" (p.204). Pode-se imaginar que essa perspectiva não foi facilmente assimilada no Ministério do Trabalho, o que levou o secretário-professor e sua equipe a organizarem processos de formação para os funcionários dos outros departamentos do ministério.

Além de disseminar essa outra forma de trabalhar e viver com dignidade, é preciso oferecer aos trabalhadores oportunidades de adquirir os meios de produção e as habilidades profissionais para a administração coletiva e também estimular sistemas financeiros solidários. Os conhecimentos necessários para tal empreitada encontram-se no diálogo entre o acadêmico e o prático.

"A economia solidária no combate à pobreza e por democracia" foi escrito em 2011, em colaboração com os membros do Comitê Gestor da Senaes, como uma agenda para o recém-eleito governo de Dilma Rousseff, que definiu a erradicação da miséria como sua principal tarefa.

Naquele contexto, a Senaes entendeu que teria grande contribuição a dar. A seu ver, a miséria no Brasil é remanescente daquela que começou a ser reduzida com as políticas dos governos Lula. Por isso, para erradicá-la, seria preciso continuar inovando a partir de diagnósticos apurados de suas causas.

A experiência da economia solidária seria especialmente útil para essa tarefa. As cooperativas sociais, inovação italiana dos anos 1970 trazidas para o Brasil por meio de acordo de cooperação entre Senaes

---

14 Em vários países, usa-se a expressão economia social. Por isso, neste e em outros artigos escritos para apresentações em congressos internacionais, Singer refere-se a economia social e solidária.

e Ministério da Saúde, possibilitaram tirar da miséria egressos de manicômios. Já o programa realizado em parceria com Ministério da Justiça focou nos jovens internados em instituições socioeducativas, nos apenados, egressos das penitenciárias e seus familiares. Outro programa, de apoio a incubadoras envolvendo cem universidades, possibilitou o trabalho com comunidades tradicionais, na perspectiva do etnodesenvolvimento.

O movimento social da economia solidária permanece forte, articulado e a Senaes acaba por desempenhar papel *sui generis* como órgão estatal que também responde ao movimento. Isso fica claro nesse artigo, que referenda carta dirigida à presidenta solicitando a criação do Ministério da Economia Solidária, assinada por oitenta entidades de diversas naturezas. Ainda mais contundente é o endosso das críticas ao governo, feitas pelas Conferências Nacionais de Economia Solidária, de 2006 e 2010, por não priorizar e economia solidária.

As ambiguidades do governo petista em relação ao espaço dado à economia solidária talvez tenham relação com as dificuldades em geral da esquerda com essa proposta. O último artigo deste volume trata especificamente desse assunto: "A construção da economia solidária como alternativa ao capitalismo", escrito no conturbado ano de 2013.

Nele, Singer revisa as disputas na esquerda entre a proposta de centralizar a luta trabalhadora na conquista de direitos, a partir da ação do Estado, e a visão que privilegia a superação da "tirania do trabalho assalariado" e a crescente conquista de participação nos espaços e processos de decisão, ou seja, a luta pela democracia.

É com essa visão que vai resgatar experiências históricas, desde a luta das mulheres pelo sufrágio universal até o nascimento do PT, passando pelo movimento dos direitos civis dos afro-americanos, o socialismo autogestionário da Iugoslávia sob Tito, os movimentos estudantis dos anos 1960 e o Solidarnosc na Polônia.

A conclusão do artigo remete ao "florescer de uma profusão de economias" que recebem diferentes nomes nos cinco continentes, mas que têm em comum a capacidade de criar alternativas viáveis ao capitalismo neoliberal.

* * *

Em seu conjunto, as obras que compõem este volume permitem conhecer a economia solidária pela visão de um de seus maiores formuladores. Permitem também observar como essa visão se enriquece com o tempo, o contato e a experiência com a diversidade brasileira. Compõem, por fim, um registro histórico sobre a economia solidária no país, cujos resultados vale a pena assinalar.

O primeiro resultado evidente é o da própria constituição da economia solidária, um conjunto articulado de agentes, iniciativas, políticas, instituições e narrativas, com visões compartilhadas e agendas comuns, que não se reconheciam como tal até a última década do século passado. Em consequência, articulou-se um movimento nacional, que vem continuamente se fortalecendo, envolvendo empreendimentos econômicos, instituições da sociedade civil, universidades, sindicatos, entidades religiosas, comunidades tradicionais e coletivos em fóruns, redes e associações. Movimento que se articula em relações dinâmicas com os mais importantes movimentos sociais do país, como dos trabalhadores sem terra, das mulheres, juventudes, povos tradicionais, pela cultura, meio ambiente, democracia, educação. A constituição, permanência e fortalecimento desse movimento é a base para as demais conquistas da economia solidária.

O segundo conjunto de resultados a ser apreciado refere-se à relevância econômica desse campo. Isso poderia ser medido pelo número de empreendimentos econômicos existentes e o número de trabalhadores associados a eles. A Senaes criou o Sistema Nacional de Informações em Economia Solidária (Sies) e realizou alguns mapeamentos sobre empreendimentos econômicos solidários, entidades de apoio e fomento e sobre políticas públicas voltadas à economia solidária. O último desses mapeamentos, publicado em 2014, apresentava cerca de 20 mil empreendimentos, com 1,4 milhão de trabalhadores.[15]

Mas esse número é insuficiente para compreender o real impacto da economia solidária, se consideramos a diferença que Singer faz entre o modo de produção intersticial, inserido nos vácuos no capitalismo, e a nova forma de organizar a economia e a sociedade, aquela

---

15 Disponível em: <http://sies.ecosol.org.br/sies>. Acesso em: 24 jun. 2022.

capaz de gerar sua própria dinâmica. Daí a importância das cadeias produtivas, dos arranjos econômicos setoriais, das redes de produção e comercialização, estas últimas estimadas, em 2012,[16] em duas centenas espalhadas pelo país.

Também é preciso analisar a disponibilização de infraestrutura, tecnologias e de serviços financeiros. Nesse aspecto, ressaltam os fundos rotativos, as cooperativas de crédito e os bancos comunitários. A Rede Brasileira de Bancos Comunitários contabiliza atualmente 103 membros.[17]

Ainda em relação ao impacto econômico propriamente dito, é preciso considerar o poder da economia solidária para apoiar as pessoas na superação da miséria via inclusão produtiva. Nesse sentido, tem especial relevância a existência e resistência de cooperativas formadas por ex-moradores de rua, sofredores psíquicos, pessoas em conflito com a lei e outros grupos sociais vulnerabilizados.

A transversalidade da economia solidária nos vários campos sociais é também conquista a ser registrada no sentido da transformação da sociedade que Singer propõe, como com a expansão dos pontos de cultura e correlatos, empreendimentos agroecológicos, turismo de base comunitária, entre outras muitas iniciativas que também favorecem os valores ambientais, da inclusão social e da autogestão. Especial relevância tem a economia solidária na educação, que se estende desde a educação básica, com a inclusão da temática nos currículos da educação de jovens e adultos e na formação técnica, até a educação superior, na qual se disseminam as incubadoras tecnológicas e os cursos em nível de graduação e pós-graduação, passando pelo amplo universo da educação popular, empreendida pelos movimentos sociais e pelos programas de formação de agentes de desenvolvimento solidário.

A institucionalização da economia solidária é também aspecto a ser observado. As políticas públicas em níveis municipais, estaduais e

---

16 Senaes, MTE, Relatório de prestação de contas da Presidência da República. Brasília, 2012.

17 Disponível em: <https://www.institutobancopalmas.org/rede-brasileira-de-bancos-comunitarios/>. Acesso em: 24 jun. 2022.

nacional brasileiras são hoje referência mundial. A estrutura que possibilita a sua realização é formada não só por secretarias especializadas, mas também por centros de formação, apoio e assessoria técnica, além das incubadoras. E a conquista talvez mais complexa, do ponto de vista das negociações necessárias tanto dentro do movimento quanto com os representantes dos interesses contrários, os capitalistas, é o marco legal da economia solidária. Desde 1999, são muitas as negociações e disputas em torno da aprovação e regulamentação de leis que possibilitem a existência formal dos empreendimentos e as formas autogestionárias de organização e remuneração dos trabalhadores. Singer empenhou-se pessoalmente nessa causa e várias leis têm sido aprovadas nos três níveis da federação.

Todos esses resultados não foram conquistados sem muitos esforços e mobilização e seguem sendo limitados para a dimensão da transformação almejada. Não poderia ser diferente considerando que se trata de mudanças profundas, que almejam o fim do capitalismo. Para que isso se efetive é preciso que, como diz Singer, o Estado deixe de financiar apenas as empresas capitalistas, e que crescentemente financie também a economia solidária.

Em síntese, podemos perceber que, em vinte anos, a economia solidária se consolidou no país, criando parâmetros inovadores não só para a organização econômica, mas para a organização da sociedade em geral. O compromisso da economia solidária com a sociedade, no presente e no futuro, aproxima os pensadores socialistas europeus do século XIX dos povos tradicionais que há séculos resistem nas Américas.

Para reconhecer essas aproximações e as alternativas viáveis por um mundo melhor, é preciso superar visões simplificadoras sobre o capitalismo, como um bloco totalizante, e perceber a convivência de diferentes economias. Mais uma vez lembramos o que diz Singer: os empreendimentos que compõem a economia solidária convivem com empresas individuais e familiares, com as estatais, as empresas privadas sem fins de lucro, o crime organizado, que cresce em relações simbióticas com as empresas nacionais e multinacionais. A transformação tem que ser compreendida e projetada considerando-se essa complexidade.

Projetar a transformação dessa realidade complexa não é tarefa exclusiva do campo econômico. As pessoas aprendem a obedecer e temer os superiores no processo educativo na família patriarcal e na escola. E aprendem a superar essa submissão nas lutas emancipatórias, que democratizam as instituições e fazem avançar a política. É preciso, então, fomentar processos de democratização, de participação, nas diversas organizações que formam as subjetividades, para que as pessoas passem a desejar a mudança e saibam como fazê-la, assumindo a gestão não só dos seus empreendimentos econômicos, mas de suas vidas, e o compromisso com o bem de todos. Que sociedade resultará desses processos, não sabemos. Mas o que importa é a trajetória.

São Paulo, inverno de 2022

Referências bibliográficas

ACOSTA, Alberto. *O bem viver*: uma oportunidade para imaginar outros mundos. São Paulo: Elefante; Autonomia Literária, 2016.

CONFEDERAÇÃO NACIONAL DA INDÚSTRIA (CNI). *Desenvolvimento, inovação e sustentabilidade*: contribuições de Ignacy Sachs. Rio de Janeiro: Garamond Universitária, 2014.

FÓRUM BRASILEIRO DE ECONOMIA SOLIDÁRIA (FBES). *Do Fórum Social Mundial ao Fórum Brasileiro de Economia Solidária*. Rio de Janeiro: Fase, 2003.

KRUPPA, Sonia. A Secretaria Nacional de Economia Solidária – uma boa nova! In: MELLO, Sylvia Leser (org.). *Economia solidária e autogestão*: encontros internacionais. São Paulo: Nesol-USP; ITCP-USP; PW, 2005.

MONTERO, Paula; MOURA, Flávio (orgs.). *Retrato de grupo*: 40 anos do Cebrap. São Paulo: Cosac & Naify, 2009.

SINGER, Helena. *República de crianças*. Campinas, SP: Mercado de Letras, 2010.

_____. *Discursos desconcertados*: linchamentos, punições e direitos humanos. São Paulo: Humanitas, 2003.

SINGER, Paul. *Desenvolvimento e crise*. São Paulo: Difusão Europeia, 1968.

_____. Desemprego: uma solução não capitalista. *Teoria e Debate*, v.32,10 jul. 1996. Disponível em: <https://teoriaedebate.org.br/1996/07/01/desemprego-uma-solucao-nao-capitalista/>. Acesso em: jun. 2022.

_____. Economia solidária contra o desemprego. *Folha de S.Paulo*, 11 jul. 1996.

_____. Incubadoras universitárias de cooperativas: um relato a partir da experiência da USP. In: SINGER, Paul; SOUZA, André R. de. *A economia soli-*

dária no Brasil: autogestão com resposta ao desemprego. São Paulo: Contexto, 2000.

SINGER, Paul. *Introdução à economia solidária*. 1.ed. São Paulo: Fundação Perseu Abramo, 2002.

SOUZA, André R. de; CUNHA, Gabriela C.; DAKUZAKU, Regina Y. (orgs.). *Uma outra economia é possível*. São Paulo: Contexto, 2003.

Introdução
à economia solidária

Apresentação[1]

Luiz Inácio Lula da Silva

Nas páginas deste livro se encontram sólidos argumentos reafirmando a necessidade de buscarmos uma forma de organização social e econômica que ultrapasse as potencialidades oferecidas à humanidade pelo capitalismo, superando as desigualdades que lhe são inerentes.

Economista, professor universitário, intelectual reconhecido nacionalmente há muitas décadas, militante metalúrgico nos anos 1950, há mais de meio século Paul Singer se dedica com paixão – talvez a paixão maior de sua vida – a uma defesa das ideias socialistas que não faz qualquer concessão ao dogmatismo.

Ele é provavelmente o pesquisador brasileiro que vem se dedicando com mais persistência, nos últimos anos, ao trabalho de repensar a utopia socialista a partir das duras lições oferecidas pelas distorções e pelos rumos ditatoriais assumidos na experiência do chamado socialismo real.

---

1 Esta apresentação acompanhou a primeira edição *de Introdução à economia solidária*, publicada em 2002 pela Fundação Perseu Abramo. (N. E.)

Para pessoas como eu, que nunca acreditaram na viabilidade de um socialismo em que o Estado tudo decide, nem conseguem imaginar uma sociedade baseada no igualitarismo absoluto, que anestesia o impulso que cada um de nós tem de crescimento, este estudo de Singer vale como um bálsamo e como verdadeira fonte de luz.

Para pessoas como eu, adversárias de um certo discurso que aponta que os problemas do trabalhador só serão resolvidos no dia da grande transformação, o livro mostra de maneira convincente que a sociedade justa por que lutamos precisa ser construída desde já, na barriga do atual sistema. Nesse processo, trata-se de ocupar "interstícios" e multiplicar "implantes" de uma convivência solidária no interior da sociedade injusta em que nascemos e lutamos.

Este livro sustenta que foi assim no passado e deve ser assim no presente. Solidariedade é uma palavra saborosa que vale como aposta radical na generosidade do ser humano e em sua capacidade de ver o semelhante, o outro, como parceiro e amigo – não como rival e competidor.

Os exemplos discutidos por Singer no final – Mondragón na Espanha, Emília-Romanha na Itália, Usina Catende em Pernambuco, as cooperativas do Movimento dos Trabalhadores Rurais Sem Terra (MST) e vários outros – são uma prova contundente de que é possível construir circuitos eficientes de economia não capitalista no transcurso da prolongada marcha histórica que permitirá ao ser humano – no tempo e no ritmo que se mostrarem adequados – depositar a mentalidade possessiva que é própria do capitalismo na mesma prateleira em que já estão arquivados o feudalismo e a escravidão.

I

Fundamentos

1. Solidariedade × competição na economia

O capitalismo se tornou dominante há tanto tempo que tendemos a tomá-lo como normal ou natural. O que significa que a economia de mercado deve ser competitiva em todos os sentidos: cada produto deve ser vendido em numerosos locais, cada emprego deve ser disputado por numerosos pretendentes, cada vaga na universidade deve ser disputada por numerosos vestibulandos, e assim por diante. A competição é boa de dois pontos de vista: ela permite a todos nós consumidores escolher o que mais nos satisfaz pelo menor preço; e ela faz que o melhor vença, uma vez que as empresas que mais vendem são as que mais lucram e mais crescem, ao passo que as que menos vendem dão prejuízo e se não conseguirem mais clientes acabarão por fechar. Os que melhor atendem os consumidores são os ganhadores, os que não o conseguem são os perdedores.[1]

---

1 A economia capitalista atual não é competitiva na maior parte dos seus mercados, dominada geralmente por oligopólios. Mas há concorrência no comércio varejis-

Não obstante essas virtudes, a competição na economia tem sido criticada por causa de seus efeitos sociais. A apologia da competição chama a atenção apenas para os vencedores, a sina dos perdedores fica na penumbra. O que acontece com os empresários e empregados das empresas que quebram? E com os pretendentes que não conseguem emprego? Ou com os vestibulandos que não entram na universidade? Em tese, devem continuar tentando competir, para ver se se saem melhor da próxima vez. Mas, na economia capitalista, *os ganhadores acumulam vantagens e os perdedores acumulam desvantagens nas competições futuras.* Empresários falidos não têm mais capital próprio, e os bancos lhes negam crédito exatamente porque já fracassaram uma vez. Pretendentes a emprego que ficaram muito tempo desempregados têm menos chance de serem aceitos, assim como os que são mais idosos. Os reprovados em vestibular precisariam se preparar melhor, mas como já gastaram seu dinheiro fazendo cursinho a probabilidade de que o consigam é cada vez menor.

Tudo isso explica por que o capitalismo produz desigualdade crescente, verdadeira polarização entre ganhadores e perdedores. Enquanto os primeiros acumulam capital, galgam posições e avançam nas carreiras, os últimos acumulam dívidas pelas quais devem pagar juros cada vez maiores, são despedidos ou ficam desempregados até que se tornem *inempregáveis*, o que significa que as derrotas os marcaram tanto que ninguém mais quer empregá-los.[2] Vantagens e desvantagens são legadas de pais para filhos e para netos. Os descendentes dos que acumularam capital ou prestígio profissional, artístico etc., entram na competição econômica com nítida vantagem em relação aos descendentes dos que se arruinaram, empobreceram e foram socialmente excluídos. O que acaba produzindo sociedades profundamente desiguais.

---

ta e em muitos mercados de serviços, de modo que os consumidores com poder aquisitivo têm possibilidades de escolha. Os pobres são obrigados a gastar o seu pouco dinheiro no essencial à sua sobrevivência.

2 A inempregabilidade provém do fato de que os empregadores também estão competindo pelos melhores empregados. Como eles não podem saber de antemão quem é o melhor, guiam-se pelas aparências e por preconceitos. Quem ficou muito tempo sem trabalho ou foi despedido muitas vezes não "deve" ser bom. Então por que arriscar?

INTRODUÇÃO À ECONOMIA SOLIDÁRIA   35

Para que tivéssemos uma sociedade em que predominasse a igualdade entre todos os seus membros, seria preciso que a economia fosse solidária em vez de competitiva. Isso significa que os participantes na atividade econômica deveriam cooperar entre si em vez de competir. O que está de acordo com a divisão do trabalho entre empresas e dentro das empresas. Cada um desempenha uma atividade especializada da qual resulta um produto que só tem utilidade quando complementado pelos produtos de outras atividades. O médico só consegue curar o paciente com a ajuda dos remédios fornecidos pelas farmácias e pelos serviços prestados por hospitais, ambulâncias, laboratórios etc. O mesmo vale para quem nos abriga, alimenta, veste, transporta, e assim por diante. Dentro de cada empresa, os trabalhos do operário, do engenheiro, do contador etc. têm de se combinar harmoniosamente para que as necessidades do cliente sejam atendidas.

A solidariedade na economia só pode se realizar se ela for organizada *igualitariamente* pelos que se associam para produzir, comerciar, consumir ou poupar. A chave dessa proposta é a *associação* entre iguais em vez do contrato entre desiguais. Na cooperativa de produção, protótipo de empresa solidária, todos os sócios têm a mesma parcela do capital e, por decorrência, o mesmo direito de voto em todas as decisões. Este é o seu princípio básico. Se a cooperativa precisa de diretores, estes são eleitos por todos os sócios e são responsáveis perante eles. *Ninguém manda em ninguém.* E não há competição entre os sócios: se a cooperativa progredir, acumular capital, todos ganham por igual. Se ela for mal, acumular dívidas, todos participam por igual nos prejuízos e nos esforços para saldar os débitos assumidos.

Se toda economia fosse solidária, a sociedade seria muito menos desigual. Mas, mesmo que as cooperativas cooperassem entre si, inevitavelmente algumas iriam melhor e outras pior, em função do acaso e das diferenças de habilidade e inclinação das pessoas que as compõem. Haveria, portanto, empresas ganhadoras e perdedoras. Suas vantagens e desvantagens teriam de ser periodicamente igualadas para não se tornarem cumulativas, o que exige um poder estatal que redistribua dinheiro dos ganhadores aos perdedores, usando para isso impostos e subsídios e/ou crédito.

O que importa entender é que a desigualdade não é natural e a competição generalizada tampouco o é. Elas resultam da forma como se organizam as atividades econômicas e que se denomina *modo de produção*. O capitalismo é um modo de produção cujos princípios são o direito de propriedade individual aplicado ao capital e o direito à liberdade individual. A aplicação desses princípios divide a sociedade em duas classes básicas: a classe proprietária ou possuidora do capital e a classe que (por não dispor de capital) ganha a vida mediante a venda de sua força de trabalho à outra classe. O resultado natural é a competição e a desigualdade.

A economia solidária é outro modo de produção, cujos princípios básicos são a propriedade coletiva ou associada do capital e o direito à liberdade individual. A aplicação desses princípios une todos os que produzem numa única classe de trabalhadores que são possuidores de capital por igual em cada cooperativa ou sociedade econômica. O resultado natural é a solidariedade e a igualdade, cuja reprodução, no entanto, exige mecanismos estatais de redistribuição solidária da renda. Em outras palavras, mesmo que toda atividade econômica fosse organizada em empreendimentos solidários, sempre haveria necessidade de um poder público com a missão de captar parte dos ganhos acima do considerado socialmente necessário para redistribuir essa receita entre os que ganham abaixo do mínimo considerado indispensável. Uma alternativa frequentemente aventada para cumprir essa função é a renda cidadã, uma renda básica igual, entregue a todo e qualquer cidadão pelo Estado, que levantaria o fundo para essa renda mediante um imposto de renda progressivo.

2. Empresa capitalista e empresa solidária: a repartição dos ganhos

Na empresa capitalista, os empregados ganham salários desiguais, conforme uma escala que reproduz aproximadamente o valor de cada tipo de trabalho determinada pela oferta e demanda pelo mesmo no mercado de trabalho. Os trabalhadores são livres para mudar de emprego e, portanto, tendem a procurar as empresas que

INTRODUÇÃO À ECONOMIA SOLIDÁRIA   37

pagam melhor. E os empregadores são livres para demitir os empregados e assim tendem a procurar os que produzem melhor. Da interação entre oferta – os trabalhadores que vendem sua capacidade de produzir – e demanda – as empresas que a compram – resulta um escalonamento de salários que acaba por prevalecer, com variações, na maioria das empresas. Esse mesmo escalonamento se estende a outras características do contrato de trabalho: expectativas de carreira, benefícios não salariais etc.

É por isso que diretores ganham mais do que gerentes, estes mais do que técnicos ou vendedores e estes mais do que simples operadores de máquinas, recepcionistas e faxineiros. As diferenças de pagamento são objeto de negociações entre sindicatos de empregados e empregadores, e formam planos de classificação de cargos, em que cada nível é determinado por critérios objetivos. Mas, no fundo, o que determina a remuneração de cada trabalho é o incessante ajuste entre oferta e demanda dessa força de trabalho. Como há forte rivalidade entre as carreiras, os empregadores dão a algumas, que desejam beneficiar, aumentos disfarçados em bônus, seguro-saúde subsidiado etc. Esperam com isso que os não contemplados não passem a exigir o mesmo benefício.

Na empresa solidária, os sócios não recebem salário, mas *retirada*, que varia conforme a receita obtida. Os sócios decidem coletivamente, em assembleia, se as retiradas devem ser iguais ou diferenciadas. Há empresas em que a maioria opta pela igualdade das retiradas por uma questão de princípio ou então porque os trabalhos que executam são idênticos, ou quase. Mas a maioria das empresas solidárias adota certa desigualdade das retiradas, que acompanha o escalonamento vigente nas empresas capitalistas, mas com diferenças muito menores, particularmente entre trabalho mental e manual. Muitas empresas solidárias fixam limites máximos entre a menor e a maior retirada.

As razões que levam a maioria dos cooperadores a aceitar certa desigualdade de retiradas variam de empresa para empresa. Em algumas, a maioria acha natural que certos trabalhos valham mais do que outros, pois os trabalhadores aceitam e defendem a hierarquia profissional a que foram acostumados. Em outras, a maioria opta pela desigualdade de retiradas para não perder a colaboração de coope-radores mais qualificados, que poderiam obter melhor remuneração em empresas capitalistas.[3] Nesses casos, há um cálculo racional: pagar melhor a técnicos e administradores permite à cooperativa alcançar ganhos maiores que beneficiam o conjunto dos sócios, inclusive os que têm retiradas menores.

Situações como essa foram teorizadas pelo filósofo John Rawls, para o qual alguma desigualdade é tolerável desde que ela sirva para melhorar a situação dos menos favorecidos. Como, em geral, os me-nos favorecidos são a maioria em quase todas as empresas – capitalis-tas e solidárias –, se nas últimas eles decidem que algumas categorias de sócios devem ter retiradas maiores, é de esperar que essa decisão seja benéfica para eles. É a regra que John Rawls chama de *maximin*. "Desigualdades são permissíveis quando elas maximizam, ou ao me-nos todas contribuem para [elevar] as expectativas de longo prazo do grupo menos afortunado da sociedade."[4]

À primeira vista, pode-se ter a impressão de que, afinal, não faz muita diferença trabalhar numa empresa capitalista ou solidária, já que numa e noutra os ganhos são diferenciados de acordo com os mesmos critérios: os do mercado de trabalho. Mas essa impressão é falsa. Na empresa capitalista, os salários são escalonados tendo em vista maximizar o lucro, pois as decisões a respeito são tomadas por dirigentes que participam nos lucros e cuja posição estará ameaçada se a empresa que dirigem obtiver taxa de lucro menor que a média

---

3 Pode parecer paradoxal que administradores de cooperativas aceitem ganhar me-nos do que em empresas capitalistas, mas exijam ganhar mais que os seus com-panheiros para continuarem nas cooperativas. Mas há lógica nisso. Os adminis-tradores se dispõem a abrir mão de grande parte do que ganhariam a serviço do capital, desde que ganhem mais que os demais sócios, por causa de suas noções de hierarquia profissional e também porque devem satisfações a seus familiares, que nem sempre partilham seus valores solidários. O agrupamento cooperativo de Mondragón, no País Basco (Espanha), adota entre seus princípios o da Soli-dariedade Redistributiva, segundo o qual o índice máximo de retirada é igual ao vigente no mercado, com uma redução de 30% *"en concepto de compromiso de soli-daridad"* (da página da Mondragón Corporación Cooperativa – MCC, na internet: <http://mondragon.mcc.es/>).

4 Rawls, *A Theory of Justice*, p.151.

INTRODUÇÃO À ECONOMIA SOLIDÁRIA   39

das empresas capitalistas.[5] Na empresa solidária, o escalonamento das retiradas é decidido pelos sócios, que têm por objetivo assegurar retiradas boas para todos e principalmente para a maioria que recebe as menores retiradas. Por isso, na empresa capitalista, os altos dirigentes recebem ordenados extremamente altos, além de prêmios generosos se as metas de lucros forem atingidas ou ultrapassadas. Na empresa solidária, os dirigentes podem receber as retiradas mais altas, mas elas quase sempre são muito menores que os ordenados de seus congêneres em empresas capitalistas.

Também a repartição do excedente anual – o lucro na empresa capitalista e a sobra na empresa solidária – obedece a mecanismos e critérios diferentes num e noutro tipo de empreendimento. Na firma capitalista, a decisão sobre a destinação do lucro cabe à assembleia de acionistas, quase sempre dominada por um pequeno número de grandes acionistas, chamado "grupo controlador". Como regra geral, uma parcela do lucro é entregue em dinheiro aos acionistas sob a forma de dividendos e o restante vai para fundos de investimento. Periodicamente, uma parte desses fundos é acrescida ao capital, o que dá lugar a nova emissão de ações, que são também entregues aos acionistas. Todo o lucro é apropriado, imediatamente ou alguns anos depois, pelos acionistas, sempre em proporção ao número de ações possuído por cada um deles.

Nas cooperativas, as sobras têm sua destinação decidida pela assembleia de sócios. Uma parte delas é colocada num fundo de educação (dos próprios sócios ou de pessoas que podem vir a formar cooperativas), outra é posta em fundos de investimento, que podem ser divisíveis ou indivisíveis, e o que resta é distribuído em dinheiro aos sócios por algum critério aprovado pela maioria: por igual,

---

5 O que interessa aos acionistas não é o valor absoluto dos lucros, mas sua relação com o capital investido na empresa. A relação lucro anual/capital investido é a taxa de lucro. O valor das ações nas bolsas de valores depende da expectativa da taxa de lucro, que é fortemente influenciada pelas taxas de lucro alcançadas no passado. Se por alguma razão essa expectativa cair, os especuladores vendem as ações da empresa, que perdem cotação, tornando provável que o controle da empresa passe a outro grupo. Nesse caso, a diretoria e os gerentes mais importantes são demitidos.

pelo tamanho da retirada, pela contribuição dada à cooperativa etc. O fundo divisível é usado para expandir o patrimônio da cooperativa e é contabilizado individualmente para cada sócio, pelo mesmo critério de repartição da parcela das sobras paga em dinheiro. Sobre o fundo divisível a cooperativa contabiliza juros, sempre pela menor taxa no mercado. Quando um sócio se retira da cooperativa, ele tem o direito de receber sua cota do fundo divisível acrescido dos juros a ele creditados. Cada retirada do fundo divisível representa uma descapitalização da cooperativa.

O fundo indivisível não pertence aos sócios que o acumularam, mas à cooperativa como um todo. Os cooperadores que se retiram nada recebem dele. É um legado que os mais antigos deixam a seus sucessores. Foi com esse fim que o dr. Buchez, grande líder cooperativista do século XIX, propôs a sua criação. Ele notou que os sócios mais antigos se ressentiam com o fato de os recém-chegados à empresa solidária usufruírem todos os direitos e vantagens decorrentes do resultado acumulado, à custa de muito trabalho e sacrifícios dos veteranos. É regra nas cooperativas que novos trabalhadores passem por um estágio probatório, que varia em geral entre seis meses e um ano. Enquanto se encontram nesse estágio, os novos trabalham como assalariados. Quando são aceitos como sócios, seus créditos trabalhistas servem para formar sua cota do capital da cooperativa. Buchez percebeu que os mais antigos procuravam perpetuar os novos na condição de assalariados, inclusive pela fixação da cota de capital em nível muito elevado. Os novos trabalhadores que não podiam integralizar a cota ficavam como empregados dos sócios, o que destruía o caráter solidário do empreendimento.

O fundo indivisível sinaliza que a empresa solidária não está a serviço de seus sócios atuais apenas, mas de toda a sociedade, no presente e no futuro. Por isso é preciso que ela persista no tempo e não deixe de ser solidária. O tamanho do fundo indivisível varia de empresa para empresa, dependendo das decisões anuais das assembleias de sócios. O fundo indivisível preserva a cooperativa da descapitalização se parte dos sócios retirar-se dela. Além disso, ele impede que a cota de capital (referida apenas ao fundo divisível) se valorize excessivamente, o que dificultaria à cooperativa recrutar novos sócios. Há casos em que

INTRODUÇÃO À ECONOMIA SOLIDÁRIA   41

a empresa solidária fica muito rentável, o que a torna valiosa no mercado em que empresas são compradas e vendidas. Os sócios mais antigos podem ficar tentados a vender a cooperativa a alguma empresa capitalista interessada. Se, no entanto, uma grande parte do capital da cooperativa estiver indivisível, essa tentação é muito menor.

Os níveis de remuneração e as diferenças entre eles são decididos, em empresas capitalistas e solidárias, por sujeitos diferentes e com objetivos diferentes. O mesmo vale para a destinação dos lucros ou sobras. Na empresa capitalista, prevalecem sempre o poder e o interesse dos acionistas, representados pelo grupo controlador. Na empresa solidária, prevalecem o poder e o interesse dos sócios, cuja maioria em geral ganha menos por constituir a base da pirâmide de retiradas. O interesse dos sócios é manter e reforçar a solidariedade entre eles. É do seu interesse também maximizar o valor da retirada e da parcela das sobras apropriadas por cada sócio, mas como objetivo subalterno. O objetivo máximo dos sócios da empresa solidária é promover a economia solidária tanto para dar trabalho e renda a quem precisa como para difundir no país (ou no mundo) um modo democrático e igualitário de organizar atividades econômicas.

3. Autogestão e heterogestão

Talvez a principal diferença entre economia capitalista e solidária seja o modo como as empresas são administradas. A primeira aplica a heterogestão, ou seja, a administração hierárquica, formada por níveis sucessivos de autoridade, entre os quais as informações e consultas fluem de baixo para cima e as ordens e instruções de cima para baixo. Os trabalhadores do nível mais baixo sabem muito pouco além do necessário para que cumpram suas tarefas, que tendem a ser repetitivas e rotineiras. À medida que se sobe na hierarquia, o conhecimento sobre a empresa se amplia porque as tarefas são cada vez menos repetitivas e exigem iniciativa e responsabilidade por parte do trabalhador. Nos níveis mais altos, o conhecimento sobre a empresa deveria ser (em tese) total, já que cabe a seus ocupantes tomar decisões estratégicas sobre os seus rumos futuros.

Essa descrição não é totalmente realista porque não considera os efeitos da competição entre setores e grupos de empregados situados nos níveis intermediários e elevados da hierarquia gerencial. Sobretudo em empresas grandes, grupos rivais disputam a destinação dos fundos de investimento, cada um demandando mais capital para expandir o setor em que exerce poder. Os gerentes da produção querem equipamentos novos para aperfeiçoar as técnicas de produção, os gerentes de vendas e marketing querem produtos melhores e mais baratos para conquistar mercado dos concorrentes, os dos laboratórios exigem mais recursos para desenvolver novos produtos e novos métodos de produção, os de pessoal solicitam mais dinheiro para contratar cursos de atualização etc.

A competição exacerbada entre setores e grupos rivais, embora sempre vise aumentar a lucratividade do conjunto, pode prejudicar o funcionamento da empresa como um todo, sobretudo se alguns setores sonegarem informações estratégicas aos setores rivais para enfraquecê-los. A alta direção precisa coibir o que seria *excesso de competição*, sem coibir a competição *sadia*, vista como essencial para obter o esforço máximo dos empregados. Mas, para tanto, seria preciso que ela tivesse toda a informação sobre o que se passa na empresa, o que a própria competição torna improvável. O segredo do negócio, que protege a competitividade da empresa contra rivais, é utilizado também pelos competidores internos à empresa, uns contra os outros.

A heterogestão, para atingir seus objetivos, tem de suscitar o máximo de cooperação entre os empregados, agrupados em seções, departamentos e sucursais. Competição e cooperação são, a rigor, incompatíveis entre si: se você coopera com seu rival, você o fortalece e ele pode vencê-lo na competição; se você não coopera com seu colega ou com o setor que depende de sua ajuda, a empresa inteira pode fracassar. Dentro dessa contradição a heterogestão funciona, sempre à procura de novas fórmulas que lhe permitam extrair o máximo de trabalho e eficiência do pessoal empregado.

A empresa solidária se administra democraticamente, ou seja, pratica a autogestão. Quando ela é pequena, todas as decisões são tomadas em assembleias, que podem ocorrer em curtos intervalos, quando há necessidade. Quando ela é grande, assembleias gerais são

INTRODUÇÃO À ECONOMIA SOLIDÁRIA 43

mais raras porque é muito difícil organizar uma discussão significativa entre um grande número de pessoas. Então os sócios elegem
delegados por seção ou departamento, que se reúnem para deliberar
em nome de todos. Decisões de rotina são de responsabilidade de encarregados e gerentes, escolhidos pelos sócios ou por uma diretoria
eleita pelos sócios.

Em empresas solidárias de grandes dimensões, estabelecem-se
hierarquias de coordenadores, encarregados ou gestores, cujo funcionamento é o oposto do que ocorre em suas congêneres capitalistas.
As ordens e instruções devem fluir de baixo para cima e as demandas
e informações de cima para baixo. Os níveis mais altos, na autogestão,
são delegados pelos mais baixos e são responsáveis perante os mesmos. A autoridade maior é a assembleia de todos os sócios, que deve
adotar as diretrizes a serem cumpridas pelos níveis intermediários e
altos da administração.

Para que a autogestão se realize, é preciso que todos os sócios se
informem do que ocorre na empresa e das alternativas disponíveis
para a resolução de cada problema. Ao longo do tempo, acumulam-
-se diretrizes e decisões que, ao serem adotadas, servem para resolver
muitos problemas frequentes. Mas, de vez em quando, surgem problemas que são complexos e cujas soluções alternativas podem afetar
setores e sócios da empresa, de forma positiva alguns e negativa outros. Tais soluções podem exigir o encerramento de atividades consideradas obsoletas e sua substituição por outras, a aprendizagem de
novas técnicas, a revisão do escalonamento das retiradas etc. O que
ocasiona conflitos de opinião e/ou de interesse que dividem os sócios
e ameaçam a solidariedade entre eles.

Pelo visto, a autogestão exige um esforço adicional dos trabalhadores na empresa solidária: além de cumprir as tarefas a seu cargo,
cada um deles tem de se preocupar com os problemas gerais da empresa. Esse esforço adicional produz ótimos resultados quando se
trata de envidar mais esforços para cumprir um prazo, eliminar defeitos de um produto ou para atingir algum outro objetivo que todos
desejam. O fato de todos ficarem a par do que está em jogo contribui
para a cooperação inteligente dos sócios, sem necessidade de que
sejam incentivados por competições para saber quem é o melhor de

todos. Mas o esforço adicional torna-se desgastante quando é preciso se envolver em conflitos, tomar partido pró ou contra companheiros, participar de reuniões cansativas etc.

O maior inimigo da autogestão é o desinteresse dos sócios, sua recusa ao esforço adicional que a prática democrática exige. Em geral não é a direção da cooperativa que sonega informações aos sócios, são estes que preferem dar um voto de confiança à direção para que ela decida em lugar deles. E a direção tende, às vezes, a aceitar o pedido, sobretudo quando se trata de decisões que podem suscitar conflitos entre os sócios. É, em geral, mais fácil conciliar interesses e negociar saídas consensuais num pequeno comitê de diretores do que numa reunião mais ampla de delegados, que têm que prestar contas aos colegas que representam.

A prática autogestionária corre o perigo de ser corroída pela lei do menor esforço. Os gestores da cooperativa enfrentam frequentemente questões urgentes, que têm de ser resolvidas sem que haja tempo de consultar outros sócios. Nas assembleias, os problemas e as soluções adotadas costumam ser relatados como fatos consumados. É muito raro que algum participante se preocupe em discutir se a solução encontrada foi realmente a melhor. Se não houver algo emocionante, é provável que a assembleia aprove rapidamente e sem prestar atenção os relatórios dos gestores. Se a desatenção virar hábito, as informações relevantes passam a se concentrar em círculos seletos de responsáveis, cujas propostas têm toda chance de ser aprovadas, pelos sócios ou seus delegados, por inércia.

Há um truísmo que diz que cooperativas que vão mal fecham, as que vão bem deixam de ser cooperativas. Como generalização é falso, mas tem um fundo de verdade. Cooperativas que vão mal têm alto índice de participação dos sócios, todos interessados em consertar o que está errado. Tudo o que a direção faz é minuciosamente examinado, criticado e, se não há as melhoras esperadas, a direção é substituída. Cooperativas que vão bem podem vir a apresentar o quadro oposto: a lei do menor esforço concentra o poder de decisão de fato nos gestores e a empresa escorrega sem perceber para uma prática de heterogestão. Mas muitas cooperativas que têm êxito econômico praticam a autogestão, pois seus sócios fazem questão dela pelos

INTRODUÇÃO À ECONOMIA SOLIDÁRIA   45

motivos certos: porque gostam de participar e se realizam na luta por um outro modo de produção.

O perigo de degeneração da prática autogestionária vem, em grande parte, da insuficiente formação democrática dos sócios. A autogestão tem como mérito principal não a eficiência econômica (necessária em si), mas o desenvolvimento humano que proporciona aos praticantes. Participar das discussões e decisões do coletivo, ao qual se está associado, educa e conscientiza, tornando a pessoa mais realizada, autoconfiante e segura. É para isso que vale a pena se empenhar na economia solidária. Acontece que, até agora, grande parte dos cooperadores se insere na economia solidária enquanto modo de produção *intersticial* (conceito que discutiremos adiante), ou seja, para se reinserir à produção social e escapar da pobreza. Muitos não chegam a apreciar as potencialidades da autogestão, aceitando-a, no máximo, como exigência coletiva para poder participar da cooperativa.

As pessoas não são naturalmente inclinadas à autogestão, assim como não o são à heterogestão. Poucos optariam espontaneamente por passar a vida recebendo ordens, atemorizados com o que lhes possa acontecer se deixarem de agradar aos superiores. Aprende-se a obedecer e temer os "superiores" desde os bancos escolares, num processo educativo que prossegue a vida inteira. As crianças são espontaneamente inquietas, curiosas, desejosas de participar em todos os jogos e brincadeiras. A escola reprime esses impulsos e as obriga a obedecer a horários, a ficar quietas e imóveis durante a aula, a decorar coisas que nada lhes dizem e a renunciar a satisfazer boa parte de sua curiosidade. E tudo isso sob a ameaça de reprimendas e castigos, o pior dos quais é não ser aprovado.[6] As imposições e repressões da família patriarcal vão na mesma direção.

Essa carga alienante é sacudida quando a pessoa se envolve em lutas emancipatórias, que desafiam a ordem vigente: greves, manifestações de protesto, reuniões de comunidades eclesiais de base, ocupações de terra visando à reforma agrária e muitas outras. Irmanar-se com os iguais, insurgir-se contra a sujeição e a exploração constituem

---

6 Não por acaso a palavra *aprovado* significa tanto passar de ano como obter a aprovação de outros.

experiências redentoras. Quando reiteradas, modificam o comportamento social dos sujeitos. Entre as empresas solidárias, a autogestão se pratica tanto mais autenticamente quanto mais sócios são militantes sindicais, políticos e religiosos.

As lutas emancipatórias alteram as instituições, introduzindo práticas democráticas e banindo as autoritárias. O sufrágio universal, que vige em muitos países, possibilitou a prática da democracia política, que de certo modo inverte a relação de poder (ao menos formal) entre governo ou autoridade pública e cidadãos. São estes que escolhem e remuneram aqueles, portanto é a sua vontade que deve prevalecer. A grande massa de cidadãos ainda não se conscientizou disso, mas, quanto mais eleições se realizam, mais as campanhas eleitorais vão educando os eleitores, muitos dos quais vão adotando atitudes questionadoras e críticas em relação aos governantes.

Além da democracia política, outras conquistas importantes foram possibilitadas pela revolução feminina, que está abolindo a opressão do pai sobre a mulher e os filhos; e pela revolução sexual, correlata da primeira, que está acabando com a repressão sexual dos adolescentes e sobretudo das mulheres (adolescentes ou não). Da mesma forma, um número crescente de instituições civis também estão se democratizando: sindicatos, partidos, escolas e universidades, centros científicos, igrejas etc. Esses avanços antiautoritários e democráticos fazem que as novas gerações sejam menos reprimidas e passivas que as de seus pais e avós.

Tudo isso provavelmente está por detrás do atual surto de autogestão em quase todos os campos de interação social. Cresce o número de pessoas que se acostumaram a eleger autoridades, desde o grêmio estudantil, faculdades e departamentos na universidade, sindicatos e associações profissionais, até prefeitos, governadores e presidentes da República e que não toleram mais trabalhar sob as ordens de chefias escolhidas pelos proprietários, cujo interesse – o lucro – é a única finalidade de todas as atividades desenvolvidas na empresa. Embora cresça ainda mais o número dos desempregados e excluídos sociais, ou que estão ameaçados de o serem, e que recorrem à economia solidária para se reinserir num sistema cujos princípios organizativos aceitam como "naturais".

INTRODUÇÃO À ECONOMIA SOLIDÁRIA

Tanto a autogestão como a heterogestão apresentam dificuldades e vantagens, mas seria vão tentar compará-las para descobrir qual delas é a melhor. São duas modalidades de gestão econômica que servem a fins diferentes. A heterogestão parece ser eficiente em tornar empresas capitalistas competitivas e lucrativas, que é o que seus donos almejam. A autogestão promete ser eficiente em tornar empresas solidárias, além de economicamente produtivas, centros de interação democráticos e igualitários (em termos), que é o que seus sócios precisam.

II

História

1. Origens históricas da economia solidária

A economia solidária nasceu pouco depois do capitalismo industrial, como reação ao espantoso empobrecimento dos artesãos provocado pela difusão das máquinas e da organização fabril da produção. A Grã-Bretanha foi a pátria da Primeira Revolução Industrial, precedida pela expulsão em massa de camponeses dos domínios senhoriais, que se transformaram no proletariado moderno. A exploração do trabalho nas fábricas não tinha limites legais e ameaçava a reprodução biológica do proletariado. As crianças começavam a trabalhar tão logo podiam ficar de pé, e as jornadas de trabalho eram tão longas que o debilitamento físico dos trabalhadores e sua elevada morbidade e mortalidade impediam que a produtividade do trabalho pudesse se elevar.

Por isso, industriais mais esclarecidos começaram a propor leis de proteção aos trabalhadores. Entre eles encontrava-se o britânico Robert Owen, proprietário de um imenso complexo têxtil em New Lanark. Em vez de explorar plenamente os trabalhadores que empregava, Owen decidiu, ainda na primeira década do século XIX, limitar a jornada e proibir o emprego de crianças, para as quais ergueu escolas. O tratamento generoso que Owen dava aos assalariados resultou em maior produtividade do trabalho, o que tornou sua empresa bastante lucrativa, apesar de gastar mais com a folha de pagamento. Owen tornou-se objeto de grande admiração e respeito, adquirindo fama de filantropo. Visitantes do mundo inteiro vinham a New Lanark tentar decifrar o mistério de como o dinheiro gasto com o bem-estar dos trabalhadores era recuperado sob a forma de lucro, ao fim de cada exercício.

A Revolução Francesa provocou um longo ciclo de guerras na Europa, que se encerrou apenas em 1815, após a vitória britânica sobre Napoleão em Waterloo. Logo a seguir, a economia da Grã-Bretanha caiu em profunda depressão. Owen apresentou uma proposta para auxiliar as vítimas da pobreza e do desemprego e restabelecer o crescimento da atividade econômica. Ele diagnosticou corretamente que a depressão era causada pelo desaparecimento da demanda por armamentos, navios, provisões e demais produtos necessários à condução da guerra. Com a perda do trabalho e da renda dos que estavam ocupados na produção bélica, o mercado para a indústria civil também se contraiu. Para reverter essa situação era necessário reinserir os trabalhadores ociosos na produção, permitindo-lhes ganhar e gastar no consumo, o que ampliaria o mercado para outros produtores.

Em 1817, Owen apresentou um plano ao governo britânico para que os fundos de sustento dos pobres, cujo número estava se multiplicando, em vez de serem meramente distribuídos, fossem invertidos na compra de terras e construção de aldeias cooperativas, em cada uma das quais viveriam cerca de 1.200 pessoas trabalhando na terra e em indústrias, produzindo assim a sua própria subsistência. Os excedentes de produção poderiam ser trocados entre as aldeias. Com cálculos cuidadosos de quanto teria de ser investido em cada aldeia, Owen tentava mostrar que haveria imensa economia de recursos, pois os pobres seriam reinseridos à produção em vez de permanecerem desocupados. Em pouco tempo, a desnecessidade de continuar subsidiando os ex-pobres permitiria devolver aos cofres públicos os fundos desembolsados.

INTRODUÇÃO À ECONOMIA SOLIDÁRIA   51

O raciocínio econômico de Owen era impecável, pois o maior des-
perdício, em qualquer crise econômica do tipo capitalista (devida à
queda da demanda total), é a ociosidade forçada de parte substancial
da força de trabalho. Há um efetivo empobrecimento da sociedade,
que se concentra nos que foram excluídos da atividade econômica.
Portanto, conseguir trabalho para eles é expandir a criação de riqueza, permitindo a rápida recuperação do valor investido. Isso foi
demonstrado de outra forma por John M. Keynes, também britânico, durante a terrível crise da década de 1930. Dessa vez, os governos
atenderam o apelo e passaram a praticar políticas de pleno emprego
que funcionaram durante cerca de trinta anos, demonstrando a veracidade da tese de Keynes, antecipada 119 anos antes por Owen.

Mas, na segunda década do século XIX, o governo britânico se ne-
gou a implementar o engenhoso plano de Owen, que passou a radi-
calizar sua proposta. "Quanto mais Owen explicava o seu 'plano', mais
evidente se tornava que o que ele propunha não era simplesmente
baratear o sustento dos pobres, mas uma mudança completa no sistema social e uma abolição da empresa lucrativa capitalista."[1] Com isso,
Owen perdeu seus admiradores da classe alta e, desiludido, partiu
para os Estados Unidos com a intenção de erguer num meio social
mais novo, e por isso menos deteriorado, uma aldeia cooperativa que
seria um modelo da sociedade do futuro, a ser imitado por pessoas de
boa vontade mundo afora. Ela foi estabelecida, em 1825, em New Har-
mony, no estado de Indiana, e logo sofreu sucessivas cisões. Owen per-
maneceu à sua testa até 1829, quando, desiludido, voltou à Inglaterra.

Mas, enquanto ele permanecia além-mar, seus discípulos começaram a pôr em prática as ideias dele, criando sociedades cooperativas
por toda parte. Esse movimento coincide com o surto de sindicalismo,
desencadeado pela revogação dos Combination Acts. Essa legislação
proibia qualquer organização dos trabalhadores como atentado à
livre concorrência e foi usada para perseguir com grande empenho
os sindicatos existentes, dos quais muitos desapareceram e os demais
foram para a clandestinidade. Com a sua revogação, em 1824, novos
sindicatos foram formados e, juntamente com eles, cooperativas.

_____

1 Cole, *A Century of Co-Operation*, p.20.

A primeira cooperativa owenista foi criada por George Mudie, que reuniu um grupo de jornalistas e gráficos em Londres e propôs que formassem uma comunidade para juntos viverem dos ganhos de suas atividades profissionais. Em 1821 e 1822, Mudie e seus companheiros publicaram *The Economist*, o primeiro jornal cooperativo. Formaram a London Co-Operative Society, mas após algum tempo desistiram de viver em comunidade. Em 1823 surgiu um novo jornal, *The Political Economist and Universal Philantropist*, e no ano seguinte apareceu uma nova London Co-Operative Society. Outro empreendimento owenista foi a Comunidade de Orbiston, fundada em 1826, liderada por Abram Combe, da qual Mudie participou investindo nela tudo o que possuía: 1.000 libras esterlinas. Durante algum tempo, a Comunidade progrediu e iniciou experimentos em educação e num sistema de repartição baseada em pagamento igual por hora de trabalho de qualquer pessoa. Infelizmente, em agosto de 1827, Combe faleceu e seu irmão e herdeiro despejou a Comunidade para pagar as dívidas assumidas.[2]

Brighton, um lugar de veraneio, foi palco de importante iniciativa cooperativa encabeçada pelo dr. William King, que era conhecido como "médico dos pobres". Em 1827 surgiu a Brighton Co-Operative Trading Association (Associação Cooperativa de Troca de Brighton), com o objetivo de formar uma comunidade cooperativa owenista, mas ela começou por funcionar como armazém cooperativo para ajudar a formar um fundo de capital. Seus sócios eram predominantemente operários. A associação arrendou terras e empregou membros no cultivo de legumes para serem vendidos no armazém. Diversas cooperativas descendentes dessa primeira se desenvolveram em Brighton, Worthington, Findon, Turnbridge Wells, Canterbury e Gravesend. Em 1830, King deixou a associação por problemas familiares e, em 1832, ela desapareceu.

A Brighton Association começou, em 1828, a publicação de um pequeno mensário *The Co-Operator*, redigido por King e dedicado a expor sistematicamente os princípios do cooperativismo. Ele durou dois anos e penetrou em todo o país. Em seu número inicial, *The Co-Operator* registrou a existência de apenas quatro cooperativas; em

---

2 Ibid., p.20-2.

INTRODUÇÃO À ECONOMIA SOLIDÁRIA					53

meados de 1829, esse número já era de 70, e, no fim do ano, atingiu 130, além da abertura do London Co-Operative Bazaar. Em agosto de 1830, King encerrou a publicação do *The Co-Operator* e o número final registrou a existência de mais de 300 cooperativas. Nessa época, a imprensa cooperativa também se havia diversificado, com o surgimento de novos órgãos.[3]

No meio dessa ascensão do cooperativismo, o owenismo foi assumido pelo crescente movimento sindical e cooperativo da classe trabalhadora. Um dos seus grandes líderes, John Doherty, conseguiu, em 1829, organizar os fiandeiros de algodão em um sindicato nacional. A partir dessa vitória, ele passou a lutar pela organização sindical de todas as categorias de trabalhadores, logrando fundar, em 1833-1834, o Grand National Consolidated Trades Union (sucessora da Grand National Moral Union de Owen, possivelmente a primeira central sindical do mundo).[4] "Tornou-se comum que grevistas, em ramos que podiam ser operados sem muita máquina, em vez de cruzar os braços, se lançassem em competição com seus empregadores à base de planos de produção cooperativa."[5]

A criação desse tipo de cooperativa, estreitamente ligada à luta de classes conduzida pelos sindicatos, conferia a essa luta uma radicalidade muito maior. Os trabalhadores em conflito com seus empregadores, em vez de se limitar a reivindicações de melhora salarial e de condições de trabalho, passavam a tentar substituí-los no mercado. A greve tornava-se uma arma não para melhorar a situação do assalariado, mas para eliminar o assalariamento e substituí-lo por autogestão.

> Muitas das sociedades cooperativas que foram fundadas no fim dos anos 20 e começo dos 30 [do século XIX] eram dessa espécie, originadas ou de greves ou diretamente de grupos locais de sindicalistas, que haviam sofrido rebaixa de salários ou falta de emprego. Algumas dessas

---

3 Ibid., p.22-3.

4 "Todos os movimentos sociais, todos os progressos reais, que surgiram na Inglaterra, estão ligados ao nome de Owen. [...] Ele presidiu o primeiro congresso em que *trade unions* [sindicatos] de toda a Inglaterra se uniram numa única grande central sindical" (Engels, *Herrn Eugen Dührings Umwälzung der Wissenschaft* [1894], p.324-5).

5 Cole, op. cit., p.24.

cooperativas foram definitivamente patrocinadas por sindicatos; outras foram criadas com a ajuda de sociedades beneficentes cujos membros provinham do mesmo ofício. Em outros casos, pequenos grupos de trabalhadores simplesmente se uniam sem qualquer patrocínio formal e iniciavam sociedades por conta própria.[6]

Ao lado dessas *cooperativas operárias* havia sociedades de propaganda owenista, que tinham como objetivo fundar aldeias cooperativas, atualmente chamadas de "cooperativas integrais", pois organizavam integradamente produção e consumo. Dessas sociedades originavam-se frequentemente *armazéns cooperativos* (como o da Associação Cooperativa de Troca de Brighton, encabeçada por King), criados para empregar alguns de seus membros, tendo em vista consumir seus próprios produtos ou trocá-los por escambo[7] pelos de outras sociedades com os mesmos propósitos. Muitos dos armazéns passaram a adquirir produtos das cooperativas operárias e distribuí--los, transformando-se em centros de escambo da produção cooperativa, denominados Exchange Bazaars (bazares de troca) ou Equitable Labour Exchanges (bolsas equitativas de trabalho).

Owen, como muitos socialistas da época, rejeitava o comércio visando ao lucro como essencialmente parasitário:

> Os distribuidores, pequenos, médios e grandes, têm todos de ser mantidos pelos produtores e, quanto maior o número dos primeiros comparado ao destes, maior será a carga suportada pelo produtor; pois, à medida que aumenta o número de distribuidores, a acumulação de riqueza tem de diminuir e mais tem de ser exigido do produtor. Os distribuidores de riqueza, sob o sistema atual, são um peso morto sobre os produtores e os mais ativos desmoralizadores da sociedade.[8]

A rejeição do comércio (assim como de toda atividade visando ao lucro) levou as sociedades owenistas a criar os bazares ou bolsas que

---

6 Ibid., p.24.

7 Escambo é troca direta, de produto por produto, sem uso de dinheiro.

8 Owen, 1821 apud Mill, *Capítulos sobre o socialismo*, p.68.

INTRODUÇÃO À ECONOMIA SOLIDÁRIA 55

acabaram por polarizar boa parte da produção das cooperativas operárias, conferindo-lhes viabilidade econômica. Uma contrapartida hodierna seria o "clube de troca", que cria mercado entre seus membros mediante uma moeda própria. Quando Owen voltou à Inglaterra, ele deu grande impulso a esse comércio sem intermediários, criando o National Equitable Labour Exchange (Bolsa Nacional de Trabalho Equitativo). Sua finalidade era oferecer a todos os cooperadores um mercado em que pudessem trocar seus produtos. A sua primeira sucursal foi aberta em 1832, logo seguida por uma segunda, sendo imitadas por cooperadores em Birmingham, Liverpool, Glasgow e em outras cidades. Em julho de 1833, Owen transferiu a gerência da bolsa a um Comitê Sindical de Londres, que representava os sindicatos cujos membros haviam se engajado em produção cooperativa.

As trocas nessas bolsas não eram estritamente escambo, pois eram intermediadas por uma moeda própria: as notas de trabalho, cuja unidade eram horas de trabalho. Os bens oferecidos à venda eram avaliados pelo tempo de trabalho médio que um operário padrão levaria para produzi-los. Cada bem era avaliado por esse critério por um comitê formado por profissionais do ramo correspondente. Adotou-se como padrão um operário que ganhasse seis dinheiros por hora. A hora de trabalho remunerada acima desse valor era aumentada na mesma proporção. Assim, por exemplo, uma peça de pano feita por um tecelão que ganhasse 12 dinheiros por hora e que levasse 5 horas para ser produzida valeria 10 horas de trabalho no padrão monetário da bolsa.

A esse respeito, Cole observou: "Isso significava, com efeito, o mesmo que aceitar a avaliação de mercado dos diferentes graus e espécies de trabalho, tornando as notas de trabalho meras traduções em tempo de trabalho das quantias de dinheiro determinadas ordinariamente pelo comércio".[9] A primeira parte da observação é correta, a segunda não. O que Marx chamava de "grau de complexidade do trabalho" como gerador de valor era calculado pelo escalonamento salarial do *mercado de trabalho*, ou seja, aceitava-se que um trabalho mais mal pago gerava um valor menor que outro mais bem pago. Mas

9 Cole, op. cit., p.31.

isso não significa que os preços em tempo de trabalho, assim calculados, equivaliam aos do comércio ordinário. Estes últimos incluem uma margem de lucro proporcional ao valor do capital investido na atividade e nada indica que os preços praticados nas bolsas tivessem tal margem. As bolsas "de trabalho equitativo" excluíam o lucro industrial na formação de seus preços.[10]

Durante certo tempo as bolsas equitativas tiveram notável sucesso. A de Birmingham teve lucro (o que indica que nos preços em notas de trabalho havia alguma margem para cobrir as despesas da bolsa), que ela doou a um hospital. Em 1834, a Bolsa Nacional de Trabalho Equitativo encerrou suas atividades, por efeito da derrota geral do movimento operário em seu confronto com os empregadores.

A luta dos sindicatos contra os capitalistas, utilizando as cooperativas operárias como armas para disputar-lhes o mercado, estava chegando ao auge em 1833, quando Owen reapareceu, assumindo sua liderança. Em setembro daquele ano, o Sindicato dos Trabalhadores em Construção, formado pela união das associações de ofício do ramo, reuniu seu Parlamento dos Construtores em Manchester. Owen compareceu e propôs que criassem a Grande Guilda Nacional dos Construtores para suplantar os empreiteiros privados e tomar toda a indústria em suas próprias mãos, reorganizando-a sob a forma de uma grande cooperativa nacional de construção.

Em outubro, tendo sido sua proposta aprovada pelos construtores, Owen foi ao Congresso Cooperativo de Londres, onde propôs a criação da Grande União Nacional Moral das Classes Produtivas do Reino Unido.

---

10 Cole argumenta que as bolsas não poderiam praticar preços diferentes do comércio em geral porque, se o fizessem, "eles venderiam rapidamente todos os artigos relativamente mais baratos e ficariam sem vender os relativamente mais caros" (p.31). Isso seria o caso se houvesse conversibilidade entre as notas de trabalho e as libras esterlinas. Deve-se supor que, para obter notas de trabalho, era preciso vender algo na bolsa, sendo este algo um produto cooperativo. Nesse caso, o mercado cooperativo seria fechado e poderia praticar preços diferentes dos praticados no comércio. Mas negociantes comuns vendiam seus produtos em troca de notas de trabalho para comprar produtos cooperativos com elas. Isso pode significar que eles praticavam arbitragem entre os preços externos e internos da bolsa ou que os últimos acabaram sendo ajustados aos primeiros, como imagina Cole.

INTRODUÇÃO À ECONOMIA SOLIDÁRIA   57

Era para ser constituída por delegados de todos os ramos organizados de atividade à base de sindicatos paroquiais, distritais e provinciais, e parece que tinha por objetivo tomar toda a indústria do país do mesmo modo que os construtores se propunham a tomar a indústria de construção. Os delegados partiram comprometidos com o estabelecimento desse instrumento espantosamente ambicioso e a realização de um novo congresso em Barnsley na páscoa seguinte.[11]

Eis que o cooperativismo, em seu berço ainda, já se arvorava como modo de produção alternativo ao capitalismo. O projeto grandioso de Owen equivalia ao que mais tarde se chamou de República Cooperativa, e ele a propôs, não à moda dos utópicos da época aos mecenas para que a patrocinassem, mas ao movimento operário organizado, que ainda estava lutando por seus direitos políticos. Foi um curto mas inolvidável momento da história da Grã-Bretanha e também do cooperativismo, que vai, desse modo, ainda imaturo, à pia batismal da revolução.

No mesmo ano memorável de 1833 é aprovado o Factory Act, que estabelece uma legislação protetora do trabalhador de fábrica, mas recusa a limitação da jornada de trabalho a dez horas, causando forte frustração. Em novembro, Owen lidera a reação entre os sindicalistas do norte, criando a Sociedade pela Regeneração Nacional, para conquistar de uma vez a jornada de oito horas, *não por lei, mas pela recusa em massa de trabalhar além desse período!* A Sociedade rapidamente se expandiu, conquistando considerável número de seguidores. A fé na ação direta se difundia num momento de mobilização intensa. Tudo parecia possível desde que todos os trabalhadores agissem em uníssono.

Mas a reação dos empregadores já havia começado. Em junho de 1833, os empreiteiros resolveram fazer um *lock-out* (greve patronal, literalmente "exclusão"), demitindo todos os trabalhadores que pertenciam ao Sindicato dos Trabalhadores em Construção. A luta começou em Liverpool e se estendeu a Manchester e a outros centros.

---

11 Ibid., p.27-8.

Ela foi cruel e longa, terminando apenas no fim do ano com a derrota dos trabalhadores, que tiveram de abrir mão do sindicato para poder voltar ao trabalho. Foi durante essa luta que Owen propôs ao Parlamento dos Construtores tomar a indústria dos capitalistas e reorganizá-la como cooperativa.

Em novembro, os industriais têxteis decretaram o *lock-out*, demitindo todos os sindicalizados. Estes, em resposta, abriram cooperativas operárias e tentaram vender seus produtos nas bolsas de trabalho, em todo o país. A Grande União Nacional Moral das Classes Produtoras (Gunm), ainda em organização, resolveu cobrar uma taxa extra de seus membros para angariar fundos para os tecelões excluídos.

> Mas greves e *lock-outs* logo se multiplicaram em outras partes do país e os recursos da União estavam longe de poder manter os excluídos. A detenção e condenação dos trabalhadores de Dorchester, em março de 1834, foi mais um golpe, pois ameaçava os sindicatos em todos os lugares com penalidades legais, somadas à hostilidade dos empregadores. A Gunm e a maioria dos seus afiliados aboliram os juramentos, que eram comumente parte das cerimônias de iniciação sindical e haviam fornecido a base para as condenações de Dorchester.
>
> Mas, em face da crescente militância dos empregadores e da declarada hostilidade do governo, os sindicalistas em muitas áreas começaram a perder o ânimo. Owen e seus discípulos puseram-se à frente da demanda pela libertação dos trabalhadores de Dorchester e entraram na Gunm em bloco, na esperança de salvar a situação. Mas uma greve sem sucesso dos alfaiates de Londres – que em seu decorrer cobriram Londres de cartazes anunciando que estavam partindo em bloco para a Produção Cooperativa – piorou seriamente a situação; e os empregadores de Yorkshire, retomando a ofensiva do ano anterior, conseguiram em maio e junho quebrar o poder do Sindicato de Leeds. O Sindicato dos Trabalhadores em Construção também estava ruindo diante de repetidos ataques. [...] E uma após a outra, as associações de ofício foram deixando o sindicato, que no fim de 1834 se extinguiu. As oficinas cooperativas em Derby tiveram de fechar, e os homens foram forçados a voltar ao trabalho nas condições impostas pelos empregadores. O Sindicato dos Oleiros, que montou uma olaria cooperativa em junho de 1834, teve de abandoná-la

INTRODUÇÃO À ECONOMIA SOLIDÁRIA 59

seis meses depois. A grande aventura sindical estava chegando a um fim sem glória.[12]

Esta é a origem histórica da economia solidária. Seria justo chamar essa fase inicial de sua história de "cooperativismo revolucionário", o qual jamais se repetiu de forma tão nítida. Ela tornou evidente a ligação essencial da economia solidária com a crítica operária e socialista do capitalismo. A figura que sintetizou pensamento e ação nessa fase foi, sem dúvida, Owen, exemplo acabado de pensador e homem de ação e que inspiraria os seus sucessores. Engels colaborou na imprensa owenista e tanto ele quanto Marx deveram muito a Owen, dívida aliás nunca contestada.

Para completar o quadro, seria preciso fazer menção ao menos à experiência na França. Lá o grande autor foi Charles Fourier, que, no entanto, não era homem de ação e nunca quis que seu projeto de falanstério fosse realizado por discípulos. Seu sonho era que algum capitalista se interessasse pelo seu sistema e se dispusesse a experimentá-lo. Sua ideia central era que a sociedade se organizasse de uma forma que todas as paixões humanas pudessem ter livre curso para produzir uma harmonia universal. O principal objetivo dessa organização social seria dispor o trabalho de tal forma que se tornasse atraente para todos, do que deveria resultar enorme aumento de produtividade e de produção. Daí surge a ideia do falanstério, uma comunidade suficientemente grande (com 1.800 pessoas trabalhando) para oferecer a cada um ampla escolha entre trabalhos diversos. Fourier acreditava que cada pessoa poderia encontrar um ou mais trabalhos que estivessem de acordo com suas paixões e aos quais ela poderia se entregar quase sem se importar com a remuneração.

Mas o falanstério não é coletivista como a aldeia cooperativa de Owen. Nele se preservam a propriedade privada e a liberdade individual de mudar de trabalho. Os meios de produção seriam de todos os membros, mas sob a forma de propriedade acionária. O resultado do trabalho de todos seria repartido de acordo com proporções fixas: 5/12 pelo trabalho, 4/12 pelo capital investido e 3/12 pelo talento. E ele

---

12 Ibid., p.29.

concebe um engenhoso sistema de mercado que deve conciliar as preferências por diferentes tipos de produto dos membros enquanto consumidores e por diferentes tipos de trabalho dos mesmos enquanto produtores.

Para evitar que a sociedade se polarize entre ricos e pobres, Fourier propõe diversos mecanismos de redistribuição: 1) que as ações devem dar rendimento tanto maior quanto menor for o número delas possuído pela pessoa, de modo que os pequenos acionistas teriam um rendimento proporcionalmente muito maior que os grandes; 2) todos teriam uma renda mínima, "modesta mas muito decente", mesmo que não trabalhem. Essa proposta faz sentido, pois todos trabalharão por paixão, e não por necessidade, embora as pessoas continuem competindo por riquezas, já que o sistema manteria propriedade, herança, juros sobre o capital e alguma desigualdade entre ricos e pobres.

"É sobre a livre iniciativa individual apenas que ele espera fazer uma experiência de seu sistema – uma iniciativa que ele solicita, implora, dirigindo-se ao grande capitalista e a príncipes desengajados com tocante pertinácia".[13] O sistema de Fourier é uma variedade de socialismo de mercado, centrado na liberdade individual, na livre escolha dos trabalhos, organizados em equipes e na propriedade por ações dos meios de produção. O sistema é coerente: para que a liberdade humana culmine na paixão pelo trabalho é necessário que ninguém dependa dele para viver, o que requer uma renda cidadã que garanta a todos uma sobrevivência digna.

A ideia de que todos deveriam viver em comunidades autogeridas torna o Estado dispensável, o que faz de Fourier um predecessor dos anarquistas, como nota Gide:

> Como a nova ordem social deve se basear apenas sobre a atração, nem é preciso dizer que Fourier não pensa em empregar a força. Nunca, de fato, ele apela a legisladores, a governo, a uma autoridade, a um poder

---

13 Gide, "Introduction", em Fourier, *Design for Utopia: Selected Writings of Charles Fourier*, p.22.

coercitivo de qualquer espécie; eu nem mesmo sei se a palavra Estado, que hoje serve para caracterizar todas as escolas mais ou menos socialistas, aparece uma única vez em seus livros. Nisso ele pertence à escola liberal mais pura – e desde que não reconhece nem mesmo a necessidade do Estado policial, pode-se ir ao ponto de dizer que ele pertence à escola anarquista, se esse termo não se chocasse estranhamente com o seu amor à ordem e simetria.[14]

Fourier teve discípulos ilustres – Muiron, Considerant, Godin, Mme. Vigoureux –, que se congregaram a partir de 1825 e estabeleceram o que se chamou de "escola associativa". Em 1832, eles foram reforçados pela adesão de importantes ex-saint-simonianos como Lechavalier e Transon, iniciaram a publicação de um hebdomadário – *Le Phalanstère* – e organizaram cursos, alguns dados pelo próprio Fourier. Com a morte de Fourier em 1837, suas doutrinas tiveram novo impulso, fazendo que a escola crescesse cada vez mais e atingisse 3.700 membros na véspera da Revolução de 1848, entre os quais o próprio futuro imperador Luís Napoleão.

A experimentação prática do sistema de Fourier se deu mais nos Estados Unidos.

Três grandes associações, aplicando em maior ou menor extensão os princípios do fourierismo, foram criadas quase simultaneamente:

The North American Phalanx, fundada por Brisbane no estado de Nova Jersey, The Wisconsin Phalanx, no estado do mesmo nome, e a mais famosa de todas, a Brook Farm, perto de Boston, que teve homens muito ilustres entre seus membros, alguns dos quais desempenharam papéis de liderança na organização que se chamou Sovereigns of Industry [Soberanos da Indústria] e nos Knights of Labour [Cavaleiros do Trabalho] e no movimento cooperativista. Até mesmo Channing e Hawthorne ficaram algum tempo lá. Estima-se em trinta o número de tais comunidades; mas nenhuma durou mais do que cinco ou seis anos.[15]

14 Ibid., p.21-2.
15 Ibid., p.41-2.

Owen e Fourier foram, ao lado de Saint-Simon, os clássicos do socialismo utópico. O primeiro foi, além disso, grande protagonista dos movimentos sociais e políticos na Grã-Bretanha nas décadas iniciais do século XIX. O cooperativismo recebeu deles inspiração fundamental, a partir da qual os praticantes da economia solidária foram abrindo seus próprios caminhos, pelo único método disponível no laboratório da história: o da tentativa e erro.

III
Panorâmica

1. O cooperativismo de consumo

O cooperativismo de consumo, que desempenhou importante papel na difusão do cooperativismo pela Europa a partir de meados do século XIX, teve um começo claro: a famosa cooperativa dos Pioneiros Equitativos de Rochdale, considerada a mãe de todas as cooperativas. Ela surgiu em Rochdale, um importante centro têxtil no norte da Inglaterra, em 1844. Fundada por 28 operários qualificados de diversos ofícios, metade deles owenista, entre os seus objetivos estava a criação de uma colônia autossuficiente e o apoio a outras sociedades com esse propósito.

O impulso para a criação da cooperativa pode ter sido a derrota de uma greve de tecelões em 1844. Adotaram uma série de princípios, que seriam depois imortalizados como os princípios universais do cooperativismo: 1º) que nas decisões a serem tomadas cada membro teria direito a um voto, independentemente de quanto investiu na cooperativa; 2º) o número de membros da cooperativa era aberto, sendo em princípio aceito quem desejasse aderir. Por isso, esse princípio é conhecido como o da "porta aberta"; 3º) sobre capital emprestado a cooperativa pagaria uma taxa de juros fixa; 4º) as sobras seriam divididas entre os membros em proporção às compras de cada um na cooperativa; 5º) as vendas feitas pela cooperativa seriam sempre feitas à vista; 6º) os produtos vendidos pela cooperativa seriam sempre puros (isto é, não adulterados); 7º) a cooperativa se empenharia na educação cooperativa; 8º) a cooperativa manter-se-ia sempre neutra em questões religiosas e políticas.

Hoje esses princípios parecem óbvios. Mas na época foram uma criação muito importante, provavelmente sintetizada de numerosas experiências cooperativas relativamente independentes. O primeiro princípio garante a democracia e a primazia do trabalho sobre o capital na cooperativa. Houve cooperativas que adotaram o voto conforme o capital investido, o princípio que vigora nas sociedades anônimas. Acabaram se transformando em sociedades de capital, e não de trabalhadores. Hoje, o princípio de um voto por cabeça é visto como essencial para que haja democracia na cooperativa e, portanto, autogestão.

O princípio da porta aberta é importante porque, uma vez consolidada a cooperativa, há uma tendência de os sócios fundadores não admitirem outros ou apenas admiti-los com direitos inferiores. Cooperativas que não adotaram a porta aberta tiveram grande valorização de suas cotas de capital, o que induziu muitos sócios a vendê-las a investidores capitalistas. Obviamente, com isso, o caráter cooperativo da organização se perdia. A porta aberta permitiu às cooperativas de consumo expandir o número de sócios, abrir filiais e obter ganhos de escala, o que foi essencial ao seu portentoso crescimento, como veremos adiante.

O princípio dos juros determinados provinha de Owen, que o aplicava em New Lanark. Isso lhe permitia investir todo lucro excedente aos juros em favor dos trabalhadores. No caso das cooperativas de consumo, esse princípio é condição para que possa vigorar o da divisão das sobras segundo o valor das compras. Nas sociedades anônimas, todo lucro sobrante é repartido conforme o número de ações possuído. O terceiro princípio garante uma remuneração limitada aos que aplicaram sua poupança na cooperativa, exatamente para

INTRODUÇÃO À ECONOMIA SOLIDÁRIA   65

que as sobras (já descontada a quantia paga a título de juros) possam
beneficiar os sócios da cooperativa.

O princípio da divisão das sobras já era praticado por outras
cooperativas, pois permite vender um pouco mais caro que a concorrência, sem perder a clientela. Esta se dispõe a pagar um pouco mais
na cooperativa porque sabe que recebe uma quantia de volta no fim
do exercício, na forma de participação nas sobras. Convém notar que
ela só vende a sócios, de modo que estes têm razões *solidárias e pecu-
niárias* para dar preferência a ela em suas compras.

A venda só à vista protegia a cooperativa da inadimplência dos sócios, que se generalizava em épocas de crise. Muitas cooperativas de
consumo quebravam quando os sócios perdiam os empregos. A recusa a dar crédito impedia que sócios desempregados ou em dificuldades pudessem fazer compras na cooperativa. Os Pioneiros procuravam
distinguir negócios de caridade, dando prioridade à saúde financeira.
Além disso, era seu propósito educar os membros a poupar e a evitar
assumir dívidas.

O princípio de que tudo o que a cooperativa vendesse seria puro
é hoje obsoleto, pois na maioria dos países a fiscalização pública impede eficazmente que alimentos e remédios adulterados ou deterio-
rados possam ser colocados à venda. Mas a situação na Inglaterra, na
época, era bem outra: como os salários pagos à maioria dos operários
não lhes permitiam pagar o preço dos produtos puros, era comum
que o comércio oferecesse produtos de qualidade inferior (inclusive
alguns prejudiciais à saúde).[1] A grande vantagem das cooperativas de
consumo sobre seus concorrentes é que seus sócios sabiam que podiam confiar nos produtos comprados nelas.

O princípio do empenho na educação cooperativa é também
uma herança owenista. Ela deriva da ideia de que os homens são o
que a educação (ou sua falta) faz deles. Para Owen, os vícios e o egoís-
mo são frutos de uma educação errada. Portanto, para que o cooperativismo seja entendido e apoiado em seus propósitos, é necessário

---

1 Quando o moinho cooperativo de Rochdale começou a fornecer o seu trigo, os sócios reclamaram do gosto. Foi preciso convencê-los de que estavam acostumados
ao trigo adulterado, para que aceitassem o produto puro.

que não só os cooperadores, mas o público em geral, seja educado em seus princípios ou, mais amplamente, em sua visão de mundo. Desde o início da economia solidária, a publicação de periódicos e livros e a organização de cursos sempre mereceram toda a prioridade.

O oitavo princípio exige neutralidade da cooperativa perante controvérsias políticas e religiosas que podem dividir os sócios. Esse princípio pretende impedir que cooperativas sejam exclusivas de partidos ou seitas. Ele complementa o primeiro, ao abrir a porta a todos os que desejam se associar, não importando suas posições políticas e crenças religiosas.

O primeiro armazém dos Pioneiros Equitativos abriu suas portas em 21 de dezembro de 1844 com um capital de 28 libras, emprestadas pelo Sindicato dos Tecelões. Tendo perdido uma greve, provavelmente os trabalhadores não dispunham de dinheiro para subscrever as cotas de capital da cooperativa. Um ano depois, o número de sócios havia subido para 74. Em 1849, o Rochdale Savings Bank (espécie de caixa econômica) faliu, o que fez o número de sócios subir de 140 para 390. Os Pioneiros aceitavam empréstimos dos sócios e os remuneravam à taxa de juros de 10% ao ano, relativamente alta na época. Desse modo, a cooperativa servia ao mesmo propósito da caixa que fechara.

Com a ampliação do quadro social, os Pioneiros passaram a oferecer novos serviços, além da venda a varejo de bens. Em 1846, organizaram debates todos os sábados à tarde; em 1848, abriram aos sócios uma sala de leitura com os jornais do dia e, no ano seguinte, criaram uma alfaiataria e uma biblioteca. Em 1850, os Pioneiros lideraram a constituição do Rochdale Co-Operative Corn Mill (Moinho de Trigo Cooperativo de Rochdale), que desenvolveu suas atividades continuamente até 1906, quando foi absorvido pela Sociedade Cooperativa Atacadista. Os Pioneiros viabilizaram o projeto ao investir no moinho 150 libras e emprestar à nova cooperativa outras 285 libras. O que mostra que a modesta cooperativa de 28 sócios apenas seis anos depois de aberta já havia alcançado considerável poderio financeiro.

Em 1853, os Pioneiros decidiram financiar a sala de leitura e a biblioteca com 2,5% de suas sobras. Antes, quem se encarregava disso eram os próprios usuários. Foi uma decisão histórica, pois daí em diante a expansão do movimento da cooperativa geraria verbas crescentes para educação, o que se tornou característico de todas as cooperativas. Além disso, os Pioneiros abriram um departamento de compras e vendas no atacado, destinado a abastecer outras cooperativas que estavam sendo fundadas nas vizinhanças de Rochdale. Esse foi um passo de grande importância para a expansão do cooperativismo de consumo por toda a Grã-Bretanha e, mais tarde, por muitos outros países.

Um outro passo importante foi a fundação da Rochdale Cooperative Manufacturing Society (Sociedade Cooperativa Manufatureira de Rochdale), que era uma tecelagem, de início numa área alugada. Depois abriram uma fiação numa outra área alugada e em 1859 começaram a construção de uma fábrica própria que abrigaria tanto a tecelagem quanto a fiação. Em 1862 começaram a construção de uma segunda fábrica, que iniciou suas atividades em 1866. O capital para esses empreendimentos veio em parte da própria cooperativa, em parte de seus sócios, que compraram ações e, em parte, dos trabalhadores das fábricas cooperativas. Os acionistas, de acordo com o quarto princípio, recebiam uma taxa fixa de 10% sobre o capital que investiram. Os trabalhadores, além de receber também essa taxa sobre o valor de suas ações, tinham direito a um abono de 20% sobre seu salário, a título de participação nos lucros.

Esse arranjo mostra que as cooperativas de produção, criadas pelos Pioneiros, não eram autogestionárias mas cogestionárias. A sua administração era partilhada por representantes dos acionistas (que não trabalhavam na cooperativa) e dos trabalhadores dela. Este é um arranjo instável, porque os interesses dos capitalistas e dos trabalhadores eram contraditórios, o que não tardou a provocar conflitos. Quando, por causa da Guerra Civil, a indústria têxtil teve de reduzir a produção por falta de algodão, cuja importação dos Estados Unidos estava suspensa, os empregados das empresas capitalistas (alguns dos quais eram acionistas da cooperativa manufatureira) sofreram cortes nas jornadas e nos salários. Mas os trabalhadores da cooperativa continuaram recebendo suas retiradas integralmente.

Isso levou a um movimento dos acionistas, sócios da cooperativa de consumo, no sentido de abolir o abono recebido pelos trabalhadores da cooperativa de produção. Em 1862, a maioria dos acionistas aprovou uma resolução nesse sentido.

> Converteram assim a Sociedade Cooperativa Manufatureira numa firma ordinária lucrativa; e é um fato significativo que, por ocasião da mudança, apenas cerca de cinquenta dos quinhentos empregados eram acionistas. Terminou assim o grande experimento de Rochdale em produção cooperativa. Os líderes dos Pioneiros ficaram amargamente desapontados com o que consideravam a apostasia dos acionistas e a notícia da deserção foi um golpe pesado no país inteiro para a causa do cooperativismo, como era entendida então. [...] A Sociedade de Rochdale foi dos primeiros na lista desses malogros e sua queda teve mais eco que o resto porque ela foi iniciada com mais idealismo e sob os auspícios dos Pioneiros, que o movimento inteiro considerava sua liderança.[2]

O desdobramento de cooperativas de consumo em cooperativas de produção era um propósito central dos Pioneiros e de outras sociedades com o mesmo lastro ideológico. Como dissemos no início desta seção, o grande objetivo da Sociedade dos Pioneiros era constituir uma colônia comunista, em que grande parte das necessidades de consumo seriam satisfeitas com o trabalho dos membros. Apenas o excedente de produção seria trocado por outros produtos, sempre que possível com outras comunidades devotadas aos mesmos propósitos. O armazém cooperativo era apenas o início da construção desse projeto, que deveria ser seguido por um segundo passo, qual seja, a fundação de cooperativas de produção. Se estas últimas fossem bem-sucedidas, absorveriam a totalidade dos sócios da cooperativa de consumo e então poderia ser dado o terceiro passo: construir a aldeia cooperativa, em que todos poderiam viver lado a lado, produzindo e consumindo em comum.

O que ocorreu com a cooperativa de Rochdale é que o número de seus sócios cresceu muito mais do que o número de vagas nas cooperativas de produção que ajudava a criar. Além disso, com o

---

2 Cole, *A Century of Co-Operation*, p.90-1.

INTRODUÇÃO À ECONOMIA SOLIDÁRIA   69

passar dos anos, a formação da aldeia perdeu a adesão da maioria
dos cooperadores.

> [...] os líderes dos Pioneiros acreditavam na cooperação de produção as-
> sim como na de consumo. Enquanto estiveram pensando em termos do
> estabelecimento de uma Comunidade Cooperativa como o ideal para o
> qual estavam trabalhando, não faziam distinção entre consumidores e
> produtores e partiram da ideia de empregar tantos de seus sócios quan-
> to fosse possível em trabalho produtivo e distributivo. Mas, por volta
> de 1854, a noção de fundar comunidades já havia sido definitivamente
> abandonada. Essa fase estava finda; a noção foi morta, exceto no espí-
> rito de muito poucos idealistas, pelo fracasso dos esforços de construir
> comunidades por parte dos owenistas primeiro e dos cartistas depois.
> Os Pioneiros haviam resolvido desenvolver o cooperativismo não à par-
> te do mundo como ele era, mas neste mundo e sujeito a suas condições
> limitativas.[3]

A extraordinária expansão da cooperativa de Rochdale, nos anos
1850 e 1860 do século XIX, não era uma exceção, mas parte de um vasto renascimento do cooperativismo, após a derrota do movimento
operário em meados dos anos 1830. Por toda a Grã-Bretanha o cooperativismo de consumo estava se desenvolvendo vigorosamente, e
muitas cooperativas de produção, especialmente moinhos de trigo,
eram fundadas pelas cooperativas de consumo. O esquema utilizado
era o mesmo de Rochdale: o de cogestão entre acionistas, provedores
de capital e trabalhadores. Cumpre notar que, em geral, os acionistas
também eram trabalhadores, sócios das cooperativas de consumo. Os
trabalhadores das cooperativas de produção participavam da eleição
dos diretores das mesmas e recebiam participação nos lucros.

A expansão desse cooperativismo misto se acelerou quando foi
possível criar algumas grandes cooperativas de segundo grau, dedicadas ao comércio atacadista, o que proporcionou às cooperativas
de consumo filiadas a elas um abastecimento assegurado das mercadorias de que necessitavam, com qualidade e a preços honestos. Em

---

3 Ibid., p.89.

1863, 48 cooperativas do norte da Inglaterra formaram a Sociedade de Depósito e Agência Cooperativa Atacadista, que abriu seu primeiro armazém em Manchester no ano seguinte. No início, os compradores das cooperativas associadas, que tinham boas conexões com firmas atacadistas, recusaram-se a tratar com a nova sociedade. Mas, em pouco tempo, essa resistência foi superada. Em 1864, a Sociedade tinha 18 mil membros das cooperativas filiadas e capital de 2.455 libras. Dez anos depois, o número de membros alcançava 200 mil e o capital 61 mil libras mais 193 mil libras de empréstimos e depósitos. O movimento comercial da Sociedade passou de 120 mil libras em 1864 para 2 milhões de libras em 1874.[4]

Uma discussão que acompanhou a fundação das cooperativas atacadistas era se elas deviam se dedicar apenas ao comércio ou se deviam promover a produção cooperativa e distribuí-la por intermédio das cooperativas varejistas filiadas. Este último ponto de vista deve ter prevalecido, porque Cole[5] fala de um notável renascimento do cooperativismo de produção na década de 1860. Pelos registros disponíveis, ele acha difícil distinguir cooperativas verdadeiras de empresas registradas como tal ou como sociedades anônimas, mas que foram apoiadas ou patrocinadas por líderes de cooperativas. Entre 1862 e 1880, há registros de 163 cooperativas de produção, além de muitas outras registradas como sociedades anônimas, mas que tinham algo de cooperativas, ao menos na origem.

Durante o *boom* industrial que atravessou os anos 1860 e terminou apenas em 1873, muitos trabalhadores ingleses investiram na formação de novas firmas industriais, chamadas *working class limiteds* (limitadas de classe operária).

> Não havia nada de cooperativo nelas além do fato de serem muitas vezes patrocinadas por líderes cooperadores e terem cooperativas de

---

4 Ibid., p.145. Um sinal de que o cooperativismo de consumo estava crescendo além de Rochdale é que os Pioneiros constituíam cerca de um quarto dos membros da Sociedade Atacadista quando de sua fundação; em 1875, representavam apenas 3% dos mesmos (idem).

5 Ibid., p.158.

INTRODUÇÃO À ECONOMIA SOLIDÁRIA   71

consumo entre seus acionistas. Havia, porém, uma classe considerável
de entidades que pretendiam ter muito mais caráter cooperativo do que
as limitadas de classe operária. Essa classe consistia de companhias formadas com o objetivo de tornar os trabalhadores sócios da empresa e
participantes de seus lucros. [...] Encontramos cooperativas de consumo
investindo amplamente em tais empresas e sindicatos vindo também e
aplicando seus fundos de forma semelhante. A própria Sociedade Cooperativa Atacadista, veremos, envolveu-se pesadamente em algumas
dessas empresas, que atingiram seu auge durante o *boom* do início da
década de 1870 apenas para entrar em colapso às dúzias tão logo os anos
de prosperidade acabaram.[6]

Como se vê, apesar de o sonho da comunidade ou aldeia cooperativa ter sido abandonado, a grande onda de cooperativismo de consumo continuou expandindo cooperativas de produção, que delas
dependiam tanto para se capitalizar como para vender sua produção.
Greves continuaram dando ensejo para a formação de cooperativas
de produção. Foi o que aconteceu na mineração do carvão, em que
greves frequentes ocasionaram a fundação de sociedades cooperativas de mineração, em geral financiadas por cooperativas de consumo e sócios das mesmas. Com a crise iniciada em 1873, muitas dessas
cooperativas mineradoras sofreram dificuldades e várias receberam
ajuda financeira das cooperativas de consumo e da Sociedade Cooperativa Atacadista, permitindo-lhes resistir e sobreviver.

Mas, com a queda dos preços do carvão, causada pela crise, ces-
saram tanto a participação dos trabalhadores nos lucros como o
desconto dado às cooperativas de consumo na aquisição do carvão,
o que tirava desses negócios qualquer caráter cooperativo que pudessem ter tido. O mesmo aconteceu com a totalidade das cooperativas
de produção inglesas controladas pelas cooperativas de consumo
diretamente ou por meio da Sociedade Cooperativa Atacadista. Em
1875, depois de muita discussão e conflito, a Sociedade Cooperativa
Atacadista resolveu abolir o abono dos trabalhadores.

---

6 Ibid., p.159.

A controvérsia sobre se a autogestão era ou não essencial ao cooperativismo iria prosseguir por muito tempo e a rigor não se encerrou ainda. Na época, ela dividia tanto o movimento operário como as correntes políticas de classe média. Os veteranos owenistas e socialistas viam no cooperativismo de consumo não um fim em si, mas um passo em direção à comunidade cooperativa ou socialista, cuja essência seria o autogoverno dos produtores. Mas, para os cooperadores operários mais jovens, que haviam aderido numa época em que o padrão de vida estava melhorando, o cooperativismo de consumo era a realidade, servindo para promover a poupança mútua e fornecer bens não adulterados a preços justos. No campo da classe média, os socialistas cristãos e também não cristãos

> [...] acreditavam no autogoverno dos produtores e na partilha dos lucros como meios de superar o antagonismo entre capital e trabalho e de dar ao trabalhador um lugar justo e autorrespeitável na sociedade mediante uma revolução indolor, voluntária e despida do espírito de luta de classes; enquanto outros apoiadores, como Cobden e Gladstone, encaravam o movimento cooperativo principalmente como uma agência para encorajar as virtudes da frugalidade e da independência entre as classes trabalhadoras e eram portanto favoráveis sobretudo à cooperação de consumo com seus arranjos a favor do "investimento frugal".[7]

Os próprios trabalhadores das cooperativas de produção, assim como os das cooperativas de consumo, não se opuseram ao corte do abono e dos seus direitos cogestionários.[8] Cole atribuía isso aos tempos difíceis que levavam muitas cooperativas de produção a falir e estreitavam a margem de sobras das cooperativas de consumo. Em nenhum momento ele toca na perda, pelos trabalhadores, do direito de eleger parte da direção das cooperativas em que trabalhavam. Não sabemos se a sentiam ou não, apenas sabemos que, na luta perdida pela preservação de seus direitos, esses trabalhadores não desempenharam nenhum papel que merecesse registro histórico.

---

7 Ibid., p.170.
8 Ibid.

INTRODUÇÃO À ECONOMIA SOLIDÁRIA   73

Na segunda metade do século XIX, o cooperativismo de consumo se expandiu velozmente na Grã-Bretanha. O total de membros atingiu 547 mil em 1881 e 1 milhão e 707 mil em 1900. O número de cooperativas aumentou menos, passando de 971 para 1.439 nesse período, mas o seu movimento comercial cresceu mais, passando de 15,5 milhões para mais de 50 milhões de libras. Em média, cada cooperativa tinha 563,3 membros e movimento de cerca de 16 mil libras em 1881 e 1.186 membros e 34.746 libras em 1900.

Essa expansão se devia sem dúvida ao avanço da indústria e da urbanização, mas também a inovações que as cooperativas trouxeram ao comércio varejista e atacadista. Os Pioneiros de Rochdale foram os primeiros a abrir sucursais em várias partes da cidade e em outras cidades, muitas vezes transformando cooperativas locais em filiais. Isso introduziu ganhos de escala nas compras de mercadorias e provavelmente de serviços, como transporte, por exemplo. Nessa época, o varejo britânico estava atrasado, sendo "caracterizado por feiras semanais, lojas pequenas especializadas em conceder crédito a preços elevados, vendedores ambulantes e vendas diretas mediante pequenas oficinas. Poucos comerciantes tinham mais de um ponto de venda".[9]

O atacado cooperativo, iniciado pelos Pioneiros de Rochdale e desenvolvido pelas sociedades atacadistas depois, alcançou dimensões muito maiores do que os atacadistas convencionais.

Numa época em que estes eram caros e ineficientes, as sociedades cooperativas atacadistas inglesa e escocesa virtualmente inventaram a distribuição moderna ao varejo. Elas cresceram por três vias. Primeiro, organizaram a cadeia de distribuição. Importavam alimentos baratos, organizando a distribuição de manteiga irlandesa, *bacon* dinamarquês, chá indiano e trigo canadense, possuindo armazéns nos países exportadores e assistindo no processo a movimentos cooperativos agrícolas e de consumo indígenas. Elas foram tão longe ao longo das cadeias produtivas quanto lhes foi possível, possuindo plantações de chá, processando alimentos na Grã-Bretanha (moinhos de trigo, por exemplo) ou nos países de origem (fábricas de toucinho defumado, por exemplo). Quando

_____
9 Birchall, *The International Co-Operative Movement*, p.9.

os armadores começaram a elevar seus preços, a Sociedade inglesa simplesmente começou sua própria linha de navegação. Como resultado, o público britânico se beneficiou do abastecimento regular de alimentos puros, baratos, com custos mínimos de distribuição e todos os lucros lhes sendo devolvidos na forma de sobras.

Segundo, elas se tornaram fabricantes de todos aqueles produtos básicos que a classe operária demanda em quantidades regulares: botas e sapatos, vestuário, sabão, mobiliário e alimentos processados. Ao montar a produção para um mercado garantido, elas puderam aplicar todas as técnicas mais recentes em suas fábricas (tais como laminação), mantendo-se à frente da concorrência. Porque o mercado estava garantido e estável, elas puderam se tornar em grande medida autossuficientes; tinham até uma fábrica de barbante para os pacotes que a Sociedade inglesa remetia às sociedades varejistas. Terceiro, elas assumiram muitas cooperativas de produção em dificuldades, que haviam sido criadas por cooperativas varejistas e de propriedade de trabalhadores e as integraram em sua rede.[10]

Só que essas fábricas, assim como a frota, plantações etc., nada tinham de cooperativo: eram empresas capitalistas, possuídas por cooperativas. Por isso Birchall observa, em nota de rodapé, a respeito da terceira via: "Isso provocou uma briga furiosa com os defensores das cooperativas operárias, uma briga que [...] afetou até mesmo o estabelecimento da Aliança Cooperativa Internacional".

Essa evolução do cooperativismo de consumo é deveras surpreendente. Tendo começado de forma modesta, com fundos emprestados, ele encontra formas de concentrar a atividade distributiva que lhe confere superioridade competitiva em relação ao comércio preexistente, que na segunda metade do século ainda era pré-capitalista, estando nas mãos de pequenos operadores. A grande vantagem inicial das cooperativas era o "mercado assegurado" por um quadro de sócios em plena expansão. Como vimos, nas duas últimas décadas do século XIX, o número médio de sócios das cooperativas de consumo dobrou, assim como o valor médio de suas vendas. Nenhum outro varejista tinha

---

10 Ibid., p.10.

INTRODUÇÃO À ECONOMIA SOLIDÁRIA   75

uma clientela assegurada, com nomes e endereços conhecidos, com os quais era fácil conduzir sondagens etc.

Além disso, as cooperativas de segundo grau atacadistas também tinham mercado assegurado, formado pelas cooperativas varejistas que eram suas proprietárias e clientes. Nenhum atacadista convencional tinha algo parecido. O que fez que o cooperativismo de consumo acabasse por dominar o mercado varejista e atacadista britânico e, no século XX, o de outros países.

Birchall dá exemplos de cooperativas de consumo semelhantes aos Pioneiros de Rochdale sendo criadas entre 1845 e 1850 nos Estados Unidos, na Suíça, na França e na Itália.[11] Aplicando os princípios dos Pioneiros, elas foram capazes de repetir o mesmo roteiro "do varejo ao atacado, depois à produção própria e finalmente à criação de uma união cooperativa nacional". Na Suíça, essa evolução já estava completa em 1904; na França, em 1907 havia 2.166 cooperativas com mais de 600 mil membros; na Bélgica, em 1905 havia 168 cooperativas com uma federação nacional; na Itália, em 1904 havia 1.448 cooperativas registradas e mais um terço dessa quantidade, sem registro, várias federações provinciais com suas próprias cooperativas atacadistas e a Lega Nazionale, que representava todo tipo de cooperativa. Na Alemanha, uma União Central tinha 787 cooperativas associadas, além de 260 ligadas a cooperativas de crédito. A sua sociedade atacadista tomou por modelo a inglesa. Nos Estados Unidos, em 1920 havia 2.600 cooperativas articuladas na Cooperative League of the USA.[12]

Datam dessa época os projetos de realizar o socialismo via República Cooperativa, pensada como resultado da generalização do cooperativismo de consumo ao conjunto de uma economia nacional.

> Charles Gide, em sua análise das cooperativas de consumo, viu uma evolução gradual em direção ao conceito de comunidade cooperativa. Ele acreditava que se tornaria realidade como resultado de forças econômicas e sem necessidade de revolução socialista ou intervenção do Estado. [...] Ernest Poisson, um seguidor de Gide, publicou sua principal

---

11 Ibid.
12 Ibid., p.10-1.

obra em 1920. Ele também proclamou a supremacia das cooperativas de consumo, argumentando que elas poderiam levar à evolução social. [...] Cooperativas de consumo numa situação competitiva cresceriam vertical e horizontalmente até submergir o capitalismo. [...] Assim, o impulso natural de pessoas se unindo para se prover de bens e serviços produziria uma sociedade econômica completamente nova, que ele chamava de República Cooperativa.[13]

Infelizmente, esses sonhos esbarraram numa realidade hostil quando o cooperativismo de consumo começou a entrar em crise, praticamente no mundo inteiro, depois da Segunda Guerra Mundial. Muito antes disso, um varejo capitalista começou a se desenvolver nos Estados Unidos, onde o cooperativismo de consumo só atingiu dimensões ponderáveis em 1920. Descobriram que as vendas em massa poderiam reduzir drasticamente os custos de intermediação mediante a mecanização e a automação de muitas operações. Em 1916, Clarence Saunders abriu sua loja Piggly Wiggly, na qual se aplicava de forma total o princípio do autosserviço. Em seis anos ele tinha mais de 1.200 lojas, entre próprias e franqueadas. Charles Walgreen levou a ideia um passo adiante e colocou os produtos em prateleiras em que os fregueses podiam vê-los e manipulá-los. Quando morreu, em 1939, ele havia aberto mais de 500 lojas em 200 cidades de 37 estados. O seu sucesso dependeu de outra inovação, a embalagem "que vendia a si mesma": bens oferecidos embalados, e não mais a granel, em tamanhos e pesos padronizados, com marcas intensamente divulgadas pela propaganda.[14]

Após a Segunda Guerra Mundial, o automóvel como bem de consumo de massa começou a penetrar na Europa ocidental e central, juntamente com o supermercado e a loja de departamentos, ambos sem vendedores, em que os fregueses tinham contato direto com os bens oferecidos, de forma que pudessem se informar sobre eles e fazer suas escolhas. O automóvel como veículo familiar facilitava as compras do

---

13 Craig, *The Nature of Co-Operation*, p.55.
14 Beniger, *The Control Revolution: Technological and Economic Origins of the Information Society*, p.335-7.

INTRODUÇÃO À ECONOMIA SOLIDÁRIA 77

mês, que podiam ser feitas a distância da moradia, o que acabou favorecendo a construção de *shopping centers* na periferia das cidades, onde o terreno é barato, tornando economicamente viável construir estacionamentos gigantescos, para muitos milhares de consumidores.

Essas inovações reduziram profundamente os custos de intermediação, mas não eram facilmente aplicáveis pelas cooperativas de consumo, que eram entidades comunitárias, formadas por vizinhos de bairro e que vendiam apenas a sócios. Repugnava aos cooperadores a concorrência, o recurso à propaganda comercial visando ao lucro e à massificação. Estavam, pois, condenadas a perder a clientela para concorrentes que ofereciam produtos mais baratos ou a abrir mão de seus valores e se fundir em cooperativas maiores, que abarcavam territórios mais vastos, perdendo seu caráter comunitário. A primeira opção foi a preferida inicialmente, os dirigentes eleitos das cooperativas confiando que os sócios não deixariam de lhes dar preferência. Mas não foi o que aconteceu.

Na Suíça, por exemplo, em 1960, as cooperativas de consumo tinham 4,1 milhões de membros, o que representava mais da metade da população, mas sua parte do mercado era de apenas 9,3%. Obviamente, os membros faziam em média mais de 80% de suas compras em outro lugar. No mesmo ano, na Holanda, as cooperativas tinham 13% da população como membros, mas apenas 7% das vendas no varejo. É forçoso concluir que também lá os membros faziam quase a metade de suas compras no comércio que tinha como objetivo o lucro. Isso fez que a maioria das cooperativas passasse a ter prejuízo, que era inicialmente coberto por reservas, mais tarde com subsídios da Cooperativa Atacadista, até que esta acabasse por assumir as cooperativas periclitantes, transformando-se assim em grande varejista.

A decadência das cooperativas se acentuava porque, no esforço de baixar preços, elas tinham de sacrificar a margem para dividendos, que deixaram de ser distribuídos aos membros. Em resposta, estes reduziam ainda mais as compras em suas cooperativas. Até que as centrais cooperativas e as cooperativas atacadistas forçaram as cooperativas primárias a se fundir. Em quarenta anos, o número de cooperativas de consumo na Grã-Bretanha caiu de mil para cinquenta. E o tamanho destas era muito desigual: as duas maiores tinham

48% das vendas, as quinze maiores 90%. Na Áustria, um país peque-no, as cooperativas de consumo se reorganizaram depois da Segunda Guerra Mundial em 28 regionais, que na década de 1970 se reduziram a 16, das quais 14 se fundiram em 1978 numa só – Konsum Austria –, a qual faliu em 1995. Na Holanda, em 1967, 230 cooperativas se fundi-ram em 18 associações regionais, das quais 11 se fundiram em uma. Infelizmente, estas 11 eram as que tinham sido mais prejudicadas pela concorrência, e a cooperativa unificada teve de ser vendida ao capital privado em 1973.

Na Alemanha, a evolução foi semelhante. Criou-se o BdK, um órgão que deveria supervisionar nacionalmente a racionalização das coope-rativas, que iam mal. Mas ele não tinha autoridade sobre as coope-rativas, de modo que só as que estavam pior aceitavam fundir-se, o que não era solução. Em 1971, o BdK se amalgamou com a cooperativa atacadista, formando uma central que assumiu o nome paradoxal de Co-Op Zentrale AG (Central Cooperativa S. A.). A própria central dei-xou de ser cooperativa para tornar-se uma sociedade anônima, mas mesmo assim ela não conseguiu atrair capital. O que se seguiu merece ser citado do original:

> Entretanto, os gerentes exploraram a falta de transparência na com-panhia e manipularam para adquirir a maioria das ações para si, en-quanto escondiam a verdadeira fraqueza da posição comercial da com-panhia. [...] Os balanços haviam sido falsificados durante anos. Seguiu-se outra reorganização drástica.
>
> Paradoxalmente, as cooperativas que permaneceram fiéis a seus princípios se fortaleceram. Em particular, a Cooperativa Dortmund tem 480 mil membros (um de cada dois domicílios) e controla 14% do comér-cio em sua área. Ao pagar o tradicional dividendo sobre as compras, le-vantar capital mediante certificados de participação a juros fixos e inves-tir nas relações com membros, ela demonstra que o compromisso com os princípios e práticas sadias de negócios são compatíveis. No entanto, o movimento alemão é agora mera sombra do que foi; em 1989, tinha 37 sociedades com 650 mil membros.[15]

---

15 Birchall, op. cit., p.87.

INTRODUÇÃO À ECONOMIA SOLIDÁRIA   79

Essa conclusão se aplica ao acontecido em outros países. Na Noruega, a central desenvolveu na década de 1990 uma estratégia de usar a identidade cooperativa como vantagem competitiva. Adotou como meta elevar o número de membros para 600 mil e restaurar o pagamento de um dividendo de 3% sobre as compras. As quatrocentas cooperativas formaram um clube de compras e se tornaram franqueadas da central, que lhes fornece diretrizes.

Desse modo, elas alcançaram suas metas e aumentaram ligeiramente sua parte do mercado. Parece que, apesar de tudo, é possível manter centenas de sociedades locais independentes, desde que aceitem a disciplina de uma estrutura corporativa que é imposta pelo órgão nacional.[16]

Na Suécia, o movimento cooperativista tornou-se o mais inovador da Europa, adotando autosserviço, supermercados e congelados. Entre 1957 e 1970, o número de cooperativas caiu de 673 para 232 e o de lojas de 7.400 para 2.700. Sua parte no mercado aumentou para 18% e o número de membros para mais de 1,6 milhão. Para enfrentar a concorrência, as cooperativas trataram de reviver o interesse dos membros com círculos de estudos e envolvimento em questões mais amplas de consumo. Procuraram ligações com cooperativas da "nova onda", com sucesso parcial, mas o grupo cooperativo KF tornou-se o maior vendedor de alimentos saudáveis e produtos ecológicos. Em 1986, KF reuniu a maioria das cooperativas num novo Grupo Varejista Cooperativo, com estrutura democrática, mas disciplina de uma organização de negócios unificada. Em fins de 1993, havia 102 cooperativas com 2,2 milhões de membros, 1.500 lojas e 500 postos de gasolina. Sua parte do mercado varejista começou a subir e parece que o declínio foi contido.[17]

Tudo isso mostra que o cooperativismo de consumo não está morto, mas perdeu a batalha contra o grande capital comercial, que é atacadista e varejista ao mesmo tempo. Em termos de preços e qualidade, ele é imbatível. Só que é impessoal, burocrático, voltado a um atendimento em massa, que não pode se permitir atentar para

16 Ibid., p.93.
17 Ibid., p.92.

necessidades particulares. A massificação dos consumidores é um pressuposto. As vantagens que ele oferece se dirigem a um público homogeneizado, cujas preferências são pautadas pela publicidade nos meios de comunicação de massa. Sempre existem demandas por outro tipo de atendimento, em que o consumidor é cidadão, tem direito a ser ouvido e a participar das decisões que o afetam. São estas as demandas que a economia solidária atende melhor que o varejo capitalista.

> Lendo a história deprimente de muitos de nossos mais antigos movimentos de cooperativas de consumo, poder-se-ia concluir que o verdadeiro êxito é a cooperação de pequenos lojistas revelado por grupos tais como Kesko na Finlândia, ICA na Suécia ou Londis na Grã-Bretanha. Durante o período do pós-guerra, os pontos fortes da forma cooperativa de consumo – lealdades locais, lojas pequenas mas convenientes, um processo democrático mas lento de tomada de decisões, ênfase nas obrigações sociais antes que no lucro – todos se transformaram em fraquezas. [...] É o peso da história e os interesses estabelecidos que impediram alguns movimentos cooperativos de se tornar varejistas modernos de sucesso.[18]

A tentativa de bater o grande capital varejista com suas próprias armas só teve um resultado: a perda dos valores próprios do cooperativismo. Mesmo quando as cooperativas conseguiram se reformular, igualando-se às gigantescas redes de lojas e hipermercados, garantindo sua parte do mercado, os consumidores nada ganharam com isso. Nem os empregados das cooperativas. Onde o cooperativismo de consumo pode ombrear com qualquer concorrente que visa ao lucro é nos serviços em que a qualidade é importante, mas não pode ser verificada antes que o serviço seja prestado, ou seja, em que uma relação de confiança é imprescindível entre prestador e consumidor. É por isso que as cooperativas escolares, habitacionais, de seguros e semelhantes continuam fortes ante a concorrência do grande capital.

---

18 Ibid., p.96-7.

2. O cooperativismo de crédito

Em termos cronológicos, o cooperativismo de crédito é o segundo mais velho, tendo nascido apenas seis anos após o de consumo. Como vimos na seção anterior, a Cooperativa de Rochdale, além de abastecer seus membros de alimentos puros e outros bens de consumo, aceitava depósitos a uma taxa fixa de juros. Dessa forma, ela oferecia aos trabalhadores um importante serviço financeiro que os bancos prestam às classes alta e média: o de guarda e aplicação de valores. Mas ela não oferecia o outro serviço complementar, o de fornecer empréstimos. Nesse sentido, as cooperativas de consumo também eram de crédito, mas pela metade.

Ora, para gente pobre, sujeita aos altos e baixos da economia de mercado, a guarda e aplicação de poupança não basta exatamente porque sua renda é baixa demais para que ela possa amealhar reservas suficientes para enfrentar adversidades. Os pobres precisam, mais do que os remediados, de empréstimos para sobreviver a crises de desemprego, a intempéries meteorológicas, a perdas de colheitas, a derrotas militares do país, a epidemias etc. O que os coloca periodicamente à mercê dos agiotas, que aproveitam o ensejo para transformar uma emergência num laço perpétuo de dependência e exploração, mediante dívidas que nunca se resgatam e sempre se expandem por efeito dos juros não pagos. São conhecidas as histórias, sobretudo de camponeses, cujas dívidas impagáveis passam de pais para filhos e que entregam ao credor insaciável todo o excedente que conseguem produzir durante decênios.

As cooperativas de crédito foram invenções alemãs: a urbana por Hermann Schulze-Delitzsch e a rural por Friedrich Wilhelm Raiffeisen. Ambos foram quase contemporâneos e políticos, homens públicos sensibilizados pela mesma tragédia – em 1846 perderam-se safras de cereais e em seguida veio um inverno excepcionalmente duro. A fome atingiu os pobres e esse evento levou a ambos – cada um sem saber do outro – a procurar remédios institucionais para a vulnerabilidade dos que vivem do próprio trabalho.

Hermann Schulze (1808-1883) era juiz em Delitzsch, sua terra natal, quando ocorreu a desgraça. Ele formou um comitê que alugou um moinho de grãos e uma padaria, comprou trigo no atacado para distribuir pão aos necessitados. Em 1848, uma revolução obrigou o rei da Prússia a convocar uma Assembleia, para a qual Schulze foi eleito representante de seu torrão natal. Como eram muitos os Schulze entre os deputados, ele resolveu adicionar ao sobrenome a designação do distrito que representava, tornando-se desde então Schulze-Delitzsch. Alinhou-se aos liberais, que reivindicavam uma Constituição, e quando, em 1850, a contrarrevolução foi vitoriosa ele foi processado por alta traição. Conseguiu ser absolvido, mas perdeu o lugar de juiz.

Enquanto esperava o julgamento, Schulze-Delitzsch fundou uma sociedade mútua para artesãos, com a finalidade de segurá-los cooperativamente contra doença e morte. Pouco depois, fundou uma cooperativa de compras para mestres sapateiros, visando adquirir couro em maior volume, o que permitiria pagar preços de atacado. Ele descobriu, no entanto, que os sapateiros só poderiam se beneficiar das compras em comum se tivessem acesso a crédito. O que o levou ao passo seguinte, fundar uma cooperativa de crédito.

Sua primeira tentativa, em 1850, foi uma associação filantrópica, com um capital equivalente a 140 dólares, emprestado por um grupo de amigos ricos. As pessoas que desejavam receber empréstimos a juros não extorsivos tinham que entrar na associação e comprar uma cota de capital, pagando-a em suaves prestações semanais de 5 centavos. Schulze-Delitzsch afastou-se em seguida para assumir novo posto de juiz, do qual se desligou em 1851. Ao retomar verificou que os seus amigos haviam retirado seus fundos da associação, que por isso estava moribunda. Outra associação, formada por dois amigos dele na vizinha Eilenburg, estava próspera. Schulze-Delitzsch percebeu que esta última não dependia de mecenas, mas apenas das contribuições dos sócios (pobres) que necessitavam dos empréstimos. Como as contribuições não bastavam, a associação de Eilenburg tomava empréstimos de outros intermediários financeiros, dando como garantia a "responsabilidade ilimitada" de todos os sócios. Estes eram artesãos e tinham algum patrimônio, faltava-lhes porém capital de giro. Associados, conseguiam obtê-lo no mercado, a juros de mercado, graças ao valor somado de seus patrimônios, oferecidos solidariamente em garantia.

INTRODUÇÃO À ECONOMIA SOLIDÁRIA   83

Em 1852, Schulze-Delitzsch reorganizou a associação segundo o esquema de Eilenburg. Imediatamente, o número de sócios subiu de 30 para 150 e eles puderam levantar todo o capital de que necessitavam, penhorando suas propriedades em conjunto. Estava inventada a Cooperativa de Crédito Schulze-Delitzsch, plenamente adaptada às possibilidades e necessidades dos artesãos e pequenos comerciantes urbanos. Cada novo membro tem de pagar uma taxa de entrada e uma cota em prestações. Os membros têm de depositar sua poupança na cooperativa para constituir o seu capital de giro. Precisando de mais dinheiro para atender às necessidades de capital dos membros, a cooperativa recorre ao mercado, a partir do princípio da responsabilidade ilimitada, que Schulze-Delitzsch traduzia no velho lema "todos por um e um por todos".

Todos os empréstimos feitos pela cooperativa destinam-se a financiar investimento produtivo. A garantia dos empréstimos era basicamente o caráter dos membros que os recebiam. Como todos penhoravam juntos seus bens, era de interesse de cada um admitir como sócios pessoas sóbrias, de hábitos regulares e frugais. Pois se parte dos sócios não honrasse seus débitos, os outros sócios teriam de pagar por eles, com seu dinheiro ou propriedades. Cada empréstimo era endossado por dois membros e vencia em três meses. Um princípio básico da cooperativa é que sua porta estava sempre aberta a pessoas de valor, necessitadas de empréstimos, sem distinção de profissão ou classe. Cooperativas com esses princípios passaram a ser conhecidas como "Bancos do Povo".[19]

O Banco do Povo é autogestionário: a autoridade suprema é da assembleia dos sócios, em que cada um tem um voto, independentemente da sua quantidade de cotas do capital. A assembleia elege um conselho de supervisão e este escolhe um executivo, em geral formado por presidente, tesoureiro e secretário. Schulze-Delitzsch achava importante que os membros aprendessem como opera o seu Banco do Povo, participando de suas atividades rotineiras. Assim, os membros assinavam cadernetas de depósitos e notas promissórias.

---

19 Moody; Fite, *The Credit Union Movement: Origins and Development 1850-1970*, p.4-6.

84   ECONOMIA SOLIDÁRIA

O conselho de supervisão decide sobre pedidos de empréstimos e, quando os atende, deve providenciar os fundos necessários.

Schulze-Delitzsch começou a viajar de cidade em cidade, ensinando como se estabelecem bancos do povo. Depoimento de Henry Wolff, que o conheceu, relata que tinha:

> [...] personalidade impactante, eloquência convincente, fé invencível em sua causa e entusiasmo verdadeiramente contagiante, que faziam dele um propagandista quase ideal. Por onde passava, novos bancos do povo surgiam, muitas vezes seguidos por outros tipos de cooperativas. Em 1859, havia 183 com 18 mil membros em Posen e Saxônia.

Naquele ano, delegados de vinte cooperativas de crédito resolveram criar um escritório central para trocar experiências e desenvolver laços de negócios entre elas e escolheram Schulze-Delitzsch para administrá-lo. Em 1865, organizou-se o Banco Alemão de Cooperativas, para aceitar depósitos de recursos excedentes de cooperativas e levantar dinheiro para emprestar a cooperativas necessitadas. A maioria das ações desse banco foi subscrita por bancos do povo e o restante por indivíduos privados. Em 1912, havia 1.002 bancos do povo na Alemanha com um total de 641 mil membros.[20]

Friedrich Wilhelm Raiffeisen (1818-1888) prestou exame para o serviço público e fez carreira rápida, começando como escriturário para se tornar prefeito de Weyerbusch em 1846, com apenas 28 anos. Comovido pelo sofrimento dos camponeses durante a crise de 1846-1847, Raiffeisen descobriu que uma das causas estava na falta de acesso ao crédito, que os bancos se limitavam a oferecer aos grandes proprietários. Fundou várias organizações filantrópicas para vender pão barato aos famintos e sementes com desconto aos camponeses pobres. Como prefeito de Flammersfeld, em 1849, criou a União Auxiliar de Apoio a Camponeses Pobres, que dava crédito aos mesmos para melhorar seus sítios. Em 1854, ao assumir a prefeitura de Heddesdorf, criou uma organização beneficente com os mesmos fins e

---

20 Ibid., p.7-8.

mais o de cuidar de crianças abandonadas, empregar vadios, ex-criminosos e construir bibliotecas.

As associações filantrópicas alcançavam resultados, mas, com o passar do tempo, os patronos ricos se retiravam delas. Raiffeisen, que havia tomado conhecimento das cooperativas de crédito Schulze-Delitzsch, resolveu adotá-las como modelo, mas adaptando-as às necessidades e possibilidades dos camponeses. O âmbito territorial deveria ser menor, não ultrapassando uma paróquia, o que faz sentido porque as distâncias no campo são muito maiores do que na cidade. Para que houvesse interação pessoal entre os membros, as cooperativas de crédito rurais teriam de ser menores que as urbanas. Novos membros tinham de ter, além de bom caráter atestado por dois vizinhos, terra ou ao menos patrimônio tangível, como gado e equipamentos (no caso de arrendatários). Inicialmente, as Cooperativas de Crédito Raiffeisen não tinham capital próprio, elas levantavam empréstimos no mercado de capitais contra a garantia da "responsabilidade ilimitada". Quando a lei passou a exigir, em 1889, que as cooperativas tivessem capital próprio, as cooperativas Raiffeisen fixaram uma cota de valor simbólico: $ 2,50 por membro.

A cooperativa de crédito Raiffeisen é autogestionária, com os mesmos princípios gerais do cooperativismo que Schulze-Delitzsch havia também adotado para os bancos do povo. Sendo organizações menores e de gente mais pobre, as Cooperativas Raiffeisen utilizam ao máximo o trabalho voluntário de membros. Só os caixas em tempo integral recebiam salário. O seu crescimento numérico só deslanchou depois de 1880. Quando da morte de Raiffeisen, em 1888, havia 425 de suas cooperativas na Alemanha. Em 1872, Raiffeisen criou o primeiro banco regional, chamado Associação Bancária Agrícola do Reno, para servir de banco central das cooperativas de crédito da região. Outros foram criados em seguida. Em 1876, ele criou o Banco Central de Empréstimos Agrícolas, como sociedade anônima, com as ações detidas em confiança por funcionários.

As cooperativas Raiffeisen cresceram muito mais que as Schulze-Delitzsch. Em 1913, o número das primeiras era de 16.927 enquanto em 1915 o número das segundas era de 980.

Enquanto Schulze enfatizava uma filosofia de autoajuda puramente de negócios, as sociedades Raiffeisen enfatizavam a moral e os princípios cristãos do seu fundador. Historiadores recentes do movimento Raiffeisen concluíram, no entanto, que em meados do século XX a liderança profissional tornou-se decisiva nos assuntos do movimento.[21]

As cooperativas de crédito foram levadas à Itália por Luigi Luzzatti, que em 1864, aos 23 anos, visitou a Alemanha para estudar o cooperativismo. Entusiasmou-se pelo Banco do Povo de Schulze-Delitzsch e em 1866, após escrever um livro a respeito, abriu o primeiro banco cooperativo em Milão. O modelo da Cooperativa de Crédito Luzzatti difere do de Schulze-Delitzsch em alguns pontos: empréstimos levantados no mercado financeiro têm por garantia "responsabilidade limitada", pois Luzzatti achava que os italianos jamais aceitariam a ilimitada; a cota de capital deve ser de pequeno valor (nesse sentido se aproximando de Raiffeisen); a provisão de fundos emprestáveis deve depender de cotas pequenas e de depósitos;

[...] ele decidiu que os dirigentes de seu banco devem servir sem ganhar e que mais cargos de diretor e em comitês devem ser criados para que os membros estivessem em contato mais estreito entre si e com a operação de seu banco. À medida que os bancos aumentaram em número e desenvolveram seus métodos de operação, eles se tornaram instituições de múltiplos propósitos. Recebiam depósitos de não membros e lhes davam crédito, mas o seu princípio de "crédito por caráter" seguia o modelo alemão. A clientela dos bancos Luzzatti era bastante idêntica à dos Schulze-Delitzsch – principalmente pequenos comerciantes e artesãos. Em 1909, o Banco do Povo de Milão era uma das maiores instituições bancárias da Itália, com setenta diretores não remunerados e cem escriturários assalariados. Ele tinha quase 25 mil membros, cerca de 2 milhões de dólares de capital e poupança de mais de 32 milhões de dólares. Ao mesmo tempo, servia de modelo para numerosos outros bancos na Itália.[22]

---

21 Ibid., p.11-3.
22 Ibid., p.13-4.

INTRODUÇÃO À ECONOMIA SOLIDÁRIA 87

Cooperativas de crédito se difundiram pelos demais países da Europa continental e pela América do Norte. Nesta, a entrada foi pelo Canadá, graças aos esforços de Alphonse Desjardins, que abriu a primeira cooperativa de crédito em Levis (Québec), em 1901. Desjardins difundiu o cooperativismo de crédito pelo Canadá e pelos Estados Unidos, onde a liderança foi assumida por Edward J. Filene, importante empresário de Boston.

O cooperativismo de crédito foi iniciativa não dos próprios interessados, como o de consumo e o de produção, mas de figuras políticas que tentaram inicialmente ajudar os pobres por meio de instituições filantrópicas. Quando descobriram que a motivação para a caridade se exauria mais ou menos depressa, aderiram aos princípios do cooperativismo de Rochdale (na década de 1850, ainda em sua infância), cujo ponto de partida é a autoajuda coletiva unicamente dos interessados, sem depender de assistência alheia. Em sua origem, a cooperativa de crédito *não é um intermediário financeiro*, como o são os bancos e as companhias de seguro, por exemplo, mas uma associação de pequenos poupadores que se unem para potencializar seu acesso a crédito mediante o financiamento mútuo. Ao reunir suas pequenas poupanças e colocá-las à disposição dos membros, a cooperativa pode atender às necessidades deles desde que a maioria esteja em condições de poupar e só uma minoria necessite, devido a circunstâncias excepcionais, recorrer à poupança alheia.

Em meados do século XIX, quando surgem as primeiras cooperativas de crédito, essa condição não é satisfeita nem pelos artesãos e comerciantes urbanos de Schulze-Delitzsch, nem pelos camponeses de Raiffeisen. Ambos os grupos precisavam de poupança alheia para se capitalizar. A cooperativa de crédito conseguia obter empréstimos no mercado financeiro, a juros normais, ao constituir uma *garantia solidária* mediante a "responsabilidade ilimitada". O princípio que regula a operação é o da probabilidade: cada pequeno produtor era, individualmente, um risco excessivo, a não ser para agiotas com seus juros ilimitados. Uma doença do pai, da mulher ou de algum filho, a perda de uma colheita ou de parte do rebanho, um acidente de trabalho ou de trânsito, uma inundação ou qualquer outra "infelicidade" o aniquilariam economicamente, tornando-o incapaz de honrar seus débitos.

Mas um grupo de centenas ou mesmo de milhares de pequenos produtores, penhorando seus patrimônios conjuntamente por intermédio da cooperativa, constituía um risco muito menor. É que era muito menos provável que alguma dessas infelicidades atingisse a totalidade deles ao mesmo tempo. Este era e é o segredo da multiplicação dos pães: a união solidária das garantias reduzia a probabilidade de malogro econômico do conjunto dos produtores, mesmo que um ou outro integrante malograsse. É o segredo atrás de todo negócio de seguros, aplicável a qualquer tipo de risco: morte, acidente, roubo, doença etc. As seguradoras teriam de cobrar prêmios enormes se não pudessem somar os prêmios de todos os segurados, usando os prêmios dos felizes para cobrir os sinistros que atingem os infelizes. O mesmo valia para os aplicadores nas cooperativas de crédito.

Mas essa redução vital do risco dependia da autogestão, ou seja, da partilha por igual das responsabilidades e dos direitos sobre os destinos da cooperativa. Se esta reemprestasse os recursos levantados de fontes externas de forma leviana ou corrupta, os riscos de falta de repagamento se multiplicariam para a cooperativa e seus credores. A garantia contra esse tipo de risco é a autogestão, a participação dos membros na operação direta da cooperativa, enfatizada como vital por Schulze-Delitzsch, Raiffeisen e Luzzatti. O autointeresse dos membros – na dupla condição de possuidores de cotas do capital da cooperativa e participantes da penhora coletiva "ilimitada" (exceto para os membros das cooperativas Luzzatti) de seus bens – os levará a adotar condutas responsáveis, frugais, diligentes etc.

A democracia econômica não é um luxo para a cooperativa de crédito, mas condição de seu êxito, que substitui a administração profissional especializada, de alto custo, e seu sistema dispendioso de coleta de informações. Nos bancos comerciais, é a qualidade profissional da gerência somada à riqueza de informações coletadas sobre candidatos a créditos que deve minimizar o risco de fazer empréstimos a pessoas que não merecem confiança. Ora, esse sistema só se paga mediante operações de grande valor e por isso não se aplica a gente pobre. Como os membros da cooperativa se conhecem, são

INTRODUÇÃO À ECONOMIA SOLIDÁRIA   89

vizinhos e operam no mesmo ramo, o seu endosso vale mais que pareceres técnicos baseados em um conjunto padronizado de informações. É por isso que os criadores das cooperativas de crédito recusam a profissionalização da gerência e propõem em seu lugar a direção exercida diretamente pelos membros, sem remuneração.

Importa assinalar também que em todos os sistemas as cooperativas se federam para constituir bancos cooperativos, cujo capital elas subscrevem. Esses bancos são importantes como depositários e redistribuidores dos excedentes financeiros. Em qualquer ano, algumas cooperativas recebem mais depósitos do que fazem empréstimos, enquanto com outras ocorre o contrário. Logo, as primeiras terão sobras de caixa e as segundas, rombos. O banco cooperativo transfere o excedente às cooperativas que mais precisam dele, o que reduz o risco de todas as cooperativas e de seus membros. O princípio da socialização dos riscos é aplicado num âmbito maior, regional ou nacional. O banco cooperativo pode mobilizar, quando necessário, fundos no mercado financeiro em valor maior e a custo menor do que qualquer cooperativa individual.

3. Mudanças estruturais

Após a Segunda Guerra Mundial, o cooperativismo de crédito sofreu profundas mudanças estruturais para se adaptar à evolução da intermediação financeira capitalista, marcada pela centralização do capital e a formação de gigantescos oligopólios financeiros globais.

Na Alemanha, em 1972, as duas correntes bancárias Raiffeisen e Schulze se fundiram para formar um setor cooperativo de crédito. Tem havido racionalizações: o número de cooperativas caiu de 12 mil para 2.589 com cerca de 20 mil agências (a rede bancária mais densa da Europa), mas o quadro de membros quadruplicou para 13,4 milhões. [...] Empregam 171 mil pessoas e têm como membros 75% dos lojistas, 80% dos agricultores e 60% dos mestres artesãos. Eles têm quatro bancos centrais para prover refinanciamento e fundos extras de investimento e se articulam com dois bancos hipotecários cooperativos e uma sociedade de financiamento imobiliário. Os bancos possuem também companhias de seguro e de investimento.[23]

Desenvolvimentos semelhantes se registram em outros países, como França, Suíça e Holanda.

A Irlanda tem o mais forte movimento de cooperativas de crédito da Europa, com mais de 500 cooperativas, 1,6 milhão de membros e uma taxa de penetração de 44% da população. A Grã-Bretanha é um país não associado comumente com cooperativismo de crédito. No entanto, recentemente tem crescido o interesse por cooperativas de crédito do tipo canadense e estas têm se expandido fortemente, muitas vezes em áreas de extrema pobreza, por exemplo em conjuntos de habitação públicos. Em 1994, o movimento de cooperativismo de crédito tinha 135 mil membros comparados com apenas 16 mil em 1985 e o número de cooperativas cresceu de 49 para 427. Se continuarem a crescer assim, poderão ser o maior depositário de fundos mútuos da Grã-Bretanha no início do próximo século.[24]

No Canadá, o cooperativismo de crédito é muito forte na província de Québec. As *caisses populaires* de Desjardins são em número de 1.300, têm 5 milhões de membros e ativos de 48 bilhões de dólares. Elas possuem mais agências do que os bancos, detêm em depósitos mais de um terço da poupança da região, são responsáveis por um terço do crédito ao consumidor, um quarto do crédito comercial e mais da metade do crédito agrícola. Agrupam-se regionalmente em dez federações e três outras federações agrupam as *caisses* fora de Québec, em New Brunswick, Ontário do norte e do leste e Manitoba. "Oferecem uma vasta série de serviços financeiros e programas sociais voltados à ajuda das comunidades de língua francesa. O segredo do sucesso do movimento é seu foco primordial em comunidades locais e sua capacidade de reforçar o senso de identidade étnica."[25]

---

23 Birchall, op. cit., p.113-4.
24 Ibid., p.115.
25 Ibid., p.209.

INTRODUÇÃO À ECONOMIA SOLIDÁRIA   91

O sistema de cooperativas Desjardins é um fator ponderável de desenvolvimento regional e local no Canadá, particularmente na parte em que predomina o idioma francês. Além de ter diversificado sua atividade, prestando serviços de compensação de cheques, de informação tecnológica e todo tipo de seguro, a Confederação das Caixas Populares e Econômicas de Québec também criou uma subsidiária para promover o desenvolvimento por meio de fundos regionais de investimento, de apoio a empreendedores locais e de investimento em firmas que consideram que devem ser possuídas em Québec.

Uma companhia de investimento procura capitais estrangeiros para se associar a negócios locais e uma sociedade de desenvolvimento internacional promove movimentos similares em outros países. Como o banco de Mondragón *Caja Laboral*, ela mostra como um sistema bancário de propriedade comunitária pode se tornar poderoso, ao promover o desenvolvimento econômico da região.[26]

No Canadá inglês, o cooperativismo de crédito não desempenha um papel tão dominante, mas tem forte presença na província de Saskatchewan (que chegou a ser governada por um partido formado por cooperadores durante cerca de duas décadas), onde 57% da população pertence a cooperativas de crédito. Em 1989, havia no Canadá de língua inglesa 1.301 cooperativas com 4,3 milhões de membros e 30 bilhões de dólares de ativos. Cooperativas provinciais aceitam depósitos de fundos excedentes e fazem empréstimos a cooperativas locais; elas, por sua vez, são membros da Central de Cooperativas de Crédito do Canadá.

Nos Estados Unidos, o cooperativismo de crédito tem sido, ultimamente, promovido por decisões legislativas.

Numa lei de 1978, o Congresso do país criou um Banco Cooperativo Nacional para prestar serviços financeiros "a empresas estruturadas cooperativamente, democraticamente possuídas e controladas em todo o território dos Estados Unidos". Desde 1981, ele mesmo tem sido possuído

---

26 Ibid., p.209.

e controlado por mais de um milhar de cooperativas, a ele associadas. [...] Cooperativas de crédito estão bem estabelecidas, com ligas em cada estado e uma associação nacional, Credit Union National Association – Associação Nacional de Cooperativas de Créditos (Cuna). Há um total estimado de 12.300 delas, servindo a 70 milhões de membros e com mais de 300 bilhões de dólares de ativos. Elas detêm 13% do mercado de crédito ao consumidor e 8% da poupança dos consumidores. É um movimento forte, alicerçado por capital no valor de mais de 10% dos ativos.[27]

Também na agricultura, o cooperativismo de crédito desempenha um papel importante nos Estados Unidos.

Em 1916, o Congresso estabeleceu um sistema de bancos e associações de crédito agrícola, um sistema nacional destinado a garantir que os agricultores obtenham o capital de que necessitam. Há seis bancos regionais de crédito agrícola, oferecendo fundos e serviços de apoio a 228 associações de crédito agrícola localmente possuídas. A instituição líder é o CoBank, que foi estabelecido em 1933 e, em 1995, expandiu seus serviços às cooperativas agrícolas e de serviço público rural. Da mesma forma que as associações locais de crédito agrícola, ele é genuinamente possuído e controlado pelos seus 2.300 membros, cooperativas agrícolas, associações de crédito agrícola e cooperativas de serviço público [...]. Em 1995, as associações fizeram empréstimos no valor de 57 bilhões de dólares a mais de 400 mil agricultores. Elas não aceitam depósitos, mas levantam dinheiro mediante a venda de bônus de crédito agrícola. São responsáveis por cerca da metade da dívida de longo e de curto prazo das cooperativas agrícolas e por cerca de um quarto das necessidades de crédito da agricultura dos Estados Unidos.[28]

De forma semelhante ao cooperativismo de consumo, o de crédito enfrenta nos países desenvolvidos a concorrência de intermediários financeiros privados e públicos, de grande dimensão e capacidade de desenvolver e aplicar tecnologias avançadas de informática. Para

---

27 Ibid., p.209-10.
28 Ibid., p.210.

INTRODUÇÃO À ECONOMIA SOLIDÁRIA   93

enfrentar tal concorrência, o movimento de cooperativismo de crédito tende a se centralizar e burocratizar, buscando ganhos de escala
e atendimento em massa, com o que abre mão da autogestão e do
caráter comunitário da cooperativa de crédito. Mesmo mantendo as
formalidades do cooperativismo, o funcionamento concreto passa a
se assemelhar cada vez mais ao dos intermediários convencionais.

É preciso considerar também que, nos países desenvolvidos, os
pequenos produtores rurais e urbanos estão longe da pobreza que
condicionou originalmente a invenção do cooperativismo de crédito. A grande maioria não requer poupança alheia para financiar seus
investimentos e sua vulnerabilidade a infelicidades foi devidamente
reduzida pelas redes nacionais de seguro que constituem o Estado de
bem-estar social. Nessas condições, os atuais membros do movimento de cooperativismo de crédito não demandam mais os mesmos serviços que formavam sua missão até o fim da Segunda Guerra Mundial.

> Na Alemanha e em outros países europeus, onde cooperativas de
> crédito são fortes, a própria força desse setor criou problemas; o movi-
> mento de cooperativismo de crédito já estabelecido evoluiu para um sis-
> tema bancário moderno, que provê uma série sofisticada de produtos e
> é menos focado do que talvez devesse ser nas necessidades do grupo de
> menor renda.[29]

A explicação é óbvia: a grande massa dos atuais membros das
cooperativas não pertence ao grupo de menor renda dos respectivos
países europeus e certamente o mesmo vale para o Canadá e Estados
Unidos e para os demais países desenvolvidos. Mas isso não quer dizer
que não tenham surgido novos grupos sociais pobres que precisam
de cooperativas de crédito do tipo que Schulze-Delitzsch, Raiffeisen,
Luzzatti e Desjardins criaram e difundiram na segunda metade do
século XIX. Basta pensar na imensa pobreza do Terceiro Mundo e no
ressurgimento dela, em proporções bem menores, em países do Primeiro Mundo.

No caso dos Estados Unidos, relata Birchall:

---

29 Ibid., p.210-1.

Novas cooperativas de crédito baseadas em comunidades começaram a ser desenvolvidas e retornam às raízes do movimento entre gente que tem pouco ou nenhum acesso ao sistema bancário convencional. Elas têm sido promovidas por uma federação nacional especializada, a Federação das Cooperativas de Crédito de Desenvolvimento Comunitário, e provavelmente vão se beneficiar de uma Lei Federal de 1993, que estabelece cem novas instituições financeiras para desenvolvimento comunitário; como o presidente Clinton deixou claro, isso se inspirou no exemplo das cooperativas de crédito na Itália, que desempenharam um papel importante no financiamento de cooperativas operárias locais e no Banco Grameen em Bangladesh, que conseguiu alcançar os mais pobres.[30]

4. O Grameen Bank (Banco da Aldeia): a volta às raízes do cooperativismo de crédito

Enquanto no Primeiro Mundo as cooperativas de crédito e os seus bancos cooperativos se transformavam em gigantescas organizações financeiras em razão do aumento da renda da grande maioria dos seus membros, que passaram a ter acesso também aos bancos capitalistas, no Terceiro Mundo uma grande massa de trabalhadores da cidade e do campo estava sendo lançada à economia de mercado, a maioria inserida precariamente na produção social e inteiramente dependente da usura para suas necessidades de crédito.

Uma resposta original e muito criativa às necessidades dos mais pobres surgiu em Bangladesh, um dos países mais pobres do mundo. Trata-se do Grameen Bank (Banco da Aldeia), fruto de uma iniciativa de professores e estudantes de economia da Universidade de Chittagong, chefiados e inspirados por Muhammad Yunus. Ele mesmo relata a história em um depoimento autobiográfico recente. Tudo começou com a grande fome de 1974, que impressionou o então jovem professor e chefe do Departamento de Economia. Observou que a fome não resultava da falta de comida, mas da incapacidade de uma

---

30 Ibid., p.211.

INTRODUÇÃO À ECONOMIA SOLIDÁRIA   95

parte grande da população de comprá-la por falta de dinheiro. "Em tempo de fome, apesar das abundantes reservas de cereais, os pobres não tinham acesso à alimentação."[31]

Yunus redigiu um manifesto, que foi assinado pelo presidente da Universidade de Chittagong e por todos os seus professores, convocando a sociedade a lutar contra a fome. O manifesto recebeu grande destaque na imprensa e provocou manifestações análogas de outras universidades e organismos públicos "que jamais haviam se sublevado contra a fome". Dessa experiência, Yunus concluiu que a teoria econômica convencional, que atribui aos mercados a capacidade de otimizar a utilização dos fatores e satisfazer da melhor forma possível todos os agentes econômicos era totalmente irrelevante para entender e combater a pobreza. "A partir desse dia me consagrei a desaprender a teoria e, em seu lugar, extrair lições do mundo real. Para isso, bastava-me sair da sala de aula: o mundo estava em todo lugar."[32]

Yunus e seus colaboradores começaram a investigar as causas da pobreza na aldeia Jobra, que fica junto à universidade. Verificaram que os verdadeiramente pobres não eram os camponeses proprietários de terra, mas os que não tinham nenhum tipo de propriedade, em sua maioria mulheres: viúvas, abandonadas ou divorciadas, quase sempre com filhos. Trabalhavam por conta própria, como artesãs ou agricultoras, e adquiriam seus meios de produção por empréstimo dos comerciantes agiotas que depois lhes compravam a produção. Os juros que cobravam não deixavam aos pobres mais do que o estritamente necessário para sobreviver. Estavam assim enredados numa situação de penúria, que não lhes deixava escapatória.

Como não tinham garantia para oferecer, não tinham possibilidade de obter empréstimos em bancos. Para poder trabalhar e viver tinham que se sujeitar às condições impostas pela agiotagem. Mas a descoberta verdadeiramente revolucionária feita pelos pesquisadores da Universidade de Chittagong era que o valor de que o pobre necessitava era irrisório. Sufia Begum, que fabricava tamboretes de bambu, poderia libertar-se do jugo da usura se pudesse dispor de 5 takas

---

31 Yunus, *Hacia un mundo sin pobreza*, p.79.
32 Ibid., p.81.

96   ECONOMIA SOLIDÁRIA

(moeda de Bangladesh), que valiam 22 centavos de dólar. Um levantamento mostrou que a totalidade dos pobres de Jobra, constituída por
42 pessoas, precisaria de uma soma de 856 takas (27 dólares) para sair
das garras dos agiotas.

Era um valor insignificante até mesmo para um mero professor
de universidade como Yunus, o que indica a enorme distância econômica entre os pobres e a classe média em Bangladesh e em muitos outros países não desenvolvidos. Só para experimentar, Yunus resolveu
emprestar as 856 takas, tirando-as do próprio bolso. Assim começou a
odisseia do Banco da Aldeia. A equipe da Universidade de Chittagong
passou a emprestar as quantias necessárias aos microprodutores miseráveis, para que não precisassem mais recorrer aos usurários.

O problema crucial era levantar o capital inicial para reemprestá-
-lo aos pobres. Os primeiros 27 dólares vieram como aplicação filantrópica do próprio Yunus, que os ofereceu em empréstimo, sem prazo
certo de reembolso e sem cobrar juros. Obviamente, o defeito desse
método é que ele não poderia ser estendido a um grande número de
pobres, o que Schulze-Delitzsch e Raiffeisen já haviam descoberto
mais de cem anos antes. Mas, ao contrário dos artesãos e camponeses
alemães do século XIX, os de Bangladesh não possuíam propriedades
que, reunidas, permitissem levantar, contra a garantia de responsabilidade ilimitada, as miseráveis quantias de que necessitavam.

Yunus conseguiu, usando o seu crédito pessoal como garantia,
que um banco lhe fizesse empréstimos, que ele em seguida repassa-
va aos pobres. Era um sistema trabalhoso e complicado. Entre 1977 e
1979, Yunus convenceu o presidente do Banco Agrícola a abrir uma
agência experimental em Jobra, com o nome de Grameen porque não
trabalharia exclusivamente com lavradores, mas também com comércio, pequena indústria, venda porta a porta etc. A direção da agência
ficou com estudantes da universidade, e Yunus obteve 1 milhão de
takas para emprestar aos pobres. Esse arranjo deu um impulso decisivo à experiência dos acadêmicos em Jobra: "nosso pequeno projeto
universitário mudava de dimensão para se transformar em um banco
experimental que nos daria alguma notoriedade em nível nacional".[33]

---

33 Ibid., p.153.

INTRODUÇÃO À ECONOMIA SOLIDÁRIA 97

O passo seguinte foi um desafio lançado a Yunus pelo vice-presidente do Banco Central de Bangladesh: o de provar que sua experiência de Jobra (onde o Grameen tinha menos de quinhentos clientes) poderia ser estendida ao território nacional. Yunus aceitou o desafio, e a área escolhida foi a de Tangail, onde o Exército do Povo, um agrupamento marxista clandestino, semeava o terror. Yunus licenciou-se da Universidade de Chittagong e foi para lá na companhia de três estudantes. O experimento, destinado a durar dois anos, começou em junho de 1979 e dezenove agências bancárias de todos os bancos, na área, foram colocadas à disposição para fornecer fundos a serem emprestados aos pobres.

Yunus e seus associados começaram a recrutar colaboradores entre os moradores, muitos dos quais eram rebeldes,

> [...] pessoas jovens, com no máximo 20 anos. No essencial eram rapazes trabalhadores, conscienciosos, e estávamos dispostos a dar-lhes uma oportunidade no banco desde que depusessem as armas. Os antigos *Gono Bahini* demonstraram ser excelentes empregados do Grameen. Tinham tentado libertar o país por meio das armas e da revolução e agora percorriam a pé as mesmas aldeias e as mesmas rotas para propor empréstimos aos mais pobres. A única coisa de que precisavam era um ideal, uma causa pela qual lutar.[34]

Em novembro de 1979, começaram a efetuar empréstimos aos camponeses sem terra de Tangail. Três anos depois, os membros do Grameen eram 28 mil. A aplicabilidade da metodologia financeira desenvolvida pelos acadêmicos de Chittagong em escala nacional estava comprovada.

Essa metodologia foi criada empiricamente, por tentativa e erro, e ajustada às necessidades e peculiaridades de sua clientela. Um primeiro ponto foi efetuar empréstimos exclusivamente a mulheres, o oposto dos bancos, que só concediam financiamentos para homens. Não só porque a maioria dos pobres era formada por mulheres, mas também porque elas usavam melhor o ganho derivado, beneficiando

---

34 Ibid., p.164-5.

a família toda, com prioridade para as crianças, ao passo que os homens tenderiam a pensar primeiramente em si. Além disso, Bangladesh é um país muçulmano, em que as restrições às mulheres são rigorosas, isolando-as de qualquer contato social que não seja com parentes próximos. Dessa forma, o Grameen tornou-se, implicitamente, um projeto de libertação feminina.

Isso provocou forte resistência dos homens em geral contra o Grameen, liderada pelos maridos, sacerdotes e autoridades políticas. Usando de muita paciência, Yunus e seus companheiros conseguiam superar essa resistência, convencendo os maridos a autorizar suas mulheres a aderir ao Grameen e as autoridades locais a permitir a abertura de uma agência em sua aldeia. Os benefícios econômicos advindos da atividade do Banco da Aldeia para todos os moradores e a pressão das mulheres, diretamente interessadas, também devem ter contribuído para superar as resistências de maridos e autoridades.

Outro ponto metodológico foi substituir a garantia real (inexistente) pelo *aval solidário*: o Grameen só aceita como membros grupos de cinco mulheres, dispostas a se responsabilizar coletivamente pelos empréstimos feitos a cada uma. O grupo se reúne regularmente e aprova os pedidos de empréstimo de cada membro. Se a devedora deixar de reembolsar o empréstimo nos prazos devidos, os demais membros a ajudam ou o fazem em seu lugar. Em caso de falta de reembolso, todas as cinco mulheres do grupo são eliminadas do Banco da Aldeia.

> Individualmente, os pobres se sentem expostos a todo tipo de perigos. O pertencer a um grupo dá-lhes uma espécie de segurança. O indivíduo sozinho tende a ser imprevisível e inseguro. Em um grupo, beneficia-se do apoio e da emulação de todos, sua conduta se torna mais regular e mais confiável em matéria de empréstimos.[35]

A inadimplência no Grameen não atinge mais de 2% dos empréstimos, bem menos do que nos bancos convencionais.

---

35 Ibid., p.125.

INTRODUÇÃO À ECONOMIA SOLIDÁRIA

As mulheres que recebem empréstimos não são meras clientes do Banco, elas se tornam sócias dele, integrando uma rede que se estende por milhares de aldeias de Bangladesh. Elas integram um grupo de cinco, que elege uma presidenta e uma secretária. Cada grupo de cinco constitui um fundo mútuo, formado por 5% de cada empréstimo e mais 2 takas de cada membro. Esse fundo ajuda os membros em dificuldade a manter em dia o seu compromisso com o Banco. Para melhorar a ajuda mútua, criaram-se "centros" que aglutinam até oito grupos de cinco e se reúnem semanalmente, com a presença de um agente de crédito do Banco. "Durante esses encontros semanais, os membros efetuam seus pagamentos, depositam seu dinheiro em contas de poupança e discutem novos pedidos de empréstimo ou qualquer outro tema relacionado."[36] O Centro elege um diretor e um adjunto entre seus membros, com mandato de um ano; não pode haver reeleição.

Considerando que os membros são quase todos mulheres paupérrimas e analfabetas que o recato imposto pela religião mantinha em reclusão, não há dúvida de que a experiência de pertencer ao Grameen é profundamente emancipatória. O marido de uma associada fez a seguinte queixa a Yunus:

> Costumava bater em minha mulher. Porém da última vez tive problemas. As mulheres do grupo de Farida vieram em casa, discutiram e gritaram comigo. Disso não gostei. Quem lhes deu o direito de gritar comigo? Posso fazer o que eu quiser com minha mulher, lhes disse. Antes, quando batia em minha mulher, ninguém dizia nada, ninguém se importava. Porém já não é assim. Seu grupo me ameaçou, disseram-me que não aceitariam que voltasse a bater nela.[37]

O Grameen não espera que os clientes venham a suas agências. Ele envia empregados seus – agentes de crédito – para convencer os pobres a entrar no Banco e para monitorar os grupos de aval solidário. Esses agentes de crédito são moradoras das aldeias, escolhidas pela

---

36 Ibid., p.128.
37 Ibid., p.140.

sua capacidade de liderança. São elas que apreciam os pedidos de empréstimos e os aprovam, uma vez obtido o aval do grupo. E atuam para que os reembolsos, que são semanais, não se atrasem. Os membros do Banco não frequentam os escritórios do Banco e tampouco o fazem os agentes de crédito.

Em suma, o Banco da Aldeia é o antibanco, faz tudo o que os bancos convencionais fazem... porém ao contrário. Estes se preocupam com a capacidade de reembolso do prestatário. O Banco da Aldeia se preocupa com que seus clientes sejam realmente pobres. Os bancos convencionais têm a responsabilidade ante os acionistas de maximizar o lucro sobre o capital próprio. O Banco da Aldeia tem como acionistas seus depositantes e mutuários. Como observa Yunus (p.142), nesse sentido ele é uma cooperativa de crédito, na realidade, um novo tipo de cooperativa de crédito formado (em 1997) por 2 milhões e 100 mil membros, que vivem em 36 mil aldeias e dos quais 94% são mulheres. Seus empréstimos são em média de 150 dólares, o que foi suficiente para que, em dez anos, a metade dos membros se elevasse acima do umbral da pobreza e mais um quarto deles esteja em via de fazê-lo.[38]

O Grameen está presente em mais da metade das comunas rurais de Bangladesh; em 1997, mantinha 1.079 agências e 12 mil empregados.[39] Ele pode ser considerado um banco cooperativo, mantido por dezenas de milhares de Centros, que equivalem de certa maneira às cooperativas primárias de crédito. Desde 1980, realizam-se encontros nacionais de responsáveis pelos centros, em que se adotam resoluções destinadas a mudar a vida das associadas do Banco. Em 1997, as resoluções adotadas eram dezesseis, das quais as mais interessantes nos parecem ser as seguintes: 6) Tentaremos ter poucos filhos. Limitaremos nossos gastos. Cuidaremos de nossa saúde. 7) Educaremos nossos filhos e nos daremos os meios para enfrentar essa educação.

---

38 Ibid., p.46.

39 Em julho de 2001, o Grameen Bank tinha 2.383.681 membros, compondo 504.229 grupos, 68.529 centros em 40.346 aldeias. O número de empregados era de 11.457, o de agências era de 1.170. A taxa de reembolso dos empréstimos vem caindo de 93,52% em 1998 para 89,57% em 2001 (dados do *site* do Grameen, disponível em: <http://www.citechco.net/>).

INTRODUÇÃO À ECONOMIA SOLIDÁRIA 101

9) Construiremos e utilizaremos latrinas. 11) Não exigiremos qualquer tipo de dote aos nossos filhos e não o daremos a nossas filhas. Os dotes serão proscritos de nossos centros. Opor-nos-emos ao matrimônio de crianças. 14) Estaremos sempre dispostas a ajudar as demais. Se alguém tem dificuldades, o ajudaremos.[40]

A experiência do Grameen inspirou programas de microcrédito no mundo todo. Segundo Yunus (p.212), em 1997 havia programas desse tipo em 58 países, dos quais 22 na África, 16 na Ásia, 15 nas Américas, 4 na Europa e 1 na Australásia (região sudoeste da Oceania). Esses programas nem sempre correspondem exatamente à proposta do Banco da Aldeia. No Brasil, há trinta "bancos do povo" apoiados pelo Banco Nacional de Desenvolvimento Econômico e Social (BNDES) e que pretendem aplicar aqui aquela proposta. O exame detalhado dessas experiências mostra que quase todas deixam muito a desejar. Elas são em geral desenvolvidas por bancários e financiadas por banqueiros, o que as deixa muito mais próximas dos bancos convencionais do que o antibanco de Bangladesh. É claro que as condições no Brasil diferem das de Bangladesh e que adaptações são indispensáveis. Mas, nas experiências de microcrédito em nosso país, as adaptações sacrificam a prioridade aos mais pobres e o caráter democrático e emancipatório que são as marcas do Grameen.

5. Cooperativas de compras e vendas

Estas são associações de pequenos e médios produtores que procuram ganhos de escala mediante a unificação de suas compras e/ou vendas. O tipo mais importante dessa categoria é a cooperativa "agrícola", formada por agricultores, em sua maioria pequenos proprietários ou arrendatários. Há também cooperativas entre cujos associados se encontram empresas agrícolas capitalistas; embora legalmente sejam "cooperativas", elas nada têm a ver com a economia solidária. Na realidade, "cooperativas" de firmas capitalistas de grande tamanho tendem a agir como cartéis, que exercem o monopólio

---

40 Yunus, op. cit., p.137.

nos mercados em que vendem e o monopsônio nos mercados em que compram.

As autênticas cooperativas de compras e vendas são sempre formadas por pequenos e médios produtores, que podem ser agricultores, taxistas, caminhoneiros, comerciantes, profissionais liberais etc. Elas cumprem papel importante, pois, em vários ramos, a melhor tecnologia exige grandes investimentos em capital fixo, que não podem ser subdivididos entre muitos estabelecimentos pequenos. Não é viável, por exemplo, que cada pequeno agricultor possa comprar trator, ceifadeira e outros equipamentos valiosos. Isso o impede de mecanizar sua lavoura e, portanto, de competir com grandes produtores, cujas dimensões justificam e viabilizam o referido investimento. Para não serem expulsos do mercado, os pequenos e médios produtores têm de se unir e fazer o investimento em capital fixo *em conjunto*. O trator, a ceifadeira etc., adquiridos pela cooperativa são postos à disposição de cada membro, por um tempo, de modo que os seus custos de produção se equiparam aos dos grandes proprietários.

No caso da agricultura, há ganhos de escala importantes a serem realizados também mediante a venda em comum das colheitas. Geralmente, os compradores dos produtos agrícolas são grandes firmas atacadistas ou indústrias processadoras, que frequentemente adiantam dinheiro ao camponês em troca do compromisso de venda da sua colheita. Estas são transações altamente assimétricas, em que numerosos pequenos produtores se defrontam com poucos grandes adquirentes. Estes últimos alcançam grandes margens de lucros de intermediação, porque sua superioridade econômica lhes permite pagar o mínimo aos produtores e cobrar o máximo aos varejistas, que tendem a ser pequenos e numerosos também.

A cooperativa de compras e vendas iguala os pequenos agricultores ou varejistas aos grandes. E ela pode ampliar a vantagem que proporciona aos membros fundando indústrias de processamento de seus produtos. Foi assim que começaram as primeiras cooperativas de criadores de gado leiteiro, nos Estados Unidos e na Dinamarca, ainda no século XIX. Em 1867, já havia quatrocentos laticínios e fábricas de queijo cooperativos nos Estados Unidos. As vendas cooperativas de porcos começaram em 1820 e as de lã em 1844. As primeiras

INTRODUÇÃO À ECONOMIA SOLIDÁRIA 103

cooperativas de compras agrícolas derivaram das cooperativas de crédito Raiffeisen. Em 1873, havia quinze cooperativas agrícolas de compras na Alemanha.

O cooperativismo agrícola atingiu seu pleno desenvolvimento na Dinamarca. O cooperativismo de consumo, iniciado nesse país em 1866, empolgou os camponeses, tornando-se, ao contrário do resto da Europa, predominantemente rural. Em 1882, surgiu o primeiro laticínio cooperativo em Hjedding. O exemplo se propagou e, em um único ano (1882-1883), trezentos laticínios cooperativos foram fundados. Em 1900, o seu número era de mais de mil, processando 80% do leite produzido no país. Ao mesmo tempo, 27 cooperativas produziam 66% do *bacon* da Dinamarca. "Na época da Primeira Guerra Mundial, quase a metade dos lares rurais pertencia a alguma cooperativa de consumo, 86% do gado pertencia a cooperativas de laticínios e quase 50% dos porcos a cooperativas de *bacon*."[41]

A Dinamarca havia se tornado virtualmente uma comunidade cooperativa de "agricultores". Manniche descreveu a situação nos seguintes termos:

> Com o passar do tempo, os agricultores dinamarqueses se organizaram tão completamente que estão ambientados pela cooperação. Um agricultor que o deseje pode obter seu empréstimo hipotecário de cooperativas de crédito, pode eletrificar sua propriedade por meio de cooperativas, pode vender seu leite, porcos e ovos por intermédio de laticínios e exportadores cooperativos, e comprar artigos para a casa assim como sementes, rações e fertilizantes nas cooperativas de aldeia. Ele pode fazer seguros contra doença e morte por meio de cooperativas de assistência à saúde e de seguros e pode colocar sua poupança em cooperativas de crédito ou bancos mútuos de poupança.[42]

Essa evolução se estendeu ao resto da Europa ainda no século XIX e às Américas, Ásia e Oceania no século seguinte. Em meados da década de 1990, as cooperativas agrícolas europeias movimentavam

41 Birchall, op. cit., p.15-9.
42 Manniche apud Birchall, op. cit., p.20.

anualmente 265 bilhões de dólares, eram em número de 58 mil com cerca de 13,8 milhões de membros. Os países europeus cujas cooperativas tinham maior receita anual eram, pela ordem: França, Alemanha, Bélgica, Holanda, Itália, Dinamarca, Irlanda e Suécia, cada um com mais de 10 bilhões de dólares. Em termos de participação das cooperativas agrícolas na receita agrícola nacional, o primeiro lugar é da Islândia (considerada a mais completa economia cooperativa do mundo), seguida pela Dinamarca e demais países escandinavos. Na França, 90% dos agricultores pertencem a cooperativas, as quais respondem por 60% do vinho, 52% do leite, 42% das aves etc.; elas controlam cerca de metade da indústria de alimentos do país. Na Alemanha, quase todo agricultor, horticultor e cultivador de vinha é membro de uma ou mais das 5 mil cooperativas, que manejam mais da metade das compras e das vendas dos agricultores e empregam 120 mil trabalhadores qualificados. Dados análogos são apresentados pelos demais países da Europa ocidental e central.[43]

As cooperativas agrícolas também preponderam na América do Norte e têm forte presença na maioria dos países semidesenvolvidos da América Central e do Sul e da Ásia. No Brasil, o valor das vendas das 1.378 cooperativas agrícolas alcança 12 bilhões de dólares, o número de seus membros é de cerca de 1 milhão e de seus empregados é de 150 mil. Os membros produzem mais da metade do leite e 17% da produção vegetal vendida no atacado. As cooperativas agrícolas brasileiras possuem novecentas fábricas processadoras: moinhos de trigo, destilarias, fábricas de óleo vegetal, arroz, café e sementes. As cooperativas de criadores de ovelhas respondem por 65% da lã produzida.[44]

Poder-se-ia imaginar que países predominantemente agrícolas, em que a maior parte da produção agrícola e agroindustrial está nas mãos de cooperativas, como a Islândia, a Dinamarca ou a Irlanda, seriam formações socioeconômicas "solidárias" no sentido de que o maior modo de produção, em cada um desses países, seria a economia solidária. Infelizmente, isso seria uma ilusão. O cooperativismo agrícola, tanto nesses países como nos demais, é solidário apenas no

43 Birchall, op. cit., p.109-12.
44 Ibid., p.205-6.

INTRODUÇÃO À ECONOMIA SOLIDÁRIA

relacionamento dos sócios entre si, ou seja, os membros das cooperativas praticam a democracia no governo das mesmas, mas organizam suas atividades de modo capitalista. A compra e revenda de insumos, a coleta e o processamento dos produtos dos agricultores associados e a sua venda são realizados por assalariados. Como relatamos, as cooperativas agrícolas na França têm 120 mil empregados e, no Brasil, 150 mil.

As relações sociais de produção nas cooperativas são, portanto, capitalistas, ou seja, caracterizam-se pela desigualdade e pelo antagonismo entre patrões e empregados. Como vimos, isso resultou de uma opção dos trabalhadores industriais associados a cooperativas de consumo no fim do século XIX e que foi adotada pelos pequenos produtores associados a cooperativas de compras e vendas e demais modalidades cooperativas. As cooperativas de compras e vendas que assalariam seus operadores – dos diretores e gerentes aos simples executantes de tarefas – são entidades híbridas, metade solidárias e metade capitalistas. Na agricultura, as cooperativas de compras e vendas impediram o domínio completo do setor pelo grande capital. Não cabe dúvida de que, se hoje ainda predomina na maioria dos países a agricultura familiar, praticada em pequenas e médias propriedades, sobretudo pelos próprios proprietários e seus familiares, isso se deve aos efeitos do cooperativismo, que dão à agricultura familiar competitividade e, portanto, possibilidade de resistir e se reproduzir.

Se o cooperativismo agrícola desempenhou e desempenha um papel de freio à centralização do capital ao menos num setor, ele não passa de um modo de produção intersticial nas formações capitalistas. Isso significa que o cooperativismo de compras e vendas se insere em interstícios da economia em que a tendência centralizadora do capital, entregue a seu curso natural, destruiria a pequena produção de mercadorias. No caso da agricultura, isto significaria a eliminação total do campesinato, de sua cultura e do seu modo de vida, pelo *agrobusiness*, a grande empresa agrícola capitalista e seus trabalhadores assalariados e fornecedores contratados etc. A força do cooperativismo impediu essa eliminação, preservando para o camponês uma parcela importante da atividade agrícola.

Mas o cooperativismo de compras e vendas não se constitui num modo de produção alternativo ao capitalismo exatamente porque não estende a democracia e a igualdade à totalidade dos que trabalham nele. Ele preserva a divisão de classes, separando os pequenos produtores, como proprietários do capital cooperativo, dos trabalhadores que lhes prestam serviços de intermediação e de produção em troca de salários.[45] E isso vale tanto para as cooperativas de pequenos agricultores como para as de caminhoneiros, taxistas, médicos, catadores de material reciclável etc. O transporte rodoviário e o urbano são disputados por empresas capitalistas, de um lado, e operadores individuais, possuidores de veículos próprios, de outro. Para que os últimos possam resistir, eles se unem em cooperativas que, mediante compras em comum e vendas em comum, permitem que reduzam custos e permaneçam competitivos.

O caso dos catadores de lixo merece uma menção especial, devido a seu significado social. Recolher material reciclável entre os dejetos é o meio de vida que resta aos que a exclusão social degradou ao máximo. Eles não têm outras alternativas a não ser, talvez, atividades criminosas e a mendicância. Uma grande parte dos que moram na rua ou em lixões se dedica a catar material reciclável. Sendo extremamente pobres, são explorados pelos sucateiros, que lhes adiantam dinheiro para poderem subsistir em troca da entrega do material coletado a preços vis. A única defesa é *a união que faz a força*: a cooperativa. A cooperativa possibilita compras em comum a preços menores e vendas em comum a preços maiores. Sendo entidade econômica e política, a cooperativa representa os catadores perante o poder público e dele reivindica espaço protegido para armazenar e separar o material recolhido e financiamento para processar parte do material separado, agregando-lhe valor. A cooperativa é uma oportunidade de resgate da dignidade humana do catador e de desenvolvimento da

---

45 Na Corporação Cooperativa de Mondragón, as cooperativas de compras e vendas são cogestionárias: seus trabalhadores são sócios das mesmas, assim como as cooperativas de produção que utilizam seus serviços. São em geral cooperativas de segundo grau, como a Caja Laboral Popular (banco cooperativo), a cooperativa de seguro social etc. Trata-se de uma demonstração concreta de que a economia solidária funciona aplicando os princípios da autogestão.

INTRODUÇÃO À ECONOMIA SOLIDÁRIA   107

autoajuda e da ajuda mútua, que permite constituir a comunidade dos catadores.

As cooperativas de compras e vendas ganham novos espaços para se desenvolver à medida que surgem atividades econômicas que podem ser desenvolvidas em pequena escala, desde que os pequenos produtores se associem para gerar os mesmos ganhos de escala que o grande capital. Constituem parte integrante do movimento cooperativo, articuladas por princípios e ideologia às cooperativas de crédito, de consumo e de produção.

6. Cooperativas de produção

Cooperativas de produção são associações de trabalhadores, inclusive administradores, planejadores, técnicos etc., que visam produzir bens ou serviços a serem vendidos em mercados. Como toda cooperativa, aplicam aos seus membros os princípios que garantem democracia e igualdade entre eles na condução da entidade: um voto por cabeça, autoridade suprema investida na assembleia geral de sócios, todos os sócios tendo a mesma cota do capital da cooperativa. Escrevemos no item 1 do primeiro capítulo deste livro que a cooperativa de produção é o protótipo de empresa solidária. Ela o é porque associa os produtores, e não seus fornecedores ou clientes, como o fazem as cooperativas de consumo, de crédito e de compras e vendas. Por isso ela não pode ser híbrida, como essas outras cooperativas, que combinam igualdade e democracia no relacionamento externo[46] da empresa com desigualdade e heterogestão em seu interior.

Os três primeiros capítulos deste trabalho apresentam análises comparativas entre a empresa capitalista e o protótipo de empresa solidária, que é a cooperativa de produção. Isso nos poupa (e ao leitor) a retomada desses aspectos, que lhe conferem o caráter de antítese da empresa capitalista e a vocação de constituir um modo de

---

46 Cooperativas de compras e vendas ou de consumo se relacionam com seus instituidores *externamente*, pois prestam-lhes serviços, sem que estes trabalhem dentro delas.

produção *alternativo* ao capitalismo, e não meramente *intersticial*. E explicam provavelmente por que a quantidade de cooperativas de produção existentes nos diversos países e sua expressão econômica são incomparavelmente menores do que as dos outros tipos de cooperativa.

Birchall[47] atribui a invenção da cooperativa de produção aos franceses, mencionando o periódico *L'Artisan* como primeiro difusor da proposta de cooperativas de produção ou cooperativas operárias. "Como vocês estão sendo expulsos das oficinas por máquinas, deixem de ser trabalhadores e tornem-se em vez disso mestres", era a justificativa da proposta. A primeira cooperativa de produção francesa teria resultado de uma série de greves, em 1833. A data suscita dúvidas quanto a ter sido esta a primeira cooperativa de produção, pois, como vimos, no mesmo ano Owen estava fazendo pregação idêntica aos operários ingleses (Capítulo 2, item 1), da qual resultou a criação de centenas de cooperativas de produção. Possivelmente, a primeira cooperativa de produção moderna tenha sido a dos jornalistas que formaram a Sociedade Cooperativa de Londres e publicaram *The Economist*, sob a liderança de George Mudie, em 1821-1822 (idem).

O fato relevante é que, praticamente na mesma época – começo dos anos 1830 –, cooperadores ingleses e franceses recorriam à formação de cooperativas de produção como arma de enfrentamento do capital. Onde a experiência francesa se torna original, diferindo da inglesa, é na defesa do financiamento estatal de cooperativas de produção, que Louis Blanc empreendeu no livro *A organização do trabalho*, publicado em 1839 e que teve ampla influência. Blanc foi um dos líderes da Revolução de 1848, tendo sido autor de uma lei (apoiada por Proudhon) que prometia, em nome do Governo Provisório da República Francesa, um salário vital e "o direito ao trabalho" a todos. Essa lei respondia às demandas das delegações operárias, que exigiam medidas urgentes contra o desemprego, então em aumento. O resultado concreto da lei foi a criação das famosas oficinas nacionais, na realidade uma espécie de frente de trabalho que garantia apoio financeiro a desempregados. Ela chegou a incorporar 94 mil trabalhadores em

---

47 Birchall, op. cit., p.20-3.

INTRODUÇÃO À ECONOMIA SOLIDÁRIA   109

fins de abril de 1848, mas para os quais não se chegaram a organizar
atividades úteis. A sua ociosidade desmoralizou a ideia.[48]

Criou-se também uma Comissão Governamental para o Trabalho,
conhecida como Comissão de Luxemburgo (onde se reunia), que foi
presidida por Blanc. Ela se compunha de delegados de patrões e empregados de todos os setores da economia e tinha a seu cargo arbi-
trar disputas entre capital e trabalho, além de fazer planos de ajuda
às classes trabalhadoras. Blanc aproveitou o ensejo para promover
a criação de cooperativas de produção, possivelmente sucedendo
firmas capitalistas em bancarrota. Duveau cita o caso das grandes
fundições de Jean François Cail. "Durante a crise econômica e os dis-
túrbios sociais de 1848, os trabalhadores e empregadores compareceram diante da Comissão de Luxemburgo para ajustar suas diferenças.
O resultado foi a decisão de transformar as oficinas Cail numa cooperativa operária." Mas essas cooperativas não tiveram vida longa, pois

> [...] a maioria delas perdeu seu impulso original quando a onda da rea-
> ção varreu o país. O golpe de Estado de Luís Napoleão em 2 de dezembro
> de 1851 desferiu-lhes um golpe mortal. [...] Algumas dessas associações
> expiraram por sua própria vontade como resultado da incompetência
> ou inadequação de seus membros, mas outras, que pareciam razoavel-
> mente viáveis, estavam condenadas porque traziam a marca de uma re-
> pública que estava ela própria condenada.[49]

Birchall confirma o relato de Duveau e oferece estimativas da dimensão do movimento:

> Uma segunda onda de cooperativas operárias formou-se após a Re-
> volução de 1848, com a ajuda do governo provisório, que votou para que
> lhes fosse emprestado capital. Mas as cooperativas, em número de du-
> zentas ou mais, tiveram vida curta. Em 1855, sobrava apenas uma dúzia.
> Fay diz que elas receberam ajuda demais do Estado, que escolheram os
> seus membros sem o devido cuidado e assim por diante.[50]

---

48 Duveau, *1848: The Making of a Revolution*, p.65-7.
49 Ibid., p.70.
50 Birchall, op. cit., p.22.

A ajuda do Estado será um fator importante para o movimento das cooperativas de produção, por uma série de motivos. O primeiro é que os trabalhadores não dispõem de capital nem de propriedades que pudessem oferecer como garantia para levantar capital no mercado financeiro. O segundo é que as firmas capitalistas, que concorrem com as cooperativas de produção, também contam com a ajuda do Estado, sob as formas usuais de isenções fiscais e crédito favorecido. Portanto, para concorrer em condições de igualdade com essas firmas, as cooperativas de produção precisam do apoio do poder público.

Nos países que se atrasaram na corrida industrial, o apoio estatal à empresa produtiva é quase sempre permanente, constituindo parte integrante do esforço para a superação do atraso. São casos notórios a França e especificamente a Alemanha, a Itália e o Japão, a partir de suas revoluções nacionais, no século XIX, e mais recentemente numerosos países da América Latina, da Ásia, da Europa oriental e da África. Mas esse apoio raramente se estende à cooperativa de produção, vista pelo lado conservador do espectro político como anomalia. Também a esquerda, que aposta tudo na tomada do poder político como via única de transformação estrutural, enxerga a cooperativa de produção como quimera, cujo único efeito é desperdiçar forças e esperanças. De modo que é apenas nos raros momentos em que se encontram à testa do Estado pessoas e correntes que percebem a cooperativa de produção como desejável que ela obtém apoio significativo para poder demonstrar sua viabilidade e seu potencial de desenvolvimento.

Na Itália, a ideia da cooperativa de produção foi trazida da Inglaterra por Mazzini, um dos pais da unificação e independência do país. Sob sua influência, numerosas cooperativas de produção foram criadas, particularmente em Gênova.

Por volta de 1870, estimou-se que havia 878 sociedades, muitas das quais também operavam lojas varejistas e ofereciam seguro social. Então, nos anos 1870, com a agricultura deprimida pela importação de cereais baratos da América e com trabalhadores sendo despedidos, mais uma vez a única opção parecendo ser a emigração, trabalhadores sem terra se uniram para oferecer a única coisa que tinham – seu trabalho. Fica-

INTRODUÇÃO À ECONOMIA SOLIDÁRIA   111

ram conhecidos pela secagem de terras pantanosas, particularmente ao
redor de Roma, e uma lei aprovada em 1889 concedeu-lhes tratamento
preferencial na contratação de obras públicas. Em 1906, Fay relatava que
havia 25 sociedades de padeiros, 153 sociedades industriais e 454 sociedades de trabalho e serviços públicos e concluía que equipes auto-organi-
zadas de trabalho foram a contribuição peculiar da Itália à cooperação.[51]

Atualmente, a Itália é o país em que há mais cooperativas de produção: em 1988 havia 12 mil, com meio milhão de trabalhadores. Des-
taca-se a região de Emília-Romanha,

> [...] que tem uma concentração particularmente elevada; em 1980, coope-
> rativas afiliadas à Lega Nazionale incluíam 226 no setor de produção e
> trabalho com 32 mil operários [...]. O que torna essa região tão especial?
> Ela tem uma concentração de firmas pequenas e médias, uma tradição
> de artesanato baseada em pequenas oficinas e um pano de fundo ideo-
> lógico de socialismo descentralizado anarquista, que enfatiza o valor da
> associação em pequena escala. É uma economia "pós-fordista" que, em
> contraste com a produção em massa e a perda de qualificações dos tra-
> balhadores, característicos da indústria fordista, tem mais capacidade de
> capitalizar a mudança da produção em massa à alta tecnologia, indús-
> trias inovadoras em que pequenas firmas cooperam por meio de rela-
> ções de elevada confiança e no suprimento de mercados sofisticados.[52]

Na França, o cooperativismo de produção tornou-se um elemento constante da economia. Mas, a partir de 1978, com a crise
atingindo muitas empresas e o desemprego em aumento, o governo
passou a oferecer subsídios para que os trabalhadores assumissem
as empresas em via de fechar. Isso fez o número de cooperativas de
produção passar de 571 para 1.200 em cinco anos, com mais de 50
empresas transformadas em cooperativas operárias por ano. A mesma crise atingiu a indústria britânica, um terço da qual entrou em
colapso. Autoridades locais criaram agências de desenvolvimento

---

51 Ibid., p.23.
52 Ibid., p.97.

112   ECONOMIA SOLIDÁRIA

cooperativo, para estimular novas cooperativas e converter empresas em crise em cooperativas. Essas conversões resultaram em duzentas cooperativas. No fim da década de 1990, havia na Grã-Bretanha cerca de 1.200 cooperativas operárias, com cerca de 170 novas cooperativas surgindo a cada ano. O setor em que a expansão dessas cooperativas é mais intensa é o de prestação de cuidados à população em situação de risco. Esses serviços eram antes prestados pelas autoridades locais, que passaram a contratar sua prestação mediante licitações.

Uma outra modalidade de cooperativas de produção que tem crescido acentuadamente é a "nova onda" de cooperativas de alimentos orgânicos, livrarias alternativas, editoras comunitárias e promotoras de tecnologias alternativas. Essas cooperativas são o produto do movimento de contracultura, que empolga amplos setores da juventude e visa preservar a natureza, eliminar a discriminação racial e sexual e de modo geral se opõe ao capitalismo, sobretudo em sua forma neoliberal. No fim da década de 1970, na Grã-Bretanha, essas cooperativas tinham em conjunto cerca de 10 mil membros. Na Alemanha, a nova onda atingiu dimensões bem maiores: criaram-se 11.200 cooperativas com 80 mil membros.[53] A nova onda não se restringe a esses países. Ela se faz presente em toda a Europa, na América do Norte, na Oceania e nos centros urbanos do Terceiro Mundo.

A cooperativa de produção existe em praticamente todos os países, mas em quantidade muito menor do que as cooperativas de compras e vendas, de crédito e de consumo. No Canadá, havia cerca de 300 cooperativas operárias com pouco mais de 6 mil membros, 41 cooperativas florestais e um conjunto de cooperativas de ambulância, que prestam 50% do serviço em Québec. Há ainda um significativo grupo de cooperativas de alimentos orgânicos. Nos Estados Unidos, o número de cooperativas de produção é estimado em 150, com 6.500 membros.

Muito maior é o número de empresas capitalistas nas quais os empregados participam do capital mediante planos de propriedade acionária pelos empregados (Esops), que são incentivados pela

---

53 Ibid., p.98.

INTRODUÇÃO À ECONOMIA SOLIDÁRIA   113

legislação: "Cerca de 10 mil firmas são possuídas inteiramente ou em parte pelos seus empregados, que são donos de 60 bilhões de dólares em ações".[54] É preciso não confundir cooperativas de produção com firmas de participação acionária, comuns sobretudo em países anglo-saxões. Nas firmas, os empregados não participam no capital por igual, mas em proporção aos seus ganhos e, sobretudo, não participam da gestão. Ao não aplicar os princípios cooperativos, as relações de produção nessas empresas não são democráticas nem igualitárias. Portanto, não devem ser contabilizadas como integrantes da economia solidária.

No Terceiro Mundo, a cooperativa de produção foi promovida pelos governos de muitos países, seja para desenvolver a economia, seja para que fossem a base de uma sociedade "socialista". Tais tentativas resultaram quase sempre num avultado número de cooperativas, absorvendo parcela importante de toda a força de trabalho, mas carente de autonomia e, portanto, incapaz de realizar na prática a democracia na empresa, que é a razão de ser da economia solidária.

Eis alguns exemplos africanos.

Houve um rápido crescimento das cooperativas: na África como um todo, o seu número era estimado em 6.637 em 1951, 7.342 em 1966, com um crescimento dos membros de quase 1,3 milhão para 1,8 milhão, principalmente no setor agrícola. [...] Na Tanzânia houve um movimento para assegurar o controle africano da economia e muitas sociedades foram registradas. [...] Em 1966, 16 federações cooperativas e centenas de sociedades foram tomadas pelo Estado. Em 1967, Nyerere anunciou as políticas gêmeas de nacionalização do "alto comando" da economia e o conceito de "*ujamaa*" da cooperativa aldeã de múltiplos propósitos. Depois de alguns anos de desenvolvimento voluntário das aldeias *ujamaa*, a política mudou para "aldeamento" compulsório e um sistema uniforme de organizações aldeãs passou a desempenhar as funções das cooperativas tradicionais, que foram dissolvidas.[55]

---

54 Ibid., p.215-6.
55 Ibid., p.138-9.

E assim por diante. Outros episódios análogos foram registrados na própria Tanzânia, em Zimbábue, no Chade, em Madagascar e na Tunísia.

A partir de 1980, o neoliberalismo varreu a África. A abertura do mercado e o corte do déficit público implicaram a redução do papel do Estado na condução da economia. As cooperativas, antes super-protegidas e subsidiadas, não suportaram, em muitos casos, a súbita perda de seus apoios governamentais.

> Para piorar, as cooperativas estão sendo expostas a um mercado glo-bal em que o poder está em outras mãos: nas de corporações multinacio-nais, que já operam 30% da economia mundial, de agrupamentos eco-nômicos poderosos como a União Europeia (que está ainda protegendo seus agricultores) e de bancos internacionais perante os quais os países do Terceiro Mundo estão pesadamente endividados.[56]

Na Tanzânia, a retirada do apoio governamental ao cooperativis-mo foi tão rápida que o número de sociedades caiu de 9 mil para 4.337 e, de 41 federações cooperativas, sete foram liquidadas. Pretende-se criar bancos cooperativos para ajudar as cooperativas a se tornarem financeiramente independentes. A Zâmbia pretendia ser uma econo-mia 100% cooperativa. Em 1991, assumiu um novo governo que aboliu o monopólio das cooperativas e lhes retirou os subsídios. Sua parti-cipação no mercado caiu de 100% para 10% e muitas desapareceram. Algo semelhante aconteceu em outros países.[57] Na Ásia, a história não foi muito diferente em relação às cooperativas agrícolas e, em sua es-teira, às cooperativas operárias.[58]

Em suma, as cooperativas de produção, autônomas e autênticas, não são numerosas, mas ressurgem com vigor quando a economia entra em recessão e governos reagem patrocinando a conversão de empresas em crise em cooperativas operárias e quando a contra-cultura suscita novas atividades, que costumam se organizar como

---

56 Ibid., p.144.
57 Ibid., p.146.
58 Ibid., p.185.

INTRODUÇÃO À ECONOMIA SOLIDÁRIA 115

cooperativas. Cooperativas de produção inautênticas, estabelecidas de cima para baixo, foram ubíquas no Terceiro Mundo, e a maioria não resistiu ao neoliberalismo.

7. *A Corporação Cooperativa de Mondragón*

Trata-se provavelmente do maior complexo cooperativo do mundo, que combina cooperativas de produção industrial e de serviços comerciais com um banco cooperativo, uma cooperativa de seguro social, uma universidade e diversas cooperativas dedicadas à realização de investigações tecnológicas. O que torna Mondragón ainda mais notável é a aplicação coerente dos princípios do cooperativismo a todas essas sociedades: elas não empregam assalariados, a não ser em caráter excepcional. Sem ignorar as dificuldades que o cooperativismo de Mondragón enfrenta, é inegável que ele procura realizar a autogestão numa medida que hoje, infelizmente, é difícil de encontrar nas grandes organizações cooperativas.

A Corporação Cooperativa tem sua origem na pequena cidade basca de Mondragón, ao norte da Espanha, em 1956, em pleno franquismo, por iniciativa de José Maria Arizmendiarreta, mais conhecido como padre Arizmendi. Esse clérigo basco, que lutou na Guerra Civil Espanhola do lado republicano e servia na paróquia de Mondragón, havia conseguido criar, com apoio comunitário, uma escola técnica na qual lecionava o que hoje denominaríamos "economia solidária". Com o patrocínio de Arizmendi, cinco técnicos formados pela escola conseguiram que cerca de cem moradores de Mondragón lhes emprestassem o capital inicial para adquirir uma empresa falida, transformada na Cooperativa Ulgor, uma indústria de fogões.

Era uma época de grande expansão industrial e a nova cooperativa progrediu rapidamente. O propósito inicial dos jovens ao redor de Arizmendi era criar cooperativas pequenas, em que o contato face a face garantisse efetiva igualdade e solidariedade entre os sócios. Mas as exigências da concorrência no mercado impunham o crescimento da cooperativa para que houvesse ganhos de escala que permitissem vender a produção a preços mais baixos e obter grande margem de lucro (sobras), para financiar máquinas-ferramenta, os investimentos que impulsionavam o crescimento. De modo que Ulgor expandiu-se rapidamente, tornando-se em poucos anos uma das cem maiores indústrias do país.

Para limitar o tamanho das cooperativas, decidiram criar indústrias que produzissem insumos para Ulgor sob a forma de cooperativas independentes: em 1958 surgiu Arrasate, fábrica de máquinas-ferramenta, em 1963 foi fundada Copreci, fábrica de termostatos, e no mesmo ano formou-se a fundição Ederlan, mediante a fusão da fundição de Ulgor com a Comet, uma firma privada que falira. O padre Arizmendi projetou então o primeiro grupo cooperativo, Ularco, formado inicialmente por Ulgor, Arrasate e Copreci. Posteriormente, passaram a integrá-lo também Ederlan e Fagor Eletrotécnica. O grupo cooperativo é uma cooperativa de segundo grau, sendo governado por um conselho formado por um representante de cada cooperativa singular.

O modelo de grupo cooperativo foi muito importante não só por coordenar as atividades das cooperativas associadas e permitir economias de escala na prestação de serviços de pessoal, legais e contábeis em comum a todas, mas para eliminar diferenças de resultados econômicos entre elas. Os ganhos ou perdas líquidas de cada cooperativa do grupo dependem, em grande medida, dos preços que praticam nas compras e vendas entre si, o que poderia representar uma fonte de atritos entre elas. Para evitar isso, a partir de 1970, as cooperativas de Ularco reuniram todas as suas sobras (ou prejuízos, se houvesse) num único fundo, a ser distribuído entre todos os sócios das cooperativas integrantes do grupo, sem considerar as contribuições específicas de cada cooperativa ao fundo. Esta foi uma das muitas inovações que provavelmente se deveu ao gênio de Arizmendi. Daí em diante, generalizou-se a expansão, mediante a formação de cooperativas de segundo grau, reunindo cooperativas de produção complementar, com a equalização dos resultados entre todos os membros das cooperativas integrantes.

Logo depois da criação da primeira cooperativa, Arizmendi propôs a criação de um banco cooperativo, para garantir a independência das cooperativas ante os bancos. Teve de enfrentar certa resistência dos dirigentes de Ulgor, que eram engenheiros e não sonhavam em

INTRODUÇÃO À ECONOMIA SOLIDÁRIA   117

se tornar banqueiros. Mas Arizmendi estudou a legislação, redigiu os estatutos do que viria a ser a Caja Laboral Popular e forjou a ata de uma reunião de fundação que nunca houve. Diante do fato consumado, cessou a resistência, e a Caja veio à luz em 1959, sendo a primeira cooperativa de segundo grau do agrupamento de Mondragón. Daí em diante, ela exerceu funções essenciais não só na prestação de serviços financeiros, mas na formação de novas cooperativas, funcionando como incubadora das mesmas.

Além disso, a Caja funciona como uma espécie de *holding* (controladora) de todas as cooperativas singulares. Cada cooperativa assina um contrato com a Caja, obrigando-se a obedecer a princípios comuns ao complexo, como não empregar mais do que 10% de seu pessoal na condição de não membro, manter a diferença entre as retiradas máximas e mínimas em não mais de 1:3, posteriormente ampliada para 1:6; fazer que a cota-parte de cada sócio no capital da cooperativa fique entre 80% e 120% da cota-parte da própria Caja e aplicar as mesmas políticas de repartição das sobras, entre as quais a de que as somas destinadas aos membros devem ser creditadas em contas individuais, e não distribuídas em dinheiro.

A Caja passou a prestar serviços de assistência social – saúde, pensões e aposentadorias – aos trabalhadores das cooperativas. Essa seção da Caja, em 1967, tornou-se uma cooperativa independente de segundo grau, com o nome de Lagun-Aro. Ela passou a desempenhar um papel crucial no enfrentamento do desemprego, quando as cooperativas de Mondragón foram atingidas pela crise do início da década de 1980. A partir de então, a Lagun-Aro passou a receber uma taxa de 0,5% sobre a folha de pagamento de cada cooperativa para formar um fundo de ajuda aos desempregados. Em 1985, a taxa havia subido para 2,35%. Quando, devido à redução das vendas, cooperativas são obrigadas a dispensar membros, a responsabilidade primeira de realocá-los é do grupo cooperativo. Se as demais cooperativas do grupo não puderem absorver os membros que não têm trabalho nas cooperativas em crise, a responsabilidade passa à Lagun-Aro. Esta procura encontrar alguma cooperativa, nos demais grupos cooperativos, que necessite de novos membros e encaminha os dispensados a ela, cobrindo os custos da transferência, inclusive perdas de retirada para os transferidos, quando se supõe que, passada a crise, eles retornarão à sua cooperativa de origem. Se a transferência for considerada definitiva, a Lagun-Aro cobre apenas despesas extraordinárias. Enquanto membros estão sem trabalho, eles recebem da Lagun-Aro 80% de suas retiradas.

Numa época em que a Espanha exibia uma das maiores taxas de desemprego da Europa, o agrupamento cooperativo de Mondragón se mantinha praticamente com pleno emprego, graças à ação dos grupos cooperativos, complementada pela da Caja.[59] Quando alguma cooperativa estava ameaçada de fechar, a direção do grupo cooperativo, em conjunto com a Caja Laboral e com o apoio da Lagun-Aro, promovia sua fusão com outra cooperativa em melhor situação e que tivesse bastante afinidade com a primeira. Fusões dessa espécie são comuns entre empresas capitalistas, mas sempre culminam em profundos cortes de pessoal. No caso de Mondragón, tais fusões exigem a aprovação por dois terços dos votos de cada uma das duas assembleias gerais, o que só se alcança quando elas não implicam desemprego de membros. Graças ao grande tamanho e diversidade do agrupamento, foi possível encontrar trabalho para quase todos os membros que tiveram de ser realocados de suas cooperativas originais.

Desde antes da criação da primeira cooperativa, a preocupação com o progresso técnico dominava o pensamento do padre Arizmendi e seus discípulos. Por isso começaram por criar uma escola técnica. Em 1968, criou-se o departamento de pesquisa da escola, e seis professores da escola estagiaram em universidades francesas, estudando pesquisa industrial. Em 1972, Emanuel Quevedo conseguiu fundar na escola um laboratório de automação. Em 1974, Arizmendi propôs a construção de um centro de pesquisa com laboratórios, escritórios e uma oficina mecânica. Como sempre, a liderança das cooperativas achou o projeto ambicioso e caro demais, pois custaria 2 milhões de dólares. Como sempre, a doce insistência do sacerdote acabou vencendo, e foi criada a cooperativa Ikerlan, dedicada exclusivamente à

---

59 O número total de trabalhadores no agrupamento de Mondragón passou de 18.733 em 1980 para 19.161 em 1985. Foi um crescimento de apenas 2%, mas foi positivo. No quinquênio seguinte, o crescimento foi de mais de 20%, passando o total a 23.265 em 1990 (dados do Relatório de 2000, colhidos no *site* da MCC).

INTRODUÇÃO À ECONOMIA SOLIDÁRIA   119

pesquisa industrial, à cuja testa foi colocado Quevedo. Em 1977, ela se instalou no novo prédio.

A assembleia de Ikerlan é formada em 40% pelo *staff*, 30% pelas cooperativas associadas e os 30% restantes pela Caja e pela Escola, hoje Universidade de Mondragón. Em 1999, Ikerlan tinha 149 pesquisadores e técnicos, além de 39 bolsistas, que trabalhavam em dois centros: Mondragón, de mecatrônica, e Mifiano, de energia. Muitos desses bolsistas acabam por se incorporar ao *staff* de Ikerlan. Outra cooperativa de pesquisa é Ideko, dedicada a máquinas-ferramenta e a tecnologias de internet.

A Universidade de Mondragón tinha 3.715 alunos em 2001, 8,3% acima dos 3.430 de 2000. É relativamente nova, tendo começado em 1998. Seus cursos giram em torno das engenharias e das humanidades de interesse empresarial. Junto a ela funciona o Centro de Predição Econômica (Ceprede), associada ao Lawrence Klein, prestigiado centro estadunidense, que tem como associados, além de Mondragón, as principais empresas espanholas.

Parece não haver dúvida de que a elevada competitividade das empresas do agrupamento de Mondragón deve ser atribuída, em parte, ao grande investimento feito em educação e pesquisa desde antes de sua criação. Mas esse investimento também contribuiu para evitar que o caráter solidário da economia de Mondragón degenerasse, apesar da inegável melhoria do nível de renda e de consumo dos que pertencem ao agrupamento. É que a elite gerencial do agrupamento se compõe majoritariamente dos egressos da escola técnica, muitos tendo sido discípulos diretos de Arizmendi. Eles foram formados na adesão aos valores da economia solidária e treinados em autogestão.

Graças a isso, é possível dizer que, em Mondragón e em grande parte do País Basco, a cultura do cooperativismo é hegemônica, o que foi observado por Sharryn Kasmir:

> O complexo de vidro e aço da Caja Laboral se encontra numa elevação que domina a cidade. A cadeia de cooperativas de consumo Erkosi [...] atrai compradores de Mondragón e de cidades vizinhas. Cooperativas da Erkosi menores pontuam as vizinhanças. A Escola Politécnica e Profissional ocupa uma área de dois quarteirões diretamente abaixo do banco e centros cooperativos de língua oferecem cursos de inglês e bas-

co. A clínica que foi construída originalmente como um centro médico privado pelas cooperativas (cooperadores não participam do sistema nacional de saúde) é agora o hospital público da cidade. Da educação às compras, as cooperativas prevalecem na vida cotidiana.[60]

Hoje a Mondragón Corporación Cooperativa (MCC) está em franca expansão. Ela tem 53.377 postos de trabalho, com um crescente ritmo de expansão nos últimos anos: 1997 – 34.397; 1998 – 42.129; 1999 – 46.861 e 2000 – 53.377. Nestes últimos quatro anos, o nível de ocupação de Mondragón cresceu 55%. Ela é o mais completo exemplo de uma economia solidária que não é intersticial, mas possuidora de sua própria dinâmica. Ao contrário das cooperativas de produção na França, na Grã-Bretanha e também no Brasil, que surgem majoritariamente da quebra de empresas capitalistas, o agrupamento cooperativo de Mondragón surge de um processo autônomo de acumulação, que se inicia na comunidade católica de Mondragón e passa a se alimentar das sobras reinvestidas pelas cooperativas e do financiamento pela Caja Laboral Popular, a qual torna o cooperativismo dessa região da Espanha efetivamente independente da intermediação financeira capitalista.

Os dados disponíveis indicam que a MCC está em constante processo de transformação e que a prática autogestionária se encontra sob pressões que se originam do gigantismo e do burocratismo, que se manifestam cada vez mais no funcionamento do grupo. Não obstante, a cultura da economia solidária persiste e possivelmente se enriquece em Mondragón, que se tornou paradigma para cooperadores e estudiosos do mundo inteiro. O exemplo de Mondragón vem inspirando outras iniciativas em outras partes da Espanha e nos Estados Unidos.

---

60 Kasmir, *The Myth of Mondragón: Cooperatives, Politics and Working-Class Life in a Basque Town*, p.63. Para Sharryn Kasmir, a hegemonia cooperativa em Mondragón é o resultado do domínio da classe média sobre os trabalhadores. Ela é crítica do cooperativismo de Mondragón, como o título de seu livro deixa claro. Por isso mesmo, o seu testemunho da hegemonia alcançada pelo agrupamento cooperativo na região é precioso. Em minha opinião, as críticas de Kasmir são criteriosas e discutíveis, sempre baseadas em dados e depoimentos colhidos *in loco*. Não compartilho de sua avaliação global do papel do cooperativismo.

8. Clubes de troca

Os clubes de troca são uma inovação recente na economia solidária. Eles foram inventados mais ou menos ao mesmo tempo no Canadá, na ilha de Vancouver, e na Argentina, em Bernal, em meados da década de 1980. São, em ambos os casos, respostas ao desemprego e à queda da atividade econômica provocada por recessões. Os clubes de troca reúnem pessoas desocupadas que têm possibilidades de oferecer bens ou serviços à venda e precisariam comprar outros bens e serviços, mas não podem fazê-lo porque para poder comprar têm antes de vender e no seu meio não há quem tenha dinheiro para comprar sem ter vendido antes. Em outras palavras, a falta de dinheiro inibe a divisão social do trabalho. Essas situações são muito comuns em localidades atingidas por grande perda de empregos.

O clube de troca resolve o impasse pela criação de uma moeda própria, que recebe um nome que em geral exprime a ideologia do clube: *green dollar*, real solidário, hora de trabalho etc. O clube escolhe democraticamente – um voto por cabeça –, determina a taxa de câmbio de sua moeda com a do país, o valor total da emissão de sua moeda e sua repartição por igual entre todos os membros. Com essa moeda local, os membros do clube começam a comprar bens e serviços uns dos outros. Para facilitar o intercâmbio, os clubes promovem reuniões e feiras de troca periodicamente, em que cada membro se apresenta aos demais, descreve o que tem para vender e o que precisa comprar. Ao fim das apresentações, os membros se encontram e efetuam as trocas, usando a moeda do clube como meio de pagamento. Também se recorre a jornais impressos e eletrônicos para divulgar as ofertas e as demandas entre os membros.

O clube de troca gera assim um mercado que só havia anteriormente em potencial. Economicamente, há vantagens para todos: os que estavam parados passam a trabalhar e a ganhar, os que estavam carentes satisfazem necessidades. Há, além destas, vantagens culturais que todas as formas de economia solidária proporcionam. Pessoas há tempo sem trabalho se isolam socialmente, entram em crise familiar e pessoal. O clube de troca favorece novos contatos, o início de novas amizades, traz oportunidades de trocas não econômicas de afetos, favores, gentilezas. Em sua dinâmica, o clube atrai novos membros e permite que vários se associem em outros empreendimentos solidários, tais como cooperativas de produção, de crédito, de compras e vendas.

Todas as transações do clube de troca são registradas por sua direção e são divulgadas aos membros periodicamente, o que dá total transparência à vida do clube. Pessoas desejosas de comprar serviços de alta responsabilidade, como cuidar de bebês ou de pessoas doentes, podem se informar com outros membros que já os adquiriram quanto aos diferentes provedores. A direção do clube pode detectar membros que só compram mas não vendem, ou vice-versa, o que lhe permite intervir para abrir esses pontos de estrangulamento da circulação do dinheiro do clube. Ela pode, por exemplo, comprar dos que nada vendem serviços para o próprio clube ou sugerir a eles que passem a oferecer bens ou serviços que têm mais demanda. Quando o clube cresce e se torna economicamente significativo, comerciantes das imediações tendem a se associar, aceitando a moeda do clube e usando-a para assalariar eventualmente membros desocupados. Desse modo, cresce o nível de ocupação e se enriquece a vida comunitária.

Há hoje clubes de troca na América do Norte, na Europa ocidental, na Oceania (nos países de língua inglesa são chamados de Local Exchange Trade System (Lets – Sistema Local de Intercâmbio) e na América Latina, em particular na Argentina, onde eles atingiram dimensões inéditas. Calcula-se que mais de meio milhão de argentinos estão em clubes de troca, que se organizaram em rede, dentro da qual circulam as moedas dos clubes, uns aceitando a moeda dos outros. A grande expansão dos clubes de troca na Argentina se explica pela peculiaridade do sistema monetário do país, que só permite a emissão de pesos (a moeda oficial) se houver a entrada no país de dólares. Como estes se tornaram arredios, a Argentina está em recessão desde 1998, com sua economia literalmente estrangulada pela falta de meios de pagamento. Num ambiente como este, o papel econômico dos clubes de troca se torna crucial, pois suas moedas locais suprem a falta da oficial.

IV

Presente e futuro

1. A reinvenção da economia solidária no fim do século XX

À medida que o movimento operário foi conquistando direitos para os assalariados, a situação destes foi melhorando: menos horas de trabalho, salários reais mais elevados, seguridade social mais abrangente e de acesso universal, ou quase, tornaram-se realidade nos países desenvolvidos. Mesmo em países semi-industrializados, como o Brasil, os direitos obtidos pelos sindicatos deram a muitos assalariados formais (com carteira de trabalho assinada) um padrão de vida de classe média.

Esse avanço se acentuou e generalizou após a Segunda Guerra Mundial e debilitou a crítica à alienação que o assalariamento impõe ao trabalhador. Em vez de lutar contra o assalariamento e procurar uma alternativa emancipatória ao mesmo, o movimento operário passou a defender os direitos conquistados e sua ampliação. Os sindicatos tornaram-se organizações poderosas, cuja missão passou a ser a defesa dos interesses dos assalariados, dos quais o mais crucial é conservar o emprego. Por meio do emprego, os trabalhadores alcançam uma espécie de cidadania "social", que compensaria a posição subordinada e alienada que ocupam na produção.

Essa mudança foi sem dúvida uma das causas do crescente desinteresse pela economia solidária e pela tolerância com a introdução do assalariamento nas cooperativas e da "profissionalização" de suas gerências. Em termos quantitativos, o movimento cooperativista nunca deixou de se expandir em plano mundial, mas qualitativamente é provável que a sua degeneração tenha se acentuado. Surgiu uma classe operária que se acostumou ao pleno emprego (que vigorou nos países centrais entre as décadas de 1940 e 1970) e se acomodou no assalariamento.

Tudo isso mudou radicalmente a partir da segunda metade dos anos 1970, quando o desemprego em massa começou o seu retorno. Nas décadas seguintes, grande parte da produção industrial mundial foi transferida para países em que as conquistas do movimento operário nunca se realizaram. O que provocou a desindustrialização dos países centrais e mesmo de países semidesenvolvidos como o Brasil, eliminando muitos milhões de postos de trabalho formal. Ter um emprego em que seja possível gozar os direitos legais e fazer carreira passou a ser privilégio de uma minoria. Os sindicatos se debilitaram pela perda de grande parte de sua base social e consequentemente de sua capacidade de ampliar os direitos dos assalariados. Na realidade, pela pressão do desemprego em massa, a situação dos trabalhadores que continuaram empregados também piorou: muitos foram obrigados a aceitar a "flexibilização" de seus direitos e a redução de salários diretos e indiretos. Sobretudo a instabilidade no emprego se agravou, e a competição entre os trabalhadores dentro das empresas para escapar da demissão deve ter se intensificado.

Como resultado, ressurgiu com força cada vez maior a economia solidária na maioria dos países. Na realidade, ela foi reinventada. Há indícios da criação em número cada vez maior de novas cooperativas e formas análogas de produção associada em muitos países. *O que distingue esse "novo cooperativismo" é a volta aos princípios, o grande valor atribuído à democracia e à igualdade dentro dos empreendimentos*, a insistência na autogestão e o repúdio ao assalariamento. Essa mudança

INTRODUÇÃO À ECONOMIA SOLIDÁRIA 125

está em sintonia com outras transformações contextuais que atingiram de forma profunda os movimentos políticos de esquerda.

A primeira dessas transformações foi a crise dos Estados do "socialismo realmente existente" da Europa oriental, que estourou em 1985, com a Perestroika e a Glasnost na União Soviética, e culminou em 1991 com a sua dissolução. Até mesmo a Iugoslávia, que desenvolveu um modo de produção com traços de economia solidária, teve o mesmo destino. Subitamente ficou claro para milhões de socialistas e comunistas de todo o mundo que o planejamento central da economia do país, imposto por uma "pseudoditadura do proletariado", não constrói uma sociedade que tenha qualquer semelhança com o que sempre se entendeu que fosse socialismo ou comunismo. Essa nova consciência levou indubitavelmente muitos a se reconciliar com o capitalismo, mas muitos outros sentem-se desafiados a buscar um novo modelo de sociedade que supere o capitalismo, em termos de igualdade, liberdade e segurança para todos os cidadãos.

A outra transformação contextual foi o semifracasso dos governos e partidos social-democratas, principalmente na Europa, mas também, *mutatis mutandi*, na América Latina. Mesmo vencendo eleições e exercendo o poder governamental, os sociais-democratas não conseguiram muito mais do que atenuar os excessos do neoliberalismo e preservar mal as instituições básicas do Estado de bem-estar social. Não tentaram reverter a privatização dos serviços públicos nem a desregulamentação das finanças mundiais, submetendo as economias nacionais, sobretudo na periferia, aos ditames do grande capital financeiro global.

As duas transformações subverteram a concepção (até então amplamente dominante) de que o caminho da emancipação passa necessariamente pela tomada do poder de Estado. O foco dos movimentos emancipatórios voltou-se então cada vez mais para a sociedade civil: multiplicaram-se as organizações não governamentais (ONGs) e movimentos de libertação cuja atuação visa preservar o meio ambiente natural, a biodiversidade, o resgate da dignidade humana de grupos oprimidos e discriminados (de que o zapatismo mexicano talvez seja o paradigma) e a promoção de comunidades que por sua própria iniciativa e empenho melhoram suas condições de vida, renovam suas tradições culturais etc.

É nesse contexto que se verifica a reinvenção da economia solidária. O programa da economia solidária se fundamenta na tese de que as contradições do capitalismo criam oportunidades de desenvolvimento de organizações econômicas cuja lógica é oposta à do modo de produção dominante. O avanço da economia solidária não prescinde inteiramente do apoio do Estado e do fundo público, sobretudo para o resgate de comunidades miseráveis, destituídas do mínimo de recursos que permita encetar algum processo de autoemancipação. Mas, para uma ampla faixa da população, construir uma economia solidária depende primordialmente dela mesma, de sua disposição de aprender e experimentar, de sua adesão aos princípios da solidariedade, da igualdade e da democracia e de sua disposição de seguir esses princípios na vida cotidiana.

Cumpre observar, no entanto, que a reinvenção da economia solidária não se deve apenas aos próprios desempregados e marginalizados. Ela é obra também de inúmeras entidades ligadas, ao menos no Brasil, principalmente à Igreja católica e a outras igrejas, a sindicatos e a universidades. São entidades de apoio à economia solidária que difundem entre trabalhadores sem trabalho e microprodutores sem clientes os princípios do cooperativismo e o conhecimento básico necessário à criação de empreendimentos solidários. Além disso, essas entidades de apoio treinam os cooperadores em autogestão e acompanham as novas empresas dando-lhes assistência tanto na realização de negócios como na construção do relacionamento interno da cooperativa.

2. Perspectivas da economia solidária

A reinvenção da economia solidária é tão recente que se torna arriscado projetar a sua tendência de crescimento acelerado para o futuro. Em grande medida, as empresas solidárias são resultados diretos da falência de firmas capitalistas, da subutilização do solo por latifúndios (o que permite, no Brasil, exigir sua expropriação para

INTRODUÇÃO À ECONOMIA SOLIDÁRIA   127

fins de reforma agrária) e do desemprego em massa. Pode-se projetar a vasta crise do trabalho que atingiu a maioria dos países nos anos 1980 e 1990 do século XX para as próximas décadas?

É preciso considerar que a abertura de mercados ao comércio e o deslocamento de empresas para países de trabalho barato são mudanças estruturais que tendem a se esgotar no tempo. Provavelmente, nos próximos decênios, o deslocamento de postos de trabalho industriais e de serviços do centro da economia mundial para a periferia perderá intensidade. Muito vai depender também do ritmo de crescimento das economias nacionais, estimuladas por novos padrões de consumo que decorrem dos efeitos não só da revolução microeletrônica, mas também da genômica e de outras frentes da biotecnologia. E da capacidade das potências dominantes de manter alguma ordem no mercado financeiro global, para evitar que crises financeiras localizadas (que são quase ininterruptas, variando apenas de lugar a cada período) se transformem em crises globais.

Isso significa que, se a economia solidária for apenas uma resposta às contradições do capitalismo no campo econômico, seu crescimento poderá se desacelerar no futuro e, pior, ela não passará de uma forma complementar da economia capitalista, cuja existência será funcional para preservar fatores de produção – trabalho, terra, equipamentos e instalações – que, se ficassem sem utilização, estariam sujeitos a se deteriorar. Em suma, a economia solidária só teria perspectivas de desenvolvimento se a economia capitalista mergulhasse numa depressão longa e profunda (como a da década de 1930, por exemplo) ou se a hegemonia da burguesia rentista mantivesse a economia da maioria dos países crescendo sempre menos que a elevação da produtividade do trabalho.

Há, no entanto, uma outra alternativa. A economia solidária é ou poderá ser *mais do que mera resposta* à incapacidade do capitalismo de integrar em sua economia todos os membros da sociedade desejosos e necessitados de trabalhar. Ela poderá ser o que em seus primórdios foi concebida para ser: *uma alternativa superior ao capitalismo*. Superior não em termos econômicos estritos, ou seja, que as empresas solidárias regularmente superariam suas congêneres capitalistas, oferecendo aos mercados produtos ou serviços melhores em termos de preço e/ou qualidade. A economia solidária foi concebida para ser uma alternativa superior por proporcionar às pessoas que a adotam, enquanto produtoras, poupadoras, consumidoras etc., uma *vida melhor*.

Vida melhor não apenas no sentido de que possam consumir mais com menor dispêndio de esforço produtivo, mas também melhor no relacionamento com familiares, amigos, vizinhos, colegas de trabalho, colegas de estudo etc.; na liberdade de cada um de escolher o trabalho que lhe dá mais satisfação; no direito à autonomia na atividade produtiva, de não ter de se submeter a ordens alheias, de participar plenamente das decisões que o afetam; na segurança de cada um saber que sua comunidade jamais o deixará desamparado ou abandonado. A grande aspiração que, desde os seus primórdios, sempre animou a economia solidária tem sido superar as tensões e angústias que a competição de todos contra todos acarreta naqueles que se encontram mergulhados na lógica da "usina satânica", tão bem analisada por Karl Polanyi.

A economia solidária foi concebida pelos "utópicos" como uma nova sociedade que unisse a forma industrial de produção com a organização comunitária da vida social.

> Embora tenha sido a fonte do socialismo moderno, suas propostas não se baseavam na questão da propriedade, que é apenas o aspecto legal do capitalismo. Ao enfocar o novo fenômeno da indústria, como o fez Saint-Simon, reconheceu o desafio da máquina. Porém, o traço característico do owenismo era sua insistência no enfoque *social*: negava-se a aceitar a divisão da sociedade em uma esfera econômica e uma esfera política e por essa razão rechaçava a ação política. A aceitação de uma esfera econômica separada teria implicado o reconhecimento do princípio do ganho e do lucro como força organizadora da sociedade. Owen negou-se a fazê-lo. Seu gênio reconheceu que a incorporação da máquina só seria possível numa nova sociedade. [...] New Lanark havia lhe ensinado que, na vida de um trabalhador, os salários são somente um de muitos fatores, tais como o ambiente natural e doméstico, a qualidade e o preço dos bens, a estabilidade do emprego e a segurança de sua posição. [...] Mas o ajuste incluía muito mais do que isso. A educação de meninos e adultos,

a provisão de entretenimento, dança e música e o pressuposto geral de elevadas normas morais e pessoais para velhos e jovens criavam a atmosfera em que a nova posição era alcançada pela população industrial em conjunto.[1]

Trata-se de uma concepção de socialismo que dominou a infância e a adolescência do movimento operário europeu e que nunca desapareceu inteiramente, mas foi ofuscada pela perspectiva da "tomada do poder", seja pelo voto, após a conquista do sufrágio universal, seja pela força, após a longa série de revoluções armadas vitoriosas, inaugurada pelo Outubro soviético. É a concepção de que é possível criar um novo ser humano a partir de um meio social em que cooperação e solidariedade não apenas serão possíveis entre todos os seus membros, mas serão formas *racionais* de comportamento em função de regras de convívio que produzem e reproduzem a igualdade de direitos e de poder de decisão e a partilha geral de perdas e ganhos da comunidade entre todos os seus membros.

A questão que se coloca naturalmente é como a economia solidária pode se transformar de um modo de produção *interstcial*, inserido no capitalismo em função dos vácuos deixados pelo mesmo, numa forma *geral* de organizar a economia e a sociedade, que supere sua divisão em classes antagônicas e o jogo de gato e rato da competição universal. O que implica que os empreendimentos solidários, que hoje se encontram dispersos territorial e setorialmente, cada um competindo sozinho nos mercados em que vende e nos que compra, teriam que se agregar num todo economicamente consistente, capaz de oferecer a todos os que a desejassem a oportunidade de trabalhar e viver cooperativamente.

A economia solidária teria que gerar sua própria dinâmica em vez de depender das contradições do modo dominante de produção para lhe abrir caminho. Não se pode excluir a possibilidade de que o capitalismo passe nas próximas décadas por uma fase de alta, com ganhos de consumo, produção e produtividade análogos aos dos

---

1 Polanyi, *La gran transformación: las orígenes políticas y económicas de nuestro tiempo*, p.174.

trinta *anos dourados* do pós-Segunda Guerra Mundial. Nessa hipótese, o desemprego diminuiria, assim como a quantidade de empresas falidas e a massa dos socialmente excluídos. Essas fontes de crescimento da economia solidária sofreriam forte contração. Em compensação, as empresas solidárias já formadas teriam importantes estímulos de mercado para se expandir e diversificar, para não só crescer em tamanho, mas se multiplicar, seja por subdivisão das cooperativas em expansão, seja pelo apoio das mesmas à criação de novas empresas solidárias. A partir de 1956, durante os *anos dourados*, o Complexo Cooperativo de Mondragón praticou todas essas modalidades de expansão.

A trajetória de Mondragón é uma clara demonstração de que isso poderá ser novamente possível, em qualquer país em que a economia solidária tenha se difundido. Seria imprescindível erguer um sistema de crédito cooperativo que desse suporte financeiro a esse crescimento e ao mesmo tempo incubasse os novos empreendimentos (como a Caja Laboral Popular de Mondragón tem feito sistematicamente). Outro pré-requisito seria construir um sistema de geração e difusão de conhecimento, para dar formação técnica e ideológica aos futuros integrantes da economia solidária.

Essa via de crescimento da economia solidária pode desembocar em duas formas muito distintas de relacionamento com a economia inclusiva, dominada pelo capital. Uma dessas formas seria o *isolamento*: a economia solidária tenderia a constituir um todo autossuficiente, protegido da competição das empresas capitalistas por uma demanda ideologicamente motivada – o chamado *consumo solidário*, que dá preferência a bens e serviços produzidos por empreendimentos solidários. Já existe um movimento nesse sentido, promotor do comércio "justo" (*fair trade*) que procura convencer o público de que deve comprar não em função do seu proveito individual (a melhor mercadoria em termos de preço e qualidade), mas em função do modo como bens e serviços são produzidos.

Euclides Mance escreve:

> Consumir um produto que possui as mesmas qualidades que os similares – sendo ou não um pouco mais caro – ou um produto que tenha

INTRODUÇÃO À ECONOMIA SOLIDÁRIA   131

uma qualidade um pouco inferior aos similares – embora seja também
um pouco mais barato – com a finalidade indireta de *promover o bem-
-viver da coletividade* (manter empregos, reduzir jornadas de trabalho,
preservar ecossistemas, garantir serviços públicos não estatais etc.) é o
que denominamos aqui como *consumo solidário*.[2]

A partir dessa fundamentação, Mance abre a perspectiva da constituição de uma sociedade pós-capitalista:

[...] os excluídos, isoladamente, não têm como competir com o capital.
O fator preponderante até agora na permanência ativa dessas novas
unidades produtivas, precárias e de pequenas proporções, é o consumo
solidário que elas agenciam. Contudo, quando um movimento de redes
integrar a todas, e elas se conectarem em cadeias produtivas, consumindo e produzindo prioritariamente para ampliar a própria rede, que se
expande multiplicando-se em novas células, então um novo movimento
de geração de riquezas se desenvolverá progressivamente, em razão da
incorporação ao processo produtivo dos trabalhadores atualmente excluídos. A qualificação da produção e o aumento da produtividade per-
mitirão uma progressiva redução da jornada laboral. E uma nova sociedade pós-capitalista estará surgindo, centrada não somente no consumo
solidário, mas no consumo em razão do bem-viver.[3]

Pela descrição do consumo solidário de Mance, fica claro que este
oferece uma margem limitada de proteção às mercadorias produzidas pelos excluídos, pois para poderem ser vendidas elas podem ser
apenas "um pouco" mais caras ou "um pouco" inferiores em qualidade. É fácil perceber que, se a distância entre preço e qualidade da
produção capitalista e da produção solidária for mais do que "um
pouco", a quantidade de mercadorias compradas solidariamente cai
rapidamente, pois apenas um punhado de consumidores solidários
ricos e caridosos se disporia a adquiri-las.

---

2 Mance, *A revolução das redes: a colaboração solidária como alternativa pós-capitalista
   à globalização atual*, p.30.
3 Ibid., p.32.

Além disso, se a maioria dos que praticam consumo solidário for constituída pelos próprios trabalhadores das cooperativas autogeridas, o seu limitado poder aquisitivo impede que o consumo solidário seja mais do que uma fração irrisória do consumo total. O que implica que *os empreendimentos solidários precisariam vender o grosso de suas mercadorias a consumidores que não vão lhes dar preferência por solidariedade.* Eles seriam, pois, obrigados a competir diretamente com firmas capitalistas, em termos de preço e qualidade.

Sem dúvida há um esforço militante por parte de paróquias e dioceses da Igreja para promover o consumo solidário por parte dos fiéis, mas os resultados são medíocres, a julgar pelo fato de que a maioria das unidades solidárias de produção, que dependem do mercado solidário, se mostra incapaz de crescer e de elevar sua produtividade ao patamar da produtividade média das empresas capitalistas. Daí se segue o principal argumento contra a proposta de consumo solidário: ao proteger pequenas unidades solidárias de produção, *o consumo solidário lhes poupa a necessidade de se atualizar tecnicamente, levando-as a se acomodar numa situação de inferioridade, em que ficam vegetando.*

A proposta de isolar a economia solidária do seu entorno capitalista só adquiriria efetividade, no sentido de propiciar o surgimento de uma sociedade pós-capitalista, se as unidades produtivas e as comunidades de compras solidárias se integrassem em rede e desenvolvessem padrões de consumo consideravelmente diferentes dos prevalecentes na economia capitalista. Prenúncio de algo assim poderia ser a recusa das comunidades, que se opõem ao capitalismo, de consumir produtos transgênicos e de sua preferência por alimentos provenientes da agricultura orgânica. O estilo de vida de tais comunidades favorece o consumo de produtos artesanais e *étnicos* e o uso de serviços que não produzem emissões de gases que possam agravar o efeito estufa. Não obstante, essa diferenciação do consumo é restrita demais para constituir um padrão distinto do capitalista. Os membros dessas comunidades participam das modalidades de consumo habituais, exceto as mencionadas.

Se a grande maioria do público se mantiver nos padrões de consumo desenvolvidos sob a égide do grande capital, como até agora

INTRODUÇÃO À ECONOMIA SOLIDÁRIA 133

tem feito, os empreendimentos solidários terão de se tornar realmente competitivos. E mesmo se determinados produtos *alternativos* acabarem se tornando objeto de consumo de massa (como os *blue-jeans* nos anos 1960, por exemplo), nada impedirá o surgimento de empresas capitalistas que os produzirão com máxima produtividade e os venderão a preços mínimos, para tomar o mercado das cooperativas e das unidades familiares de produção.

Então a forma mais provável de crescimento da economia solidária será continuar integrando mercados em que compete tanto com empresas capitalistas como com outros modos de produção, do próprio país e de outros países. O consumo solidário poderá ser um fator de sustentação de algumas empresas solidárias, do mesmo modo como o são os clubes de troca. Mas a economia solidária só se tornará uma alternativa superior ao capitalismo quando ela puder oferecer a parcelas crescentes de toda a população oportunidades concretas de autossustento, *usufruindo o mesmo bem-estar médio que o emprego assalariado proporciona*. Em outras palavras, para que a economia solidária se transforme de paliativo dos males do capitalismo em competidor do mesmo, ela terá de alcançar níveis de eficiência na produção e distribuição de mercadorias comparáveis aos da economia capitalista e de outros modos de produção, mediante o apoio de serviços financeiro e científico-tecnológico solidários.

Atualmente, a maioria dos empreendimentos solidários é de caráter intersticial. Surgiram como respostas a crises nas empresas, ao desemprego e à exclusão social. Mas, em determinadas regiões, a economia solidária atingiu densidade tal que domina a vida econômica e pauta a sua expansão. Mondragón é o exemplo mais acabado, mas no mesmo contexto cabe citar Emília-Romanha na Itália, Québec no Canadá, Grande Buenos Aires na Argentina (em que prevalecem clubes de troca), o Grameen Bank em Bangladesh e, quem sabe, nos próximos anos a região de Catende, no sul da Zona da Mata pernambucana, onde a maior agroindústria açucareira da América Latina se encontra em autogestão desde 1995.

No Brasil, a reinvenção da economia solidária é recente, mas apresenta grande vigor e notável criatividade institucional. São invenções brasileiras a Associação Nacional de Trabalhadores de Empresas de Autogestão e de Participação Acionária (Anteag), que já orientou a conversão de centenas de empresas em crise em cooperativas, e as incubadoras tecnológicas de cooperativas populares (ITCPs) inseridas em universidades, das quais treze formam uma rede e outras tantas desenvolvem atividades análogas ligadas à Fundação Unitrabalho, integrada por mais de oitenta universidades de todo o país. As incubadoras organizam comunidades periféricas em cooperativas mediante a incubação, um complexo processo de formação pelo qual as práticas tradicionais de solidariedade se transformam em instrumentos de emancipação.

Economia Solidária no Brasil

O cooperativismo chegou ao Brasil no começo do século XX, trazido pelos emigrantes europeus. Tomou principalmente a forma de cooperativas de consumo nas cidades e de cooperativas agrícolas no campo. As cooperativas de consumo eram em geral por empresa e serviam para proteger os trabalhadores dos rigores da carestia. Nas décadas mais recentes, as grandes redes de hipermercados conquistaram os mercados e provocaram o fechamento da maioria das cooperativas de consumo. As cooperativas agrícolas se expandiram e algumas se transformaram em grandes empreendimentos agroindustriais e comerciais. Mas nenhuma dessas cooperativas era ou é autogestionária. Sua direção e as pessoas que as operam são assalariadas, tanto nas cooperativas de consumo como nas de compras e vendas agrícolas. Por isso não se pode considerá-las parte da economia solidária.

Com a crise social das décadas perdidas de 1980 e de 1990, em que o país se desindustrializou, milhões de postos de trabalho foram perdidos, acarretando desemprego em massa e acentuada exclusão social, a economia solidária reviveu no Brasil. Ela assumiu em geral a forma de cooperativa ou associação produtiva, sob diferentes modalidades, mas sempre autogestionárias, de que trataremos resumidamente a seguir.

INTRODUÇÃO À ECONOMIA SOLIDÁRIA   135

Ainda nos anos 1980, a Cáritas, entidade ligada à Conferência Nacional dos Bispos do Brasil (CNBB), financiou milhares de pequenos projetos denominados projetos alternativos comunitários (PACs). Uma boa parte dos Pacs destinava-se a gerar trabalho e renda de forma associada para moradores das periferias pobres de nossas metrópoles e da zona rural das diferentes regiões do país. Uma boa parte dos PACs acabou se transformando em unidades de economia solidária, alguns dependentes ainda da ajuda caritativa das comunidades de fiéis, outros conseguindo se consolidar economicamente mediante a venda de sua produção no mercado. Há PACs em assentamentos de reforma agrária liderados pelo Movimento dos Trabalhadores Rurais Sem Terra (MST), confluindo com o cooperativismo agrícola criado pelos trabalhadores sem terra.

Outra modalidade foi a tomada de empresas, falidas ou em via de falir, pelos seus trabalhadores, que as ressuscitam como cooperativas autogestionárias. Foi uma forma encontrada pelos trabalhadores de se defender da hecatombe industrial, preservando os seus postos de trabalho e se transformando em seus próprios patrões. Após casos isolados na década de 1980, o movimento começou em 1991 com a falência da empresa calçadista Makerli, de Franca (SP), que deu lugar à criação da Associação Nacional dos Trabalhadores em Empresas de Autogestão e Participação Acionária (Anteag), à qual estão hoje filiadas mais de uma centena de cooperativas. A mesma atividade de fomento e apoio à transformação de empresas em crise em cooperativas de seus trabalhadores é desenvolvida pela União e Solidariedade das Cooperativas do Estado de São Paulo (Unisol).

O MST conseguiu assentar centenas de milhares de famílias em terras desapropriadas de latifúndios improdutivos. O movimento decidiu que promoveria a agricultura sob a forma de cooperativas autogestionárias, dando lugar a outra modalidade de economia solidária no Brasil. Para realizar isso, "criou em 1989 e 1990 o Sistema Cooperativista dos Assentados (SCA). Passados dez anos de sua organização, o SCA conta com 86 cooperativas distribuídas em diversos estados brasileiros, divididas em três formas principais em primeiro nível: Cooperativas de Produção Agropecuária, Cooperativas de Prestação de Serviços e Cooperativas de Crédito".[4]

Um outro componente da economia solidária no Brasil é formado pelas cooperativas e grupos de produção associada, incubados por entidades universitárias, que se denominam incubadoras tecnológicas de cooperativas populares (ITCPs). As ITCPs são multidisciplinares, integradas por professores, alunos de graduação e pós-graduação e funcionários, pertencentes às mais diferentes áreas do saber. Elas atendem grupos comunitários que desejam trabalhar e produzir em conjunto, dando-lhes formação em cooperativismo e economia solidária e apoio técnico, logístico e jurídico para que possam viabilizar seus empreendimentos autogestionários.

Desde 1999, as ITCPs constituíram uma rede, que se reúne periodicamente para trocar experiências, aprimorar a metodologia de incubação e se posicionar dentro do movimento nacional de economia solidária. No mesmo ano, a rede se filiou à Fundação Unitrabalho, que reúne mais de oitenta universidades e presta serviços, nas mais diferentes áreas, ao movimento operário. A Unitrabalho desenvolve desde 1997 um programa de estudos e pesquisas sobre economia solidária. Um crescente número de núcleos da Unitrabalho em universidades acompanha e assiste às cooperativas, numa atividade que, sob muitos aspectos, se assemelha às das ITCPs.

Prefeituras de diversas cidades e alguns governos de estados têm contratado ITCPs, a Anteag, a Unisol, e outras entidades de fomento da economia solidária para capacitar beneficiados por programas de renda mínima, frentes de trabalho e outros programas congêneres. O objetivo é usar a assistência social como via de acesso para combater efetivamente a pobreza mediante a organização dos que o desejarem em formas variadas de produção associada, que lhes permita alcançar o autossustento mediante seu próprio esforço produtivo.

---

4 Ferreira, "A cooperação no MST: da luta pela terra à gestão coletiva dos meios de produção", em Singer; Souza (orgs.). *Economia solidária no Brasil: autogestão como resposta ao desemprego*.

A Central Única dos Trabalhadores (CUT), a maior central sindical brasileira, criou em 1999, em parceria com a Unitrabalho e o Departamento Intersindical de Estatísticas e Estudos Socioeconômicos (Dieese), a Agência de Desenvolvimento Solidário (ADS). A ADS vem difundindo conhecimentos sobre a economia solidária entre lideranças sindicais e militantes de entidades de fomento da economia solidária, por meio de cursos de pós-graduação em várias universidades, em parceria com a Unitrabalho. Uma de suas atividades prioritárias é a criação de cooperativas de crédito com o objetivo de estabelecer uma rede nacional de crédito solidário, em parceria com o Rabobank, importante banco cooperativo holandês.

Por ocasião do primeiro Fórum Social Mundial, realizado em Porto Alegre em 2001, foi lançada a Rede Brasileira de Socioeconomia Solidária, integrada por diversas entidades de fomento da economia solidária de todo o país. É uma rede eletrônica que enseja o intercâmbio de notícias e opiniões e está se transformando também em rede eletrônica de intercâmbio comercial entre cooperativas e associações produtivas e de consumidores.

Este quadro sintético da economia solidária no Brasil é incompleto, pois se restringe às informações disponíveis no momento (fevereiro de 2002). É muito provável que outras iniciativas de economia solidária estejam se desenvolvendo no vasto território de nosso país.

Referências bibliográficas

BENIGER, James R. *The Control Revolution*: Technological and Economic Origins of the Information Society. Cambridge, Mass.: Harvard University Press, 1986.

BIRCHALL, Johnston. *The International Co-Operative Movement*. Manchester: Manchester University Press, 1997.

COLE, G. D. H. *A Century of Co-Operation*. Manchester: Co-Operative Union Ltd., 1944.

CRAIG, John. *The Nature of Co-Operation*. Montréal: Black Rose Books, 1993.

DUVEAU, Georges. *1848*: The Making of a Revolution. Nova York: Vintage Books, [1965] 1967.

ENGELS, Friedrich. *Herrn Eugen Dührings Umwälzung der Wissenschaft.* Berlim: Dietz, 1955. (3.ed. publ. original. 1894.)

FERREIRA, Elenar. A cooperação no MST: da luta pela terra à gestão coletiva dos meios de produção. In: SINGER, Paul; SOUZA, André R. (orgs.). *Economia solidária no Brasil*: autogestão como resposta ao desemprego. São Paulo: Contexto, 2000.

GIDE, Charles. Introduction. In: FOURIER, Charles. *Design for Utopia*: Selected Writings of Charles Fourier. Nova York: Schocken Books, 1971.

KASMIR, Sharryn. *The Myth of Mondragón*: Cooperatives, Politics and Working-Class Life in a Basque Town. Nova York: State University of New York Press, 1996.

MANCE, Euclides. *A revolução das redes*: a colaboração solidária como alternativa pós-capitalista à globalização atual. Petrópolis: Vozes, 2000.

MILL, John Stuart. *Capítulos sobre o socialismo.* São Paulo: Fundação Perseu Abramo, 2001.

MOODY, J. Carrol; FITE, Gilbert C. *The Credit Union Movement*: Origins and Development 1850-1970. Lincoln: University of Nebraska Press, 1971.

OWEN, Robert. Book of the New Moral World. In: MILL, John Stuart. *Capítulos sobre o socialismo.* São Paulo: Fundação Perseu Abramo, 2001.

POLANYI, Karl. *La gran transformación*: las orígenes políticas y económicas de nuestro tiempo. México: Fondo de Cultura, [1944] 1992.

RAWLS, John. *A Theory of Justice.* Cambridge, Mass.: Harvard University Press, 1971. [Ed. bras.: *Uma teoria da justiça.* 3.ed. São Paulo: Martins Fontes, 2000.]

YUNUS, Muhammad. *Hacia un mundo sin pobreza.* Colab. Alan Jolis. Santiago de Chile: Andrés Bello, 1998. (publ. original. franc. 1997). [Ed. bras.: *O banqueiro dos pobres.* São Paulo: Ática, 2000.]

Ensaios sobre economia solidária

Desenvolvimento capitalista e desenvolvimento solidário[1]

l. Desenvolvimento econômico e científico

Entendemos por desenvolvimento solidário um processo de fomento de novas forças produtivas e de instauração de novas relações de produção, de modo a promover um processo sustentável de crescimento econômico, que preserve a natureza e redistribua os frutos do crescimento a favor dos que se encontram marginalizados da produção social e da fruição dos resultados da mesma.

Quanto às forças produtivas, o ponto de partida é o patamar de seu desenvolvimento na atualidade, quando o capitalismo está hegemônico. Esse patamar é ultrapassado a cada momento, tanto por revoluções tecnológicas em curso como pela disputa dos mercados por empresas privadas capitalistas e não capitalistas, conforme regras que tornam vencedores os que dispõem da melhor tecnologia. A presença de empreendimentos individuais, familiares, coletivos ou públicos sem fins lucrativos influi na direção do desenvolvimento,

---

1 Artigo originalmente publicado em *Estudos Avançados*, v.18, n.51, p.7-22, ago. 2004.

que, no entanto, é determinada predominantemente pela competição tecnológica entre empreendimentos que visam ao lucro.

O desenvolvimento almejado deve gradativamente tornar a relação de forças entre empreendimentos que não visam apenas nem principalmente aos lucros e os que o fazem, sendo mais favorável aos primeiros. Se e quando a economia solidária, formada por empreendimentos individuais e familiares associados e por empreendimentos autogestionários, for hegemônica, o sentido do progresso tecnológico será outro, pois deixará de ser produto da competição intercapitalista para visar à satisfação de necessidades consideradas prioritárias pela maioria.

Esse tema é atualizado na controvérsia ao redor dos transgênicos assim como no que diz respeito à agricultura orgânica *versus* aplicação das técnicas químicas etc., na produção vegetal e animal. O mesmo possivelmente se passa na dicotomia do desenvolvimento da educação a distância *versus* educação democrática, que se baseia na autoeducação coletiva de crianças e jovens. Em suma, o desenvolvimento solidário busca novas forças produtivas que respeitem a natureza e favoreçam valores como igualdade e autorrealização, sem ignorar ou rejeitar de antemão os avanços científicos e tecnológicos, mas submetendo-os ao crivo permanente dos valores ambientais, da inclusão social e da autogestão.

Essas controvérsias não se alimentam apenas da diversidade de valores, que está em sua origem, mas também de diferentes pontos de vista científicos, que talvez possam ser resolvidos pelas pesquisas em andamento. Seria simplificar demais imaginar que o desenvolvimento de novas forças produtivas – novos bens e serviços de consumo humano e novos processos de produção – esteja dividido de forma maniqueísta entre os que querem a sobrevivência da humanidade e os que não se importam com ela.

Os que lideram o desenvolvimento a partir do comando das grandes empresas e os que o fazem a partir empreendimentos solidários, organizações não governamentais (ONGs) e movimentos sociais, compartilham, em parte, os mesmos valores fundamentais. O que os divide são os interesses sociais a que servem, o que naturalmente influi na escolha das hipóteses em que apostam. As multinacionais

ENSAIOS SOBRE ECONOMIA SOLIDÁRIA 143

investem em pesquisa e desenvolvimento (P&D), estando condicionadas a apostar no carácter benéfico das tecnologias que poupam trabalho. Com isso, dão emprego a cientistas e valorizam as pesquisas em curso, cujas consequências, tanto no plano material como no ético, são questionadas por diversas ONGs e movimentos sociais. Como seria de se esperar, a comunidade científica, por sua maioria, tende a alinhar-se com as multinacionais, contra os críticos da P&D vigente.

Os empreendimentos solidários ou de pequeno porte tendem a adotar a defesa do meio ambiente e do bem-estar dos consumidores e a opor-se a tecnologias que podem ameaçar a biodiversidade, a saúde do consumidor e/ou a autonomia dos produtores associados e individuais. A produção de sementes geneticamente modificadas e estéreis, pela Monsanto, submete os agricultores à necessidade de, a cada safra, comprar aquelas sementes. Isso suscitou a formação de uma frente contra os transgênicos por entidades camponesas (que estão organizadas internacionalmente) e entidades ambientalistas.

A controvérsia não é tanto de valores como de crenças em hipóteses probabilísticas, que o progresso científico talvez venha a comprovar ou rejeitar. É de se esperar que, em algum momento, a opinião científica se unifique a favor de um lado ou de outro, como fez recentemente a favor da hipótese de que a contínua emissão de gases afeta o clima, que adquiriu o estatuto de teoria. Portanto, nesse momento, apoiar a aplicação do Acordo de Quioto é uma exigência do desenvolvimento sustentável. Em outro momento, porém, a marcha do conhecimento científico poderá declarar tecnologias controvertidas como aceitáveis.

Do ponto de vista social, uma questão que afeta o rumo do desenvolvimento diz respeito à competição *versus* cooperação, como motivação de comportamentos desejáveis. Existem linhas de pesquisa de economia experimental que mostram que, apesar de todo o estímulo à competição interindividual no capitalismo atual, a maioria das pessoas continua a valorizar a reciprocidade e a ajuda mútua. Mas é duvidoso que essa controvérsia venha a ser resolvida através do avanço científico. Ela está no cerne das grandes lutas políticas de nossa época e resulta do confronto de valores e visões de mundo.

O conceito de desenvolvimento aqui proposto é uma opção em termos de valores, mas sua concretização dependerá da evolução do conhecimento. Obviamente, é imperioso agir sem esperar que as dúvidas sobre nossas opções estejam todas resolvidas. Por isso, é imprescindível adotar hipóteses, frágeis em si mesmas, para definir os rumos por onde desejamos que a humanidade se desenvolva. Mas algumas dessas hipóteses poderão ser rejeitadas, em função de novos conhecimentos, exigindo a reformulação dos rumos do desenvolvimento solidário, sem que nossos valores sejam abalados.

2. *Desenvolvimento capitalista e desenvolvimento solidário*

Desenvolvimento capitalista é o desenvolvimento realizado sob a égide do grande capital e moldado pelos valores do livre funcionamento dos mercados, das virtudes da competição, do individualismo e do Estado mínimo. O desenvolvimento solidário é o desenvolvimento realizado por comunidades de pequenas firmas associadas ou de cooperativas de trabalhadores, federadas em complexos, guiado pelos valores da cooperação e ajuda mútua entre pessoas ou firmas, mesmo quando competem entre si nos mesmos mercados.

Desde a Primeira Revolução Industrial, o capitalismo esteve no comando do desenvolvimento, sem excluir, no entanto, formas alternativas de desenvolvimento que hoje surgem como solidárias. A título de exemplos históricos, podemos rememorar o desenvolvimento cooperativo ocorrido inicialmente na Grã-Bretanha, a partir do início do século XIX, e que se difundiu pelo mundo todo desde então. A chamada *economia social* nunca desapareceu, sendo formada hoje por entidades cooperativas de compras e vendas, de produção, de crédito, de seguros (conhecidas como *mutuárias*), de habitação e que representa o resultado de mais de um século de desenvolvimento solidário.

É muito difícil avaliar quantitativamente o que é a economia social hoje em dia, em qualquer país. Mas, para a Europa, houve um esforço nesse sentido que vale a pena resumir:

ENSAIOS SOBRE ECONOMIA SOLIDÁRIA 145

O único documento que fornece dados estatísticos europeus completos sobre o conjunto da economia social é o publicado pela Comissão Europeia [...]. Publicado em 1997, repousa sobre trabalhos de 1991, que foram completados por estudos em 1995. Havia, em 1990, 1.267.968 entidades de economia social, o maior número sendo, ninguém se espantará, o das associações (1.150.446); as cooperativas eram 103.738 e as mutuárias apenas 13.784. Mas percebe-se que o peso econômico se reparte de forma inversa, o indicador de atividade sendo de 1.253.476 milhões de *ecus* [corresponde hoje a euros] para as cooperativas, de 75.554 milhões de *ecus* para as mutuárias (mas o estudo sobre elas cobre apenas onze países) e de 143.631 milhões de *ecus* para as associações (fora o Luxemburgo e a Espanha), ou seja, um total de 1.476.662 milhões de *ecus* para toda a economia social.[2] [...] se agregam os dados sobre o número de membros das cooperativas, as mutuárias e as associações, chega-se precisamente a 248.314.876 membros, com 53.732.338 membros para as cooperativas, 94.612.538 para as mutuárias e 100 milhões de membros de associações.[3]

O mesmo autor oferece ainda a informação de que o conjunto dos componentes da economia social representa cerca de 6% a 6,5% das empresas privadas e de 4,5% a 5,3% do emprego na Europa (p.44). Poderia supor-se que todo o restante é o resultado do desenvolvimento capitalista, que corresponderia então a mais de 90% da economia europeia. Mas essa estimativa também seria exagerada, pois, ao lado da empresa capitalista, há também empresas que não o são, como as individuais e familiares, as estatais e empresas privadas sem fins de lucro. Embora não caiba dúvida de que tanto na Europa como nos outros continentes o desenvolvimento capitalista é amplamente majoritário e dominante, persistem sempre ao seu lado outros tipos de

---

2 Essa cifra por extenso é 1.476.662 milhões de euros. Só para efeito de comparação, o PIB brasileiro em 2002 foi de 450 bilhões de dólares, ao câmbio de agora, cerca de 360 bilhões de euros. O valor da atividade anual da economia social europeia seria mais de quatro vezes o valor da produção bruta do Brasil no ano passado. Obviamente, comparações à base do câmbio são sempre frágeis, mas, no caso, ela serve para mostrar que a economia social na Europa é significativa.

3 Jeantet, L'Économie sociale européenne ou la tentation de la démocratie en toutes choses, p.43, 440.

desenvolvimento, sendo significativo entre eles o desenvolvimento solidário.

Precisamos analisar as características do desenvolvimento capitalista, para contrastá-las com as do desenvolvimento solidário. O desenvolvimento capitalista baseia-se na propriedade privada do capital, da qual o grosso do povo trabalhador está excluído. Se não estivesse, não se sujeitaria, provavelmente, a trabalhar como assalariado e, pior ainda, a permanecer desempregado. O modo de produção capitalista divide a sociedade, em que predomina, em duas classes (além de outras) antagônicas: os proprietários do capital e os seus empregados. São os primeiros que mandam em suas empresas e, por isso, conduzem o desenvolvimento de acordo com os seus interesses. As decisões sobre o desenvolvimento capitalista sempre visam à maximização do retorno sobre o capital investido na atividade econômica. Como essas decisões afetam os trabalhadores, as outras empresas e os consumidores das mercadorias não são levados em consideração.

A mola que impulsiona o desenvolvimento capitalista é a concorrência entre os capitais privados pelo domínio dos mercados em que atuam. Nessa luta, a superioridade técnica é um dos elementos determinantes da competitividade. Por isso, as empresas capitalistas investem muito em P&D. Embora, ao fazerem isso, as empresas visem apenas ao lucro, elas acabam possibilitando um persistente avanço do conhecimento científico. Por consequência, o desenvolvimento, entendido como processo de fomento de novas forças produtivas, é cada vez mais intenso. Estamos, agora, no meio de nova Revolução Industrial, a terceira desde o século XVIII, e ela continua a ser impulsionada pelas empresas capitalistas, sobretudo as de grande porte, mas também (como veremos adiante) por complexos cooperativos e *clusters* de pequenas empresas.

O desenvolvimento capitalista, encarado de uma perspectiva histórica, produziu incessante melhoria do nível de vida não só dos capitalistas, mas de grande parte da classe trabalhadora. Isso ocorreu por causa da conquista dos direitos políticos pelos trabalhadores e sobretudo pelas mulheres, na verdade, por toda a população considerada adulta. A persistente queda da mortalidade geral e infantil é um indicador seguro dessa melhoria, que sem dúvida apresenta muitos outros aspectos, dos quais o "consumismo" é dos mais controvertidos. O que não nega o caráter progressista do desenvolvimento capitalista, apesar de seus efeitos deletérios sobre os explorados e ainda piores sobre os que não o são, por falta de emprego.

Uma característica essencial do desenvolvimento capitalista é que ele não é para todos. Os consumidores, de modo geral, beneficiam-se dele à medida que enseja a produção de novos bens e serviços que satisfazem suas necessidades (reais ou fictícias), além de baratear a maioria dos bens e serviços preexistentes, graças ao aumento da produtividade do trabalho. Mas o desenvolvimento capitalista é seletivo, tanto social como geograficamente. Parte dos trabalhadores perde suas qualificações e seus empregos, e muitos deles são lançados à miséria. Além disso, o desenvolvimento se dá em certos países e não em outros, e, dentro dos países, em certas áreas e não em outras. Os moradores das áreas que se desenvolvem são beneficiados, os que moram nas demais são prejudicados.

Leon Trotsky foi um dos primeiros a estudar essa característica do desenvolvimento capitalista, abrindo um novo campo de investigação, o do desenvolvimento "desigual e combinado". Verifica-se que as áreas em que ele não ocorre ou ocorre apenas debilmente também são atingidas, porque as empresas localizadas nelas perdem competitividade em relação às empresas portadoras das novas forças produtivas. Os países, regiões e localidades excluídas do desenvolvimento perdem participação na renda global, seja porque seus produtos perdem compradores seja porque os preços dos mesmos caem em relação aos seus custos, deprimindo lucros e salários, bem como o ganho dos produtores simples de mercadorias e dos autogestionários.

A economia solidária surgiu historicamente como reação contra as injustiças perpetradas pelos que impulsionam o desenvolvimento capitalista. Foi assim desde a Primeira Revolução Industrial e continua sendo hoje, quando o mundo passa pela Terceira. A economia solidária não pretende opor-se ao desenvolvimento, que, mesmo sendo capitalista, faz a humanidade progredir. O seu propósito é tornar o desenvolvimento mais justo, repartindo seus benefícios e prejuízos de forma mais igual e menos casual.

O desenvolvimento solidário apoia-se sobre os mesmos avanços do conhecimento, e sua aplicação aos empreendimentos humanos, que o desenvolvimento capitalista. Mas o desenvolvimento solidário propõe um uso bem distinto das forças produtivas assim alcançadas: essas forças deveriam ser postas à disposição de todos os produtores do mundo, de modo que nenhum país, região ou localidade seja excluído de sua utilização e, portanto, dos benefícios que venham a proporcionar.

Para tanto, o novo conhecimento não deveria ser propriedade privada, protegida por patentes, mas ser livremente disponível para todos. (Essa proposição já se tornou concreta em relação ao *software* indispensável à utilização da internet: o movimento pelo "*software* livre" desenvolveu o sistema Linux, que representa hoje desafio formidável ao *monopólio do software*, explorado pela Microsoft.) Isso requereria que o trabalho de P&D fosse pago por fundos públicos (como de fato já é, em boa parte) ou então que a P&D continue sendo feita para empresas privadas, mas seus resultados sejam socializados mediante o pagamento de um prêmio adequado aos que contribuíram dessa forma para o avanço do conhecimento.

Entretanto, além da liberação do conhecimento para sua livre aplicação por todos (com as limitações, discutidas na primeira seção), a economia solidária propõe outra organização da produção, à base da propriedade social dos meios de produção. Isso não quer dizer a estatização dessa propriedade, mas a sua repartição entre todos os que participam da produção social. O desenvolvimento solidário não propõe a abolição dos mercados, que devem continuar a funcionar, mas a sujeição dos mesmos a normas e controles, para que ninguém seja excluído da economia contra a sua vontade.

Isso significa que a atividade econômica deverá ser realizada por empresas constituídas ou por uma só pessoa, por membros de uma família ou por diversas pessoas que se associam para desenvolver atividades produtivas. As pessoas devem ser livres para constituir empresas e dissolvê-las, entrar para alguma e deixá-la quando for de seu desejo ou do desejo da maioria dos outros sócios. Em princípio, dentro da empresa, não importa o seu tamanho, *todos os que dela fazem*

ENSAIOS SOBRE ECONOMIA SOLIDÁRIA

parte devem ter os mesmos direitos de participar das decisões que afetam a empresa e, portanto, a cada um deles.

Dessa forma, a economia solidária propõe abolir o capitalismo e a divisão de classes que lhe é inerente. A economia solidária é atualmente concebida como uma economia de mercado, em que os cidadãos participam livremente, cooperando e competindo entre si, de acordo com os seus interesses e os contratos que celebram. Mas a sociedade como um todo tem por dever tomar medidas para evitar que o jogo das forças de mercado crie ganhadores e perdedores, cuja situação seja reiterada ao longo do tempo. Mesmo que as condições de partida sejam iguais para todos os participantes, o jogo do mercado inevitavelmente produz ganhadores, que enriquecem, e perdedores, que empobrecem. Se a desigualdade assim criada não for desfeita, a divisão da sociedade em classes e o próprio capitalismo acabarão sendo restaurados.

Cabe ao Estado, como representante democrático da sociedade, defendê-la contra sua divisão entre ricos e pobres, poderosos e fracos. Para isso, o Estado já dispõe de instrumentos, dos quais os mais importantes são os impostos sobre a renda e a propriedade e a transferência de recursos públicos aos carentes. O Estado solidário tem por missão tributar os ganhadores e subvencionar os perdedores para que a desigualdade entre eles não se perpetue, e isso sem destruir os incentivos para que os produtores se esforcem por oferecer aos compradores a melhor qualidade e quantidade pelo melhor preço.

É claro que a missão do Estado não é simples. Mas não é impossível. Hoje já existem órgãos especializados na defesa da concorrência, que intervêm nos mercados para impedir que algumas empresas os dominem, assim como já existem diversos programas de transferência de rendas, que visam a limitar a desigualdade econômica entre cidadãos. Recentemente, o Congresso brasileiro aprovou um projeto de lei do senador Suplicy instituindo a renda básica cidadã, que se propõe impedir que qualquer brasileiro seja lançado à indigência. De acordo com essa lei, cada morador no Brasil (e não apenas os necessitados) tem direito a uma renda do Estado, que em princípio deve lhe permitir sobreviver com alguma dignidade.

3. Desenvolvimento em tempos de reestruturação

O desenvolvimento capitalista criou, ao longo da Segunda Revolução Industrial (1880-1975), a grande empresa "fordista-taylorista", caracterizada pela integração vertical de todas as etapas da cadeia produtiva, pela sua extensão a todos os continentes e países e pela estrutura de "governança" hierárquica e burocrática, análoga à administração pública. A empresa multinacional (EMN) era extremamente competitiva por causa dos extensos ganhos de escala não só na produção industrial, mas também nas compras e nas vendas, na P&D, nas operações financeiras e no controle interno. O seu gigantismo permitia o uso de especialistas e de equipamentos especializados, ambos de alto valor, cujos custos eram diluídos em grandes volumes de produção, resultando em custos unitários baixos.

Tudo isso mudou com a Terceira Revolução Industrial. Com a informática e a comunicação por satélite, tornou-se possível coordenar de forma eficiente grande número de fornecedores independentes, sem necessidade de integrá-los sob o mesmo comando. O gigantismo burocrático da empresa "fordista-taylorista" mostrou-se dispendioso e ineficiente, quando comparado com o sistema *just in time*, de estoque (quase) zero.

Além disso, a grande centralização do capital, promovida pelo fordismo, suscitou a centralização da organização sindical, elevando o poder de barganha dos empregados. No Brasil, assim como em muitos outros países, os sindicatos de trabalhadores das grandes empresas constituíam a vanguarda do movimento operário. Estes conquistaram direitos sociais, consignados em constituições e códigos legais, além de vantagens contratuais importantes, inclusive de representação nos centros de poder da hierarquia gerencial. Os custos trabalhistas eram consideravelmente maiores nas EMNs do que nas pequenas e médias empresas (PMEs), sendo transferidos aos preços graças ao grande poder de mercado das primeiras.

Com os avanços da informática e da telemática, conjugados com os da globalização neoliberal, a grande empresa começou a sofrer a competição de um novo tipo de empresa capitalista, também de grande porte, mas "enxuta". Ela se limita a algumas atividades

ENSAIOS SOBRE ECONOMIA SOLIDÁRIA

consideradas essenciais – eventualmente o projeto de novos produtos e o marketing dos mesmos –, subcontratando todas as restantes. Departamentos inteiros da empresa fordista foram liquidados e externalizados, isto é, substituídos por empresas independentes contratadas. O enxugamento começou com serviços de menor importância, como os de vigilância, limpeza, fornecimento de refeições etc., mas rapidamente atingiu outros, como os legais, de seguros, de contabilidade, de treinamento, de seleção de pessoal (inclusive executivos) e, finalmente, a produção propriamente dita.

Grandes empresas industriais subcontratam empresas especializadas para conduzir as atividades produtivas, que antes eram a sua razão de existir. Quanto mais enxuta a empresa, maior a sua competitividade, porque menores os seus custos. E eles são menores não só porque o gasto com a administração diminuiu, mas também porque o nível de salário direto e indireto nas empresas subcontratadas é muito menor do que era quando o trabalho estava a cargo de departamentos da grande empresa.

O equipamento especializado foi substituído, graças à microeletrônica, por máquinas polivalentes programáveis, de grande flexibilidade. Essa mudança tecnológica acarretou ampla desconcentração do capital em todos os ramos não só na indústria, mas na agricultura e nos serviços. A desconcentração atingiu o tamanho da empresa e sobretudo sua organização. Esta, em vez de ser hierárquica e burocrática, passou a ser em rede, portanto, muito mais horizontal, e os operários ganharam autonomia e poder de decisão.

A pequena e a média empresa, que no auge do fordismo parecia destinada a fenecer, renasceu e se tornou um modo de ser do capital, ao lado da grande empresa, com a qual interage, ora cooperando, ora competindo com ela. A grande empresa tornou-se, acima de tudo, "financeira", ou seja, é um conglomerado de capitais, que circunstancialmente "possui" um determinado número de unidades produtivas ou de distribuição, procurando coordená-las para delas extrair o máximo retorno sobre o capital invertido.

O capital financeirizado tornou-se móvel, podendo mudar de forma com facilidade. Cada empresa individual, controlada por *hold-*

152   ECONOMIA SOLIDÁRIA

ings,[4] está permanentemente à venda, na medida em que suas ações são transacionadas nas bolsas de valores. Isso vale também para as matrizes das EMNs, sujeitas a tomadas hostis, fusões negociadas ou desmembramentos. A grande empresa se desfaz de empresas componentes e adquire outras, tomando em consideração o valor financeiro das mesmas em relação às perspectivas de lucro que oferecem. À grande empresa de hoje se aplica o famoso dito de Marx: "tudo que parece sólido se desmancha no ar". No fundo, não passa de uma rede de empresas menores, fixas por laços financeiros a um centro de decisões que muitas vezes pouco se identifica com elas.

A morfologia da economia capitalista mudou. Na era fordista, algumas centenas de EMNs dominavam a maior parte dos mercados nacionais e internacionais, tendo ao seu lado grande número de empresas de pequeno e médio porte, fornecedoras das grandes ou atuando em nichos de mercado, em que os ganhos de escala não eram importantes. Na era atual, da "flexibilidade", são PMEs as que predominam, sendo uma parte formal e outra informal. Uma parcela provavelmente minoritária das PMEs integra conglomerados financeiros de grande extensão, com perfil de EMN; as outras PMEs "estão" independentes, muitas a serviço das EMNs e muitas outras disputando diretamente mercados.

Além disso, ganhou mais espaço e importância, na economia dominada pelo capital, a economia solidária, sob a forma de empresas autogestionárias, cooperativas de compras e vendas, complexos cooperativos, mutuárias etc., devendo ser mencionada ainda a presença ampliada do crime organizado, dos paraísos fiscais e da economia subterrânea, de contornos indefinidos, que cresce também mantendo relações simbióticas com as empresas formais, inclusive com as EMNs.

Dentro desse novo panorama, como se coloca a questão do desenvolvimento? Com o enxugamento da grande empresa, mais atividades de P&D estão sendo contratadas com universidades e centros

---

4 *Holding* é uma "empresa" cuja única atividade é possuir e administrar ações de outras empresas, estas sendo, em geral, de produção ou distribuição. Hoje, cada vez mais EMNs são dirigidas por *holdings*, dominados por grandes investidores institucionais: fundos de pensão, seguradoras, fundos de investimentos etc.

ENSAIOS SOBRE ECONOMIA SOLIDÁRIA

públicos de ciência e tecnologia. Além disso, multiplicam-se empresas capitalistas especializadas em P&D. Um ramo de P&D já se tornou autônomo, o dos *softwares*. Em função disso, endureceu a imposição do respeito aos direitos intelectuais dos fabricantes de patentes. As novas forças de produção já vêm ao mundo com um preço, que é o custo de sua utilização mediante o pagamento de *royalties*. A contrapartida disso é o crescimento de um proletariado científico e tecnológico, naturalmente antagônico ao capital que o emprega: a ética científica de conquistar conhecimento novo para a humanidade deve se chocar com a sua comercialização.

O desenvolvimento capitalista emprega as novas forças produtivas para conquistar mercados, tanto nos países que centralizam esse desenvolvimento como nos que constituem a periferia dos primeiros. Na periferia, o capital desenvolve a economia mediante investimentos, em grande medida transnacionais, ou seja, promovidos por EMNs. Os Estados menos desenvolvidos tendem a competir por tais investimentos, oferecendo incentivos fiscais, infraestrutura gratuita ou quase, participação dos governos no investimento etc. No Brasil, essa competição deu lugar à "guerra fiscal" entre unidades da federação.

Onde o investimento transnacional se dá, o desenvolvimento resultante é desigual e combinado. É possível que o desenvolvimento se torne cumulativo, atraindo novos investimentos e alargando a área beneficiada. Mas, no próprio polo de desenvolvimento, a desigualdade se aprofunda: alguns enriquecem como executivos das novas empresas ou seus fornecedores, outros conseguem um ganha-pão como empregados ou terceirizados, mas muitos ficam desempregados, à espera de uma oportunidade, e outros são excluídos de qualquer participação normal na vida econômica, ficando relegados a atividades precárias.

4. Um desenvolvimento semicapitalista e semissolidário

Mas a era da "flexibilidade" que o capitalismo atravessa possibilita também o desenvolvimento solidário. Este se relaciona com a flexibilidade da PME, que nem sempre é capitalista e, mesmo quando o é, oferece aos trabalhadores oportunidades de participarem em sua condução. Numa microempresa, com menos de dez trabalhadores, por exemplo, é comum que o patrão e os membros de sua família trabalhem ao lado dos que são empregados, desenvolvendo a mesma atividade. Nesse ambiente, não há segredo do negócio. Os empregados em geral conhecem os clientes e o valor do bem ou serviço que lhes é vendido. Podem calcular o valor que produzem e o que lhes é pago.

Os conhecimentos que os trabalhadores adquirem são importantes para o bem do negócio e por isso eles são encorajados a manifestá-los. Em empresas capitalistas típicas, de maior tamanho, a participação dos trabalhadores na condução das atividades que exercem é cada vez mais estimulada e recompensada. Os assalariados são tornados *individualmente* responsáveis pela empresa, pois sua remuneração passa a depender cada vez mais dos resultados obtidos pelo setor da empresa em que trabalham (o que não poucas vezes se transforma em pressão sufocante sobre cada trabalhador).

Surge, assim, um proletariado menos alienado que o da época do fordismo, quando o operário tinha orgulho de sua condição proletária e rejeitava a ideia de colaborar espontaneamente – indo além de seus deveres específicos – com os empregadores. Agora, o trabalhador encontra-se numa empresa menor, em que a relação social de produção com quem lhe compra a força de trabalho se tornou muito menos assimétrica. Quando a microempresa cresce, os trabalhadores mais antigos mantêm um relacionamento mais íntimo com o proprietário e sua família, muitas vezes compartilhando suas tarefas gerenciais. Torna-se mais comum que o trabalhador assalariado aspire a se tornar empresário e tenha habilidade para tanto.

São essas transformações que explicam o surgimento de organizações produtivas, como os distritos industriais, que combinam traços capitalistas com outros típicos da economia solidária. Os distritos industriais foram descobertos inicialmente na Itália, e depois se verificou que existem, em várias formas, nos demais países também. Cada distrito constitui uma comunidade de pequenas e médias empresas, que se dedicam à mesma linha de produtos. Na *Terza Italia*, os distritos

ENSAIOS SOBRE ECONOMIA SOLIDÁRIA

se especializaram em ramos tradicionais, como tecidos, confecções, calçados, móveis, cerâmica, mas também em ramos modernos, como máquinas-ferramentas e maquinaria agrícola. A população de cada distrito não costuma exceder cem mil habitantes.[5]

Os distritos industriais italianos tiveram notável sucesso ante os desafios colocados pela reestruturação produtiva.

O que tornou os distritos industriais conhecidos internacionalmente e capturou a atenção de políticos e pesquisadores é seu notável sucesso econômico. Eles penetraram mercados internacionais numa extensão sem precedentes para pequenas empresas. Levaram regiões à prosperidade. Impeliram Emília-Romanha, Toscana, Vêneto e outras províncias, da que agora é chamada a "Terceira Itália", da posição medíocre que mantinham há duas ou três décadas ao topo da escada regional de renda. Bolonha, situada no meio de distritos industriais dinâmicos, foi escolhida em 1989 como a cidade em que a maioria dos italianos gostaria de viver. Distritos industriais ajudaram a mover a Itália, como nação, para as fileiras da vanguarda europeia. Seu PIB – tanto agregado como *per capita* – está agora bem à frente da Grã-Bretanha, e o país está em quinto lugar no grupo das sete maiores nações industrializadas do Ocidente.[6]

Qual seria o segredo do sucesso dos distritos industriais? Em primeiro lugar, a cooperação entre as empresas. Em cada distrito há uma divisão de trabalho, em que grupos de empresas se encarregam de diferentes etapas da cadeia produtiva. Embora só algumas empresas tenham acesso direto aos mercados finais – são as que dão o acabamento aos produtos –, as que lhes fornecem insumos não se subordinam a elas, como é comum na economia capitalista. Nesta, a empresa que completa o ciclo produtivo é a que projeta o produto e determina o que e como as empresas subcontratadas devem produzir. Nos distritos industriais, o projeto do produto final é elaborado por todas as empresas envolvidas. Isso permite que as empresas encarregadas das

---

5 Trigilia, "Italian Industrial Districts: Neither Myth nor Interlude", em Pyke; Sengenberger (orgs.), *Industrial Districts and Economic Regeneration*, p.36.

6 Pyke; Sengenberger, op. cit., p.6.

etapas iniciais, assim como as que se responsabilizam pelas etapas intermediárias, possam colaborar, oferecendo o seu conhecimento especializado para aperfeiçoar a qualidade do produto e os processos produtivos em todas as suas etapas.

Esse espírito de cooperação permeia todas as relações entre as empresas de cada distrito, assim como entre os distritos. As empresas, em cada mercado, competem entre si, mas sem procurar destruir o concorrente para dominar o mercado. Todos sabem que o êxito de cada empresa depende do êxito de todas. Isso permite a livre troca de informações e ideias, condição básica para a ajuda mútua. As firmas não guardam segredos de seus concorrentes, pois são membros da mesma comunidade de negócios.

> Uma prontidão entre firmas para cooperar é outra característica importante de distritos industriais, uma espécie de cooperação que, longe de sufocar a competição, de fato a ajuda. [...] pode haver prontidão para compartilhar informação, assim como ideias sobre novas tecnologias ou produtos, que ajudam todas as firmas no distrito a se tornar mais eficientes por meio de melhor produtividade, qualidade, desenho etc. Essa partilha de informação pode ser realizada informalmente num nível pessoal ou mais formalmente por meio de instituições especialmente estabelecidas. Tais instituições podem ser associações de empregadores ou trabalhadores, ou centros de serviços oferecendo conselhos "sobre o balcão". A provisão coletiva de serviços e informação torna acessível algo que pequenas firmas de outro modo não poderiam esperar administrar como unidades individuais isoladas. A existência de instituições, e talvez ideologias, capazes de sustentar relações cooperativas coletivas aparece como crucial.[7]

Essa solidariedade interfirmas torna o distrito industrial capaz de competir com as grandes empresas, cujo poderio econômico lhes permite comprar os serviços de consultorias especializadas e informações de bancos de dados. A cooperação entre as empresas do mesmo distrito, e mesmo de diversos distritos entre si, permite a empresas pequenas desenvolverem novos produtos e encontrarem

---

7 Ibid., p.4-5.

ENSAIOS SOBRE ECONOMIA SOLIDÁRIA

formas de aperfeiçoar métodos de produção que estão fora do horizonte de congêneres que trabalham isoladas. O distrito industrial é o equivalente a uma grande empresa em rede, com a vantagem de poder organizar a colaboração mútua de dezenas de milhares de pessoas sem imposição e sem subordinação, o que deve dar à colaboração maior qualidade do que a que as grandes empresas conseguem obter de seus empregados e contratados.

Diante dos desafios da reestruturação, que em geral tomam a forma de competição acirrada por parte de empresas localizadas em países de mão de obra barata, as pequenas firmas têm duas alternativas: a "via baixa" e a "via alta", como as denominam Pyke e Sengenberger.

A via baixa consiste na busca da competitividade através de baixos custos trabalhistas e de um ambiente de desregulação do mercado de trabalho. Supõe-se que o corte de custos irá alçar a produtividade e os lucros e criar novo emprego. [...] O problema com essa abordagem é que [...], de fato, ela acentua o problema. Salários e condições de emprego desfavoráveis impedem a firma de adquirir e manter o trabalho qualificado, requerido para atingir eficiência e flexibilidade; e raramente induzem a firma a "investir" em sua força de trabalho para torná-la mais produtiva. Assim [...] mais cortes de custos podem se tornar inevitáveis, resultando num círculo vicioso de espirais descendentes.[8]

A principal alternativa a tal competição "destrutiva" é a "via alta" de competição "construtiva", baseada na promoção da eficiência e da inovação; isto é, através de ganhos econômicos que tornam ganhos salariais e melhoras nas condições sociais viáveis, assim como preservando os direitos dos trabalhadores e provendo padrões adequados de proteção social. A chave para alcançar isso é melhor organização e melhor mobilização e utilização do trabalho produtivo, que então permite um melhor uso da tecnologia (em vez da outra via).[9]

As duas vias – a forma capitalista e a forma solidária de desenvolvimento – contrastam de modo transparente. Pela lógica capitalista,

---

8 Ibid., p.12.
9 Ibid., p.22-3.

a concorrência de preços deve ser enfrentada por corte de custos, e, em tempos de desemprego, a mão de obra é a candidata natural a se tornar objeto de cortes. A esperança é que a redução dos salários diminua o desemprego, até que o mercado de trabalho retorne ao equilíbrio. Como mostram os autores, o mais provável não é o equilíbrio, mas a reiteração do desequilíbrio pela intensificação da concorrência dos produtos importados, exigindo mais cortes de salário etc. O círculo vicioso de cortes sucessivos deixa a firma à mercê da grande empresa que a contrata e é a única que lhe pode abrir o caminho para o aumento da produtividade.

A lógica solidária é apostar nas virtudes da cooperação em obter ganhos de produtividade que viabilizem a baixa dos preços para enfrentar a concorrência, sem prejudicar os trabalhadores. O pressuposto aqui é que a cooperação entre patrões e empregados pode ensejar inovações que elevam a produtividade, preservando os empregos e a remuneração dos trabalhadores. A experiência dos distritos industriais confirma a veracidade desse pressuposto. Mediante estreita cooperação entre empregadores e empregados e entre as firmas, as PMEs foram capazes não só de preservar suas posições nos mercados, mas até de ampliá-las, o que teve como contrapartida a partilha dos ganhos com os trabalhadores, sob a forma de melhoria contínua das condições de trabalho e emprego.

Lauren Benton estudou as condições de emergência de distritos industriais na Espanha. Há, nesse país, como no Brasil e tantos outros, localidades em que a maior parte dos moradores se dedica à mesma atividade manufatureira ou a fases complementares da mesma cadeia produtiva, geralmente organizadas em empresas familiares ou de pequeno porte. Mas isso só não basta para fazer dessas localidades distritos industriais. É preciso que os moradores e seus empreendimentos formem uma comunidade cujos laços se fortaleçam a ponto de ficar claro para qualquer um que o progresso dele depende do progresso da comunidade e, portanto, do progresso de cada um dos outros membros dela.

Precisamos olhar para além das características espaciais de configurações industriais e analisar o carácter dessas comunidades – a natureza

ENSAIOS SOBRE ECONOMIA SOLIDÁRIA 159

das relações entre negócios, entre trabalhadores e empregadores, e entre o mundo do trabalho e a vida social fora do lugar de trabalho – se queremos entender como padrões dinâmicos de crescimento evoluem em alguns lugares e como podem ser cultivados alhures. [...] Pesquisas anteriores revelam a importância de várias formas de *cooperação* dentro e ao redor de distritos industriais como um complemento da competição. Esses conjuntos de relacionamentos têm o potencial de transformar configurações destrutivamente competitivas em ambientes férteis para o desenvolvimento de sistemas dinâmicos de produção flexível.[10]

Lauren Benton distingue três tipos de cooperação que são cruciais para a constituição de distritos industriais. O primeiro é a cooperação entre firmas, que se inicia pelo relacionamento entre empresas que produzem bens que são complementares. Se todas elas fossem subcontratadas *subordinadas*, esse tipo de cooperação não teria condições de se desenvolver, pois em cada elo da cadeia as firmas estariam competindo entre si pelo mercado. Um distrito industrial pressupõe a autonomia das empresas-membras, em relação aos clientes, o que lhes permite cooperar livremente entre elas. O segundo tipo de cooperação é entre patrões e empregados dentro das firmas. Este pressupõe a ruptura com a estrutura burocrática hierárquica e o empoderamento dos trabalhadores, principalmente na autodeterminação de suas tarefas e na possibilidade de relacionamento estreito com os clientes.

Uma terceira forma importante de cooperação é representada por alianças locais entre governo, grupos trabalhistas, partidos políticos e associações de empregadores. [...] Essa *cooperação institucional* em si parece ser crucial como apoio da cooperação inter e intrafirmas. Ao subvencionar serviços para pequenas firmas [...], por exemplo, governos municipais ou regionais podem dar sustento vital a associações interfirmas. Relacionamentos dentro das firmas, ao mesmo tempo, podem ser influenciados por políticas que promovem causas como o treinamento

---

10 Benton, "The Emergence of Industrial Districts in Spain, Industrial Reestructuring and Diverging National Responses", em Pyke; Sengenberger, op. cit., p.49.

de trabalhadores, a formação de cooperativas e o acesso a crédito para trabalhadores qualificados que tentam iniciar novas empresas.[11]

Nos diversos estudos de caso, apresentados por Lauren Benton, as firmas estudadas eram todas capitalistas, com um relacionamento digamos "atípico" entre empregados e empregadores. Mas a autora inclui em seus casos um que foge inteiramente a essa regra: o Complexo Cooperativo de Mondragón. Ela justifica sua decisão nos seguintes termos:

> Seria uma negligência se em nossa revisão de importantes distritos industriais na Espanha não mencionássemos o interessante caso das cooperativas de Mondragón. [...] Há razões persuasivas para colocar o caso de Mondragón à margem da discussão de distritos industriais na Espanha. [...] Não obstante, o caso merece ser mencionado aqui porque suas características dão claramente apoio aos argumentos feitos em relação a (outros) distritos industriais na Espanha. Especificamente, o exemplo de Mondragón confirma a necessidade de vigorosa cooperação institucional em nível local diante da política industrial desfavorável ou simplesmente inefetiva. *O caso também chama a atenção sobre os benefícios a serem ganhos da cooperação inter e intrafirma e, mais precisamente, aponta para a significação do autogoverno como suporte desses objetivos.*[12]

A análise de Lauren Benton permite uma comparação entre distritos industriais e complexos cooperativos. Uma diferença significativa entre eles é que os primeiros são capitalistas, embora "atípicos", e os últimos são socialistas, em sentido estrito. Desse ponto de vista, o relacionamento intrafirmas seria completamente diverso, pois nas PMEs dos distritos, esse relacionamento se dá entre duas partes – patrões e empregados –, ao passo que, nas cooperativas, o relacionamento ocorre entre sócios do mesmo empreendimento. Mas, na realidade, essa diversidade não é tão grande porque a distância entre patrões e empregados nas primeiras é muito menor do que

---

11 Ibid., p.50-1.
12 Ibid., p.74-5, grifos meus.

ENSAIOS SOBRE ECONOMIA SOLIDÁRIA

nas empresas "típicas", e a expectativa dominante nelas é de que os papéis sejam revertidos e muitos dos empregados mais qualificados se tornem patrões por sua vez, com o apoio de seus ex-empregadores. Nas cooperativas de Mondragón, os gerentes são escolhidos pela Junta Governativa, esta eleita pelos sócios diretamente. Os gerentes desempenham suas funções e são responsáveis perante a Junta, o que os aparta, no dia a dia, dos operários de linha.

O mais significativo na comparação não é, todavia, a diversidade (em si inquestionável), mas os elementos em comum. Tanto distritos industriais como complexos cooperativos constituem comunidades de empreendimentos e de trabalhadores, unidos pela solidariedade e pela confiança mútua. É o que explica a prática da ajuda mútua em alto grau, nas duas espécies de coletividades. As cooperativas de segundo grau de Mondragón desempenham o mesmo papel que as associações de firmas nos distritos industriais, mas de maneira mais radical. Nas cooperativas de segundo grau, os resultados líquidos das cooperativas singulares são reunidos e repartidos de forma igual entre todas, eliminando assim qualquer diferença de "lucratividade" entre elas; pelo que sabemos, as associações de empregadores dos distritos não têm essa prática, mas não é inconcebível que possam vir a adotá-la.

É discutível se os distritos industriais podem ou não ser considerados protagonistas do desenvolvimento solidário, que, por definição, se limita a modos de produção em que não há distinções de classe: a autogestão e a pequena produção de mercadorias. Mas convém lembrar que é muito forte a presença do cooperativismo na Terza Italia, particularmente na Emília-Romanha, inclusive nos distritos industriais. É importante estudar o relacionamento de pequenas firmas capitalistas com cooperativas de produção dentro dos arranjos produtivos locais, que constituem distritos industriais.

5. Desenvolvimento misto

Se a economia contemporânea fosse unicamente capitalista, como Marx supôs que acabaria sendo, o desenvolvimento também seria governado pela lógica do grande capital. Se a economia no futuro se tornar completamente solidária (ou socialista), é de se esperar que o desenvolvimento será governado pela lógica da solidariedade. Mas, até o momento, a previsão de Marx não se realizou. O desenvolvimento econômico ao longo dos dois últimos séculos não tendeu a eliminar os modos de produção não capitalistas – a pequena produção de mercadorias, a economia social e solidária e a economia estatal – e, nas últimas décadas, reforçou a presença e o papel desses outros modos de produção no seio da formação socioeconômica dominada pelo capitalismo. O desenvolvimento vem tornando a economia mais mista, ou seja, uma combinação cada vez mais complexa de modos de produção.

Esse fato histórico é indubitável, mas não elimina a luta ideológica entre os diversos tipos de desenvolvimento. O fato de o desenvolvimento, em tempos de reestruturação, ter acentuado a liberdade do mercado em detrimento dos controles dos Estados nacionais sobre a dinâmica do capital não anula o outro fato, de que a revolução microeletrônica e telemática contribuiu para que o capital produtivo (não o financeiro) se descentralizasse, abrindo espaço para um desenvolvimento misto de pequenas e médias empresas e de complexos cooperativos, guiado pelos valores da solidariedade.

No plano econômico, os diferentes modos de produção competem entre si, mas também se articulam e cooperam entre si. No plano político e ideológico, no entanto, os antagonismos entre as duas lógicas e seus valores opostos só se acentuam. Os fóruns sociais mundiais, os movimentos contra a globalização neoliberal, os ambientalistas, os movimentos pelos direitos humanos e pela economia solidária constituem um rosário de novas forças que lutam por "outra economia" e por "outra sociedade". Diferentemente da velha esquerda, que almejava a destruição do capitalismo mediante a ação do Estado nas mãos da vanguarda, o proletariado, a nova esquerda anseia pela destruição do capitalismo por meio da ação direta no seio da sociedade civil, mediante a construção de uma economia solidária e preservacionista e de revoluções culturais diversas, das quais a feminina parece ser a mais adiantada.

Referências bibliográficas

BENTON, Lauren. The Emergence of Industrial Districts in Spain, Industrial Reestructuring and Diverging National Responses. In: PYKE, Franke; SENGENBERGER, Werner (orgs.). *Industrial Districts and Economic Regeneration.* Genebra: International Labour Studies, 1992.

JEANTET, Thierry. *L'Économie sociale européenne ou la tentation de la démocracie en toutes choses.* Paris: Ciem Edition, 2001.

PYKE, Franke; SENGENBERGER, Werner (orgs.). *Industrial Districts and Economic Regeneration.* Genebra: International Labour Studies, 1992.

TRIGILIA, Carlo. Italian Industrial Districts: Neither Myth nor Interlude. In: PYKE, Franke; SENGENBERGER, Werner (orgs.). *Industrial Districts and Economic Regeneration.* Genebra: International Labour Studies, 1992.

Angústia econômica
no capitalismo
e na economia solidária[1]

1. Considerações gerais

A angústia tem muitas vezes por causa a incerteza quanto ao futuro. Pretendo tratar aqui do futuro econômico, ou seja, das expectativas de pessoas, grupos e classes sociais quanto ao que vai acontecer com o seu padrão de vida, trabalho, fontes de renda, valores financeiros, preços, impostos etc.

A angústia é o estado de espírito de quem alimenta expectativas negativas, ameaçadoras e assustadoras sobre o futuro. A angústia é o produto do pessimismo no plano emocional; o seu oposto seria a euforia produzida pelo otimismo.

---

1 Apresentação oral feita durante o Congresso da Associação de Psicanálise de Porto Alegre (Appoa) – Angústia, 14 nov. 2008. Foi depois publicado em Paul Singer, *Ensaios sobre economia solidária*, pref. Rui Namorado, Coimbra: Almedina, 2018, p.105-10.

2. Liberdade e angústia no capitalismo

O capitalismo é filho tardio da economia de mercado, cujas origens se perdem na noite dos tempos. O capitalismo enquanto modo de produção se afirma no mundo a partir da Revolução Industrial do século XVIII. A sua irrupção tomou o espaço, na economia dos países, de outros modos de produção, que persistem em posição subalterna: a pequena produção de mercadorias, a economia doméstica, a economia solidária (contemporânea do capitalismo) e, com menos subordinação, a economia pública estatal e privada (empresas sem fins de lucro).

Com a ascensão do capitalismo, a economia de mercado se generaliza enquanto tendência; verifica-se uma crescente mercantilização de atividades produtivas. Por exemplo: grande parte da produção doméstica de alimentos, vestuário, roupa de mesa e cama etc., foi conquistada pelo capitalismo, o que transformou produtos de subsistência em mercadorias; esse fenômeno se verificou também na agricultura, na medida em que o campesinato foi substituído por assalariados do agronegócio.

Isso significa que aumenta fortemente a dependência do dinheiro por parte dos mais pobres. O que gera angústia, sobretudo nos que carecem de emprego fixo ou de uma clientela fixa, que lhes garantam um rendimento certo no futuro. Para os mais marginalizados, a incerteza atinge a expectativa de onde virá a próxima refeição para si e os seus. Na medida em que o tempo passa, sem que a fonte da próxima refeição se defina, não é difícil que a angústia se torne desespero. E é um trauma que se repete diariamente. Não é de estranhar que o que mais almejam as pessoas que vivem nestas condições seja uma renda mensal assegurada.

A economia de mercado é o reino da liberdade econômica para aqueles que possuem riquezas, rendimentos fartos ou ao menos sólidos, emprego seguro. Para os não aquinhoados – pobres, desempregados, biscateiros, extrativistas rurais e urbanos de todas as espécies –, a economia de mercado é o reino da incerteza e portanto da angústia. Quanto mais liberdade houver para os capitalistas e seus agentes, tanto mais angústia haverá para os demais.

ENSAIOS SOBRE ECONOMIA SOLIDÁRIA

A luta histórica dos movimentos operários desde sempre tem sido por proteção contra os males que a própria instabilidade da economia de mercado desencadeia: demissão, despejo, desabrigo, desabono e outros vocábulos que começam por "des" (partícula que denota privação).

Periodicamente a economia de mercado mergulha em crise, seguida por um período de recessão, que vira depressão quando se prolonga além de certo limite.

Crise e recessão trazem a incerteza e a angústia para os assalariados com contrato formalizado de trabalho, para capatazes, gerentes e encarregados e inclusive para diretores e donos de empresas, pois as firmas mais duramente atingidas têm de economizar na folha de pagamentos, demitindo os empregados mais caros. E, se nem isso funcionar, a empresa tem de procurar algum comprador que se disponha a pagar, pelo prestígio da marca ou pelo uso de alguma patente, uma fração do preço que ela valia antes da crise.

Portanto, a crise democratiza a incerteza e a angústia. Quando a economia capitalista não está em recessão, está em alta, com a atividade econômica em expansão e o desemprego em queda. É nessas fases que os sindicatos e os partidos que os representam conseguem erguer redes de proteção para os trabalhadores formalizados contra a velhice, a doença, os acidentes de trabalho, doenças profissionais e a incapacitação profissional. Em muitos países, há sistemas de bem-estar social que reduzem ao mínimo a incerteza e, portanto, a angústia econômica para os trabalhadores integrados no sistema. Em certo sentido, estão mais bem protegidos do que os proprietários de empresas, cujas fortunas estão expostas aos vaivéns da sorte nas bolsas de valores ou nos mercados em que suas empresas atuam.

Mesmo nas fases de alta dos ciclos de conjuntura, há empresas que abrem falência, fecham as portas ou são encampadas por preços simbólicos por credores. *Portanto, para os capitalistas, a incerteza econômica os acompanha o tempo todo.* Nas fases de alta, a incerteza dá lugar ao otimismo quanto ao futuro que, durante algum tempo, se realiza para a maioria dos empresários. No capitalismo dos tempos de globalização neoliberal, nessa fase, o crescimento do consumo, da produção e do emprego se acelera ininterruptamente, o que por sua vez acelera o aumento do otimismo. Como o otimismo é um sentimento subjetivo, quase não há limite para o seu crescimento. Esse otimismo econômico tem consequências: ele acelera o crescimento dos gastos de consumo e de investimento das famílias e das empresas.

É óbvio que, nas fases de otimismo desenfreado, a angústia econômica dos diretores e empresários cai a zero, mesmo que os azares da concorrência contenham riscos para as empresas. Em compensação, nas fases de baixa, o pânico se apodera do mundo financeiro e contamina a economia real. Os empresários trocam o otimismo exuberante do ápice do ciclo de conjuntura por crescente pessimismo, frequentemente confirmado pelo fato de o crédito para capital de giro escassear, o que reduz as vendas aos clientes que necessitam de financiamento. A desaceleração da economia real alimenta por sua vez o pânico das finanças, e torna-se um temor a inadimplência não só dos outros bancos e demais intermediários financeiros, mas também dos devedores da economia real.

3. *A angústia causada pela intensificação da competição interna às empresas*

No capitalismo neoliberal, a competição entre as empresas torna-se muito acirrada, sobretudo quando é travada por meio de inovações tecnológicas em geral dispendiosas. A pressão dos competidores externos faz que cada empresa exija cada vez mais dos seus executivos e dos trabalhadores mais qualificados. A hierarquia das empresas foi achatada com a eliminação de chefias intermediárias e o empoderamento e responsabilização dos que trabalham na base da pirâmide. Esses empregados são obrigados a assinar contratos em que se comprometem a atingir metas cada vez maiores de produção, vendas, produtividade etc., em prazos relativamente curtos. Os que conseguem fazem jus a elevados prêmios; os que fracassam são despedidos.

Esse regime submete os empregados a situações de grande incerteza e angústia. A necessidade de alcançar as metas a qualquer custo faz que os trabalhadores se submetam a jornadas longas de trabalho, que se estendem aos fins de semana, com prejuízos evidentes para a saúde e a vida familiar. A angústia se agrava à medida que o fim do prazo contratual se aproxima e o desempenho não só pessoal, mas da equipe pelo qual o empregado é responsável, como integrante ou dirigente, está abaixo do necessário para que as metas sejam atingidas.

As consequências desse sofrimento contínuo algumas vezes são trágicas: no Japão, mortes de executivos são registradas por excesso de trabalho ou de angústia; novas doenças profissionais surgem entre esses trabalhadores, como dependência de drogas, suicídios e enfermidades psicossomáticas atribuídas ao estresse. Também se registram aumentos da incidência de depressões e enfermidades mentais, além de separações conjugais e suicídios.

4. A angústia econômica na economia solidária

Nos empreendimentos de economia solidária (EES) não há distinção de classes, todos os que trabalham também são donos do empreendimento e o administram em conjunto segundo regras democráticas, pelas quais cada trabalhador tem o mesmo direito de voto na tomada de decisões. Nessas condições, nenhum trabalhador corre o perigo de ser demitido. Somente em casos de conflitos graves sócios podem ser excluídos por decisão da assembleia, depois de ampla oportunidade de expor suas razões ou defesa. Esses casos são raros, de modo que *é razoável supor que a angústia causada pelo temor de perder o trabalho e a renda que ele proporciona inexiste no âmbito da economia solidária.*

Também não existe competição interna nos EES, porque eles não auferem lucros e, portanto, não têm por objetivo maximizá-los. Quando há sobras no fim do exercício, estas têm seu destino definido em assembleia pelos sócios. Se parte delas são distribuídas entre os sócios, os critérios podem ser cada sócio receber o mesmo que os demais ou então por algum critério de desempenho no trabalho e não pelo montante de capital investido no empreendimento, mesmo porque as cotas de capital dos sócios são iguais.

Mas isso não quer dizer que a angústia econômica não existe nos EES. Atuando em mercados competitivos, os EES estão sujeitos às mesmas vicissitudes que os outros concorrentes: eles podem perder mercado para competidores, e os prejuízos serão repartidos entre os sócios trabalhadores da mesma forma que as sobras. Os objetivos econômicos visados pelos EES são manter e melhorar o trabalho, seus resultados e sua remuneração. O fato de não terem alvos de maximização não impede que os EES sintam os efeitos dos esforços de maximização de lucros feitos pelos concorrentes capitalistas. Portanto, os trabalhadores estão expostos à incerteza e à angústia econômica, ainda que não na mesma medida que os empregadores e empregados de empresas capitalistas.

Os EES se defendem das pressões competitivas integrando-se em redes e/ou cadeias produtivas formadas exclusivamente por EES. Redes de EES são autogeridas do mesmo modo que os EES singulares, o que implica que os ganhos de eficiência e de escala decorrentes da integração são repartidos entre os componentes das redes por critérios de justiça adotados por consenso ou por maioria. No Brasil, a formação de redes é relativamente recente, de modo que não há ainda dados que permitam avaliar seus efeitos. O exemplo do Complexo Cooperativo de Mondragón (CCM) mostra que a solidariedade dos EES organizados em redes permite robustecer fortemente a competitividade dos mesmos. O CCM completou 50 anos em 2006 e não deixou de crescer em momento algum nesse meio século. Mesmo em períodos de crise e recessão graves, o Complexo conseguiu não só sobreviver, mas também preservar a quase totalidade de seus sócios.

5. Conclusões

A angústia econômica atinge de forma distinta diferentes classes sociais. As suas principais vítimas são os indigentes. Muitos deles vivem da catação de material reciclável no lixo. Hoje, parte deles está se organizando em cooperativas contratadas pelas municipalidades com perspectivas de desenvolver o processo de reciclagem por inteiro e não apenas as etapas iniciais de catação, separação e prensagem. A economia solidária se empenha no resgate da população mais excluída como imperativo ético, tanto entre nós como nos outros países.

É possível levar o desenvolvimento a comunidades pobres?[1]

1. Comunidades pobres no capitalismo do século XX

Graças à globalização, os ricos e, em menor grau, a grande e ubíqua classe média adquirem o mesmo padrão de vida e o mesmo modo de ser, na grande maioria dos países. Mas o mesmo não se dá com os pobres, que resultam de processos socioeconômicos muito distintos e estão resguardados da padronização cultural avassaladora pela sua relativa exclusão dos padrões dominantes de consumo.

Por hipótese, comunidades pobres podem ser classificadas pelo seu grau de integração ao mercado global. Há as excluídas desde há muito tempo e que vivem em economia de subsistência, de forma quase autossuficiente, como os remanescentes de quilombos, por exemplo. E há as recém-excluídas, como o cinturão da "ferrugem" (a região do ABC, em São Paulo, por exemplo), cujos moradores foram

---

1 Escrito em 2004, foi, posteriormente, publicado em *Economia solidária e autogestão: encontros internacionais*, v.2, São Paulo: Nesol; USP, 2007, p.57-63.

empregados de indústrias que encolheram ou desapareceram em função da abertura do mercado interno e do progresso tecnológico. Estas últimas comunidades sobrevivem com rendas precárias, nas formas de auxílio a desempregados e aposentadorias dos mais velhos. Enquanto as primeiras são pobres porque não ganham o dinheiro que precisariam para comprar no mercado exterior (à comunidade) bens e serviços que satisfazem suas necessidades básicas, as últimas sofrem pela ociosidade de muitos membros e pela insuficiência das transferências de renda.

Muitas comunidades pobres se encontram entre esses dois extremos. Elas conseguem vender ao exterior produtos artesanais, extrativistas, de origem vegetal e animal etc., mas que alcançam preços baixos, porque sua oferta tende sempre a superar a demanda por larga margem. São muitos os pobres que vivem da venda de produtos, que em geral são adquiridos por uma elite cultural relativamente pequena. Do desequilíbrio entre oferta e demanda emana uma pressão perene de baixa das remunerações dos que vivem desse tipo de produtos.

O grau de integração é estratégico porque os pobres o são em grande parte pela privação de bens e serviços "modernos" que lhes são essenciais para conservar a saúde, viajar, ter acesso à alfabetização digital, a informações veiculadas pela mídia, a filmes, livros, revistas, educação e assim por diante. Uma parte dessas "essencialidades" serve primordialmente para dar acesso ao que chamamos de "padronização cultural avassaladora".

É muito discutível se essa padronização é ou não desejável, mas não resta dúvida de que os pobres em geral a desejam. Tão logo conseguem aumentar sua renda monetária, tratam de adquirir tais essencialidades. Em comunidades pobres, bens modernos dão prestígio a quem os consegue, a ponto de serem encontrados eletrodomésticos em moradias sem energia elétrica. A escala de prestígio é o mais seguro indicador do que a comunidade deseja.

Desenvolver uma comunidade pobre é aumentar-lhe a renda monetária, com a qual possa adquirir bens e serviços vendidos fora dela. Ora, a única maneira não casual nem ilegal de uma comunidade pobre aumentar o dinheiro que seus membros ganham é vender para fora mercadorias mais caras, em quantidades crescentes, sem que o seu preço caia (ao menos no curto prazo). Encontrar tais mercadorias é, portanto, condição essencial, mas não suficiente, para dar partida ao processo de desenvolvimento.

2. O desenvolvimento solidário

O desenvolvimento aqui almejado é o da comunidade como um todo, não de alguns de seus membros apenas. Por isso, ele não pode ser alcançado pela atração de algum investimento externo à comunidade. O investimento necessário ao desenvolvimento tem de ser feito pela e para a comunidade toda, de modo que todos possam ser donos da nova riqueza produzida e beneficiar-se dela. Não se trata, tampouco, de estimular pela competição o "empreendedorismo" individual, que inevitavelmente traz consigo a divisão da comunidade em ganhadores e perdedores.

Desenvolvimento comunitário significa o desenvolvimento de todos os seus membros conjuntamente, unidos pela ajuda mútua e pela posse coletiva de certos meios essenciais de produção ou distribuição. Conforme a preferência dos membros, muitos ou todos podem preservar a autonomia de produtores individuais ou familiares. Mas os grandes meios de produção – silos ou armazéns, frotas de veículos, edificações e equipamentos para processamento industrial, redes de distribuição de energia etc. – têm de ser coletivos, pois, se forem privados, a comunidade se dividirá em classes sociais distintas e a classe proprietária explorará a não proprietária.

Portanto, a procura pela especialização produtiva que eleva o rendimento da comunidade não pode prescindir dessa condição: os novos ramos produtivos têm de permitir que todos deles participem, enquanto produtores e enquanto gestores do processo produtivo. Os que demonstram mais habilidade e maior proficiência devem naturalmente – porque é benéfico a todos – ajudar os que têm menos facilidade de desenvolver essas qualidades. Esses valores têm óbvia justificação ética, mas também prática.

O desenvolvimento comunitário tem de ser financiado com juros generosamente subsidiados e longos períodos de carência; o custo da assistência ao crédito tem de ser coberto por recursos públicos, a fundo perdido, ao menos nas etapas iniciais do desenvolvimento. Seria politicamente inaceitável o Estado subvencionar desse modo o desenvolvimento comunitário para resultar no eventual enriquecimento de alguns e a submissão dos demais como empregados ou fornecedores dos primeiros.

3. A brecha de mercado

O desenvolvimento exige, portanto, que a comunidade encontre (com a assistência dos agentes de desenvolvimento) uma brecha de mercado que permita que seus membros produzam algo que lhes proporcione "boa remuneração". Essa brecha pode ser criada mediante: 1) acentuada melhora da qualidade de produtos tradicionais; 2) invenção de produtos novos ou seminovos; 3) detecção de demanda nova ou em forte expansão por algo que a comunidade pode vir a produzir; 4) ou ainda a aplicação de processos de produtividade mais elevada em atividades antigas (para poder vender os seus produtos mais barato).

Comunidades, principalmente no Nordeste e Norte, desenvolveram carnavais fora de época, festivais religiosos, folguedos tradicionais etc., que atraem grande número de visitantes, com cujos gastos conseguem aumentar a sua renda monetária. Na medida que essa opção depende apenas de inventividade e capacidade administrativa, ela está sempre disponível, embora em algum momento o crescimento da demanda por esse tipo de peregrinação/turismo deva encontrar seus limites. Outras comunidades se desenvolvem à base dos chamados "arranjos produtivos locais", que são muito variados.

A maioria dos produtos já tem a produção ou a distribuição concentrada em determinadas localidades, o que torna arriscado tentar criar um novo arranjo produtivo local. Mas o incessante progresso tecnológico cria novos produtos, alguns com demanda em rápida expansão. São exemplos recentes o celular, o DVD, o patinete, o equipamento para surfe, para pesca submarina, para outros esportes de alto risco e assim por diante. Cabe aos agentes de desenvolvimento (dos quais trataremos adiante) abrir à comunidade o leque de alternativas

ENSAIOS SOBRE ECONOMIA SOLIDÁRIA

de desenvolvimento disponíveis e deixar que a comunidade faça sua escolha. Para tanto, é preciso que a comunidade tenha acesso às informações pertinentes para a escolha, o que provavelmente demanda a assistência dos agentes externos. Como a comunidade deve escolher uma entre muitas possibilidades, parece-nos essencial que ela mesma se apodere dos conhecimentos que lhe permitam escolher da forma mais consciente possível.

Talvez não seja recomendável abreviar essa etapa do desenvolvimento, pois nela se dá um aprendizado essencial. Esse aprendizado deve ser de todos, dos mais e dos menos instruídos, das mulheres e dos jovens e dos homens e dos velhos, dos desinibidos que falam bem e dos tímidos que não ousam levantar a voz.

Trata-se de aprender como a economia de mercado funciona, ou melhor, de como nós interpretamos o seu funcionamento. E também aprender de como se discutem alternativas e se tomam decisões democraticamente. Esses aprendizados são imprescindíveis para que o desenvolvimento não degenere, com a perda de seu carácter democrático e solidário.

4. Os agentes de desenvolvimento

O processo de desenvolvimento requer um relacionamento simbiótico entre a comunidade e os profissionais que estamos denominando *agentes de desenvolvimento*. Estes representam bancos públicos, serviços públicos (como o Sebrae ou o Sescoop), agências de fomento da economia solidária, ligados à Igreja, sindicatos, universidades ou então movimentos sociais.

A missão inicial dos agentes é levar à parte da comunidade mais esclarecida ou mais inconformada com a situação a consciência de que o desenvolvimento é possível pelo esforço conjunto da comunidade, amparado por crédito assistido e acompanhamento sistemático (incubação).

Essa consciência é levada então ao conjunto da comunidade, o que deve desencadear um processo educativo ou de educação política, econômica e financeira de todos os membros. Trata-se de capacitação adquirida no enfrentamento dos problemas reais, à medida que eles vão se colocando.

No decorrer do processo, instituições vão surgindo por meio das quais a comunidade se organiza para promover o seu desenvolvimento: assembleia de cidadãos, comissões para diferentes tarefas, empresas individuais, familiares, cooperativas e associações de diferentes naturezas. O poder público local poderá se associar ao processo e se fazer representar, quando necessário, em comitês mistos público-privados.

A participação do banco ou serviço público na busca da brecha de mercado pode ser essencial, desde que ele possua ou levante as informações relevantes sobre os mercados – locais, regionais, nacionais ou mundiais – cogitados pela comunidade para se especializar. A própria comunidade deve se capacitar no manejo e interpretação das informações, pois do contrário ela terá de se conformar com as propostas e recomendações dos agentes de desenvolvimento.

O relacionamento entre a comunidade e os agentes deve se tornar crescentemente igualitário, mediante a contínua troca de saberes. Nessa troca, os membros da comunidade recebem ensinamentos e os oferecem aos agentes, num processo de ação política mútua. A experiência das incubadoras universitárias de cooperativas populares atesta que esse tipo de processo é real e essencial para que o desenvolvimento solidário possa se dar.

Os agentes de desenvolvimento terão de ser preparados para sua tarefa árdua e delicada ao mesmo tempo. O ideal é que a preparação se faça em equipe, composta por profissionais ligados a diversas entidades. Também aqui a pedagogia da capacitação será possivelmente a mais adequada: treinamento teórico entremeado por idas à comunidade, onde a luta com os problemas reais levantará novos temas a serem destrinchados depois, no estudo teórico.

Conviria criar um centro nacional de preparação de agentes de desenvolvimento, em que os conhecimentos gerados pelas experiências de desenvolvimento comunitário, nas diversas regiões do país, possam ser reunidos e sistematizados. Desse trabalho deverão resultar métodos de promoção de desenvolvimento comunitário, mas sem a pretensão de oferecer um caminho único ou a "melhor prática", pois cada comunidade é única em suas potencialidades. Os métodos

ENSAIOS SOBRE ECONOMIA SOLIDÁRIA

devem servir para prevenir erros e enganos e minorar angústias, decorrentes de impasses e conflitos, muito comuns no decorrer de transformações sociais de grande amplitude.

5. A coordenação do desenvolvimento comunitário

O pequeno tamanho da comunidade pobre e o seu relativo isolamento fragilizam suas possibilidades de se desenvolver por meio do próprio esforço (com apoio público). Um centro nacional de preparação de agentes de desenvolvimento poderia promover o entrosamento das comunidades com a mesma especialização ou com especializações complementares, fortalecendo-as.

Uma federação de comunidades com a mesma especialização, seja ela agricultura, artesanato, turismo ou o que for, configura o que hoje se conhece como Arranjo Produtivo Local (APL), em que desenvolvimento tecnológico, compra de insumos e *marketing* de produtos podem ser feitos em comum. A proximidade geográfica tem sido decisiva para os APL clássicos, mas com o desenvolvimento da internet talvez seja possível construir Arranjos, com atividades coordenadas à distância. O centro nacional poderia colocar as comunidades, com possibilidades de se federar, em contato, e os agentes de desenvolvimento as assistiriam na construção do APL. Também comunidades com especializações complementares – tecidos e confecções, produtoras de rações e criadoras de animais etc. – teriam boas razões para se federar e coordenar esforços de desenvolvimento para o benefício de todas. O centro nacional de preparação poderia criar espaço de negociação para todas as comunidades, tendo em vista constituir uma divisão geográfica de trabalho que compatibilizasse o desenvolvimento conjunto de todas as comunidades.

6. A organização do desenvolvimento local

Poderia parecer lógico concentrar a atividade da União em prol do desenvolvimento local num único centro. Neste momento, ele está sendo promovido por diferentes ministérios: de Integração Nacional, de Desenvolvimento, Indústria e Comércio Externo, de Segurança Alimentar (Consad) e de Desenvolvimento Agrário, pelo menos. Sem falar do Sebrae, dos bancos públicos, do Ministério do Trabalho e Emprego (através da Secretaria Nacional de Economia Solidária – Senaes), do Ministério das Cidades, do Turismo, da Pesca e da Piscicultura e do de Minas e Energia.

No interesse da autonomia das comunidades, o desenvolvimento comunitário deveria ser deixado para a iniciativa das autoridades municipais e estaduais. O apoio dos órgãos da União deveria ser coordenado, para evitar duplicação de esforços e disputas por competências e para centralizar a preparação dos agentes de desenvolvimento e a promoção do entrosamento das comunidades na construção de seu desenvolvimento. Mas essa coordenação deveria ser feita por um grupo de trabalho interministerial que preservasse a autonomia dos diversos órgãos em sua ação. Para não perder a riqueza da diversidade de abordagens, o melhor seria que cada comunidade pudesse contar com o apoio dos vários ministérios que tivessem afinidade com suas características e aspirações. Como foi argumentado antes, o trabalho direto com a comunidade deveria ficar a cargo de agências de fomento ou de movimentos sociais, que já realizam esse tipo de atividade, têm conhecimentos acumulados e possuem credibilidade. Desenvolvimento comunitário já está acontecendo no Brasil há décadas, portanto, não se está partindo do marco zero. A novidade seria a amplidão do apoio federal sistematizado e coordenado, mas sem qualquer intenção de padronizá-lo, pelas razões já aventadas.

A economia solidária no Brasil[1]

1. Histórico

Em 1981, o Brasil foi atingido pela grave crise financeira que se irradiou dos Estados Unidos ao Terceiro Mundo e com maior intensidade à América Latina, cujos países estavam pesadamente endividados. Com a queda do comércio internacional, esses países ficaram impossibilitados de atender as exigências dos serviços de suas dívidas públicas externas, o que os deixou potencialmente inadimplentes. Os credores condicionaram a rolagem das dívidas a rigorosas medidas de "austeridade" com cortes radicais das despesas públicas, o que mergulhou a economia brasileira (assim como outras economias latino-americanas) em recessão profunda, que acabou se prolongando, no caso brasileiro, pelas duas décadas finais do século XX.

Pela primeira vez desde os anos 1930, o Brasil enfrentou uma situação de desemprego em massa, com o empobrecimento de milhões

---

1 Escrito em 2013, foi publicado em Paul Singer, *Ensaios sobre economia solidária*, pref. Rui Namorado, Coimbra: Almedina, 2018, p.169-79.

de famílias, muitas das quais perderam suas residências, sendo obrigadas a se abrigar em favelas ou se resignar a morar nas ruas. O Brasil, na época, estava submetido a uma ditadura militar, que não estava preparada para acudir às famílias subitamente privadas de qualquer meio de subsistência.

Quem primeiro se mobilizou para auxiliar as vítimas da crise foram as igrejas, em particular a Cáritas, o braço de assistência social da Igreja católica. Ela contou com a ajuda internacional das Cáritas de países menos afetados pela crise. Com esse dinheiro, a Cáritas brasileira financiou milhares de pequenos projetos que receberam o nome de projetos alternativos comunitários (PACs). Esses projetos ofereceram aos beneficiários oportunidades de se organizarem em grupos de produção coletiva, que acabaram se tornando as sementes do que em seguida seria a economia solidária.

O exemplo da Igreja católica inspirou outras igrejas e outros setores sociais: os sindicatos começaram a organizar os associados em perigo de perderem os empregos, em empresas em via de encerrarem suas atividades. No começo dos anos 1990, surgiram as primeiras cooperativas de ex-empregados, que puderam arrendar a massa falida de seus ex-empregadores e assim recuperar as empresas sob a forma de cooperativas de trabalho, dando início à formação do que seria em poucos anos a economia solidária brasileira. Na mesma época surgiu o Movimento dos Trabalhadores Rurais sem Terra (MST), que passou a organizar milhares de famílias carentes para ocuparem terras não cultivadas. De acordo com a Lei de Terras em vigor, terrenos não utilizados podiam ser desapropriados para serem entregues a trabalhadores sem terra, o que – com o fim da ditadura militar em 1985 – ensejou o início da reforma agrária. Ainda nos anos 1980, o MST decidiu que as famílias assentadas formariam cooperativas de produção agropecuária. Em poucos anos, eram dezenas de milhares de famílias assim organizadas e que dessa forma deram origem a um notável movimento de cooperativas de agricultura familiar que continua se desenvolvendo em diferentes regiões do país.

A mobilização em prol das vítimas da crise atingiu as universidades, em que professores e alunos se uniram em incubadoras de cooperativas populares, que passaram a organizar e assessorar centenas

ENSAIOS SOBRE ECONOMIA SOLIDÁRIA

e depois milhares de grupos de homens e mulheres que se uniram em cooperativas de trabalho para enfrentar a penúria. Muitas dessas cooperativas formadas por mulheres se dedicam à produção artesanal de vestes, ornamentos, alimentos, plantas medicinais e diversos outros produtos. As cooperativas formadas em sua maioria por homens se dedicam à produção agrícola nos assentamentos de reforma agrária e à indústria, sobretudo nas cidades em que se localizam empresas recuperadas.

Outro grupo social que se organizou em cooperativas foram os catadores de lixo – pessoas em geral muito pobres, moradores nas ruas ou em lixões. Os resíduos sólidos catados servem de matéria-prima para um avultado número de artesãos produzir uma prodigiosa quantidade de objetos, em geral bonitos e atraentes. Atualmente, o Movimento Nacional de Catadores de Material Reciclável estima em cerca de 800 mil a 1 milhão de pessoas que vivem da cata, dos quais cerca de 10% estão organizados em cooperativas, em que diversas são contratadas pelas prefeituras para separar os resíduos sólidos recicláveis, limpá-los e preparar sua venda às indústrias de reciclagem. A receita assim obtida é o pagamento recebido pelos catadores pelos serviços prestados à higiene ambiental da cidade.

Durante os anos 1980 e início dos 1990, o movimento da nascente economia solidária era praticamente ignorado pela opinião pública brasileira. A mobilização crescente de igrejas, sindicatos e universidades ficou circunscrita ao âmbito restrito dessas entidades. A crise econômica continuou fazendo estragos, desde 1981 sob a forma de enorme inflação cuja repressão concentrava todos os esforços governamentais, frustrando qualquer perspectiva de retomada do desenvolvimento. A estabilidade dos preços foi finalmente recuperada mediante a abertura do mercado interno à importação de produtos industriais baratos da Ásia, o que fragilizou ainda mais a indústria nacional, com a perda adicional de milhões de postos de trabalho.

A retomada do desenvolvimento apenas se deu a partir de 2004, já no governo de Lula. O colapso do socialismo realmente existente na União Soviética e na Europa oriental induziu o Partido dos Trabalhadores a repensar os caminhos ao socialismo, como também fizeram outros partidos de esquerda da América Latina. Os debates conduziram os participantes a considerar os avanços do movimento operário e da sociedade civil, na luta contra os efeitos da tragédia social que a crise mundial havia detonado no Brasil. Começou-se a reconhecer o potencial socialista da economia solidária a ponto de ela ser incluída no programa de governo de Lula como candidato à Presidência da República, nas eleições de 2002, das quais saiu vencedor.

2. A economia solidária e seus princípios

A economia solidária é a herança atualizada do cooperativismo operário que surgiu como reação do proletariado industrial às condições desumanas de trabalho e de vida instauradas pela Revolução Industrial na Grã-Bretanha, a partir do século XVIII, e depois, nos séculos seguintes, em outros países da Europa e da América do Norte e, mais recentemente, nos outros continentes. Os princípios da economia solidária se inspiram nos princípios da Cooperativa dos Pioneiros Equitativos de Rochdale, fundada em 1844, e depois adotados com poucas alterações, em 1895, pela conferência de fundação da Aliança Cooperativa Internacional (ACI), entidade que até hoje representa o cooperativismo mundial. Desde então, a Aliança aperfeiçoou esses princípios em diversas conferências internacionais sem alterar sua essência.

O mais importante desses princípios é o que determina que a propriedade do capital da cooperativa de trabalho tem de ser dos trabalhadores a ela associados e exclusivamente deles. Esse princípio exclui a possibilidade de a cooperativa ter "sócios capitalistas", isto é, sócios que contribuem para o capital da cooperativa, mas não trabalham nela, obviamente porque têm outras fontes de renda. O princípio de que os meios de produção sejam propriedade unicamente dos trabalhadores é a garantia da *autonomia da cooperativa*, que não deve depender de ninguém que não seja trabalhador associado a ela.

Desse princípio segue logicamente que a administração da cooperativa deve ser exercida democraticamente pelos trabalhadores, cada um deles dispondo de um voto na assembleia de sócios que constitui o órgão supremo de decisão sobre os assuntos de que dependem os rumos da cooperativa. É a *autogestão* operária que garante a autenticidade dessa comunidade de trabalho e, por extensão, da economia solidária.

Outro princípio importante da economia solidária é o da *porta aberta*. Ele afirma que ninguém deve ser coagido contra sua vontade a entrar na cooperativa ou a ficar nela. Como o ambiente de trabalho na cooperativa é completamente diferente do ambiente nas empresas capitalistas, os que entram na cooperativa passam por um estágio probatório de alguns anos para verificar se se amoldam a ele e se os seus colegas estão certos de que ele se integrará no coletivo.

Em períodos de crise, é possível que parte dos sócios fique sem trabalho, mas este jamais será motivo para que sejam demitidos. É normal que os trabalhadores sejam solidários uns com os outros, de modo que nenhum sócio será individualmente prejudicado por uma evolução adversa do mercado. As cooperativas resistem bem às crises porque os que têm possibilidade de ganhar fora da cooperativa (que passageiramente está sem possibilidade de vender toda sua produção) espontaneamente aceitam se afastar dela, até que as condições do mercado se normalizem. A resiliência da economia solidária às crises é cada vez mais reconhecida. Como não visa lucros, mas algo que hoje é chamado de *bem-viver*, a economia solidária faz jus a seu nome, na medida em que permanece fiel a seus princípios.

Outro princípio que é indispensável à autogestão é o da *transparência*. Ao contrário da empresa capitalista, que cultiva o *segredo do negócio*, a cooperativa deve praticar a *transparência* em relação a tudo o que acontece de importante em seu seio. Se cada trabalhador é parte de um coletivo que é responsável pelas decisões que definem os seus rumos, é indispensável que ele esteja informado de tudo que afeta esse coletivo e por isso entenda o porquê das decisões adotadas. Isso fica claro se imaginarmos como seria uma cooperativa em que os membros do Conselho de Administração guardassem para si as informações que os levam a adotar determinadas decisões. Essa atitude obrigaria os demais trabalhadores que não têm assento no Conselho a aceitarem as decisões, mesmo se sua consciência os fizesse desejar o contrário. A intransparência tornaria a autogestão uma farsa.

Outro princípio da economia solidária é possibilitar a cada traba-lhador associado o acesso ao conhecimento. Nesse caso não se trata do conhecimento dos fatos que afetam o coletivo, mas do conheci-mento científico necessário para que os empreendimentos de eco-nomia solidária obtenham por sua produção um pagamento digno e justo pelos esforços despendidos em seu trabalho. Os Pioneiros de Rochdale já haviam adotado o princípio de que uma parte dos ga-nhos da cooperativa deveria ser usada para aprimorar a educação dos trabalhadores associados. Em nossa época, em que os conhecimentos proporcionados pela ciência progridem cada vez mais depressa, esse princípio ganha importância crescente.

Outro princípio decorrente da mesma realidade é o do rodízio nos cargos de direção. Os trabalhadores que exercem estes cargos têm oportunidades de aprender em função dos problemas com que se defrontam, oportunidades que os demais trabalhadores não têm. Os dirigentes que mantêm contato com clientes, fornecedores, geren-tes de bancos, representantes de outras cooperativas, dirigentes de cooperativas de segundo grau ou de redes de cooperativas etc., têm oportunidades exclusivas de aprendizado. Essa diferença de acesso ao conhecimento acaba destruindo a igualdade de direitos que é essencial à prática da democracia no seio da cooperativa. Por isso, o princípio do rodízio nos cargos de direção é tão importante. Em mui-tas cooperativas, esse princípio está explicitado no estatuto, que limi-ta o número de vezes em que a mesma pessoa pode ser reeleita para o mesmo cargo.

É paradoxal verificar que não poucas vezes o princípio do rodízio deixa de ser observado. Em cargos de muita responsabilidade ou de muita autoridade, não é incomum que a mesma pessoa seja reelei-ta vezes demais, nem sempre por sua vontade. É que a pessoa saiu-se bem no exercício do cargo, e por isso a maioria não quer que alguém menos experiente a substitua. Além disso, a maioria dos outros tra-balhadores, que nunca participaram do Conselho de Administração da cooperativa, tende a não aceitar substituir alguém que já participa durante anos do Conselho por não querer assumir uma responsabi-lidade para a qual não se acha capacitado. A permanência prolon-gada das mesmas pessoas em cargos de direção fere gravemente o

ENSAIOS SOBRE ECONOMIA SOLIDÁRIA   185

princípio de igualdade de direitos e deveres de todos os trabalhadores associados.

3. As políticas públicas de economia solidária no Brasil

Luiz Inácio Lula da Silva assumiu a Presidência da República a 1º de janeiro de 2003 e, pouco tempo depois, enviou ao Congresso um projeto de lei reorganizando o governo federal, como usualmente fazem os presidentes quando são empossados. Entre os dispositivos do projeto de lei, um determinava a criação no Ministério do Trabalho e Emprego (MTE) – de uma nova secretaria: a Secretaria Nacional de Economia Solidária. O Projeto de Lei tramitou pela Câmara dos Deputados e pelo Senado e depois voltou à Câmara, onde foi finalmente aprovado. A nova Secretaria, conhecida hoje como Senaes, foi oficialmente inaugurada a 26 de junho de 2003.

O Ministério do Trabalho e Emprego já existia desde 1932 e tinha como missão defender os direitos dos empregados e, portanto, cuidar da observância da Consolidação das Leis do Trabalho que regem o trabalho assalariado. Em 2003, cerca de metade dos trabalhadores brasileiros eram assalariados formais, ou seja, tinham sua carteira do trabalho devidamente assinada pelo empregador, onde constavam datas e quantias que resumiam direitos e deveres que constituíam o seu contrato de trabalho. A outra metade da população economicamente ativa era constituída por trabalhadores por conta própria, empresários, desempregados e um número avultado de trabalhadores de fato assalariados mas informais, ou seja, trabalhavam para alguém que lhes pagava um salário, mas sem registro em carteira do trabalho e provavelmente nem na documentação da firma do empregador.

Como naquele momento o desemprego era muito grande, muitos trabalhadores se submetiam à informalidade por falta de alternativa. A informalidade facilitava aos empregadores descumprirem seus deveres, já que o empregado informal teria muita dificuldade de comprovar seus direitos na hipótese de recorrer à Justiça do Trabalho. O MTE tem, entre outras secretarias, a Secretaria de Inspeção do

Trabalho (SIT), cuja missão é fiscalizar empresas para fazer que cumpram suas obrigações trabalhistas. Uma de suas tarefas é multar as empresas que empregam trabalhadores não registrados.

Para evitar as multas, as empresas obrigavam os trabalhadores contratados a se registrarem como membros de falsas cooperativas, criadas pelos próprios empregadores, para deixar de cumprir a legislação do trabalho. Naquela época, a lei considerava sócios de cooperativas de trabalho trabalhadores autônomos, ou seja, por conta própria. Eles faziam jus a uma retirada mensal, que lhes era paga por intermédio da falsa cooperativa, e nada mais. O pagamento de férias, horas extras, salário mínimo, o Fundo de Garantia de Tempo de Serviço [equivalente a 8% do salário] e demais benefícios jamais era feito, o que significava que o trabalhador era espoliado em cerca de 50% do salário que lhe era legalmente devido.

Obviamente, a recepção da Senaes por parte dos colegas do Ministério e sobretudo dos auditores fiscais do trabalho era de total desconfiança: o que vinham fazer aqui no MTE esses sujeitos encarregados de fomentar, proteger e apoiar cooperativas de trabalho quando sabidamente *são todas falsas* e só servem para espoliar os pobres trabalhadores? Só nós sabíamos que grande número de cooperativas era autêntica, inclusive muitas que prestavam serviços a empresas capitalistas se faziam pagar, sempre que possível, por valores que correspondiam a todos seus direitos legais. A total ignorância da economia solidária nos deixava espantados, até que nossa colega secretária de Inspeção do Trabalho, uma pessoa notável pela inteligência e pela dedicação à justiça para o trabalhador, nos alertou de que a única oportunidade que ela e seus fiscais tinham de lidar com cooperativas era quando elas eram objeto de denúncias. Nessas condições, não era de se espantar que eles acreditassem que qualquer cooperativa de trabalho só podia ser falsa.

Felizmente para nós, da Senaes, havia um numeroso movimento de economia solidária que se mobilizou para festejar a criação da Senaes. Por ocasião da posse, realizou-se a III Plenária de Economia Solidária em Brasília com o comparecimento de oitocentos delegados de todo o país. Propusemo-nos a apoiar todos os esforços para erradicar as falsas cooperativas, desde que, evidentemente, as verdadeiras

ENSAIOS SOBRE ECONOMIA SOLIDÁRIA 187

fossem poupadas. E organizamos cursos especialmente para funcionários dos demais ministérios do governo federal sobre o que é economia solidária, os seus princípios e sua realidade. A curiosidade pelos recém-chegados era de fato muito grande, e gradualmente conquistamos o apoio da grande maioria dos colegas de nosso e dos demais ministérios.

Uma de nossas primeiras políticas foi dar pleno apoio ao Fórum Brasileiro de Economia Solidária, que reúne a totalidade das cooperativas e entidades de apoio e fomento da economia solidária no Brasil, tendo sido fundado na III Plenária que se realizou em Brasília, juntamente com a inauguração da Senaes. Depois disso, não tivemos mais descanso, pela avalanche de pedidos de ajuda e apoio por parte tanto das cooperativas quanto das numerosas entidades não governamentais que prestavam e ainda prestam apoio aos empreendimentos de economia solidária que estavam e estão se formando por todo o Brasil.

Desde o seu início, a Senaes estabeleceu como prioridade de suas ações o combate à pobreza. Este também era o principal compromisso do governo de Lula, que começou lançando o Programa Fome Zero. A realização desse Programa estava a cargo de um ministério especialmente criado para este fim. O MTE se engajou nessa luta ao lado de outros ministérios com responsabilidades na área social. A sua meta na luta contra a fome era reduzir o desemprego. Nesse sentido, duas secretarias se engajaram: a de Políticas Públicas de Emprego procurou fomentar a criação de mais empregos formais por parte de empresas capitalistas e empresas públicas, enquanto a Senaes tratou de fomentar o autoemprego coletivo de trabalhadores associados a cooperativas. Como já foi visto, havia no país numerosas cooperativas formadas por trabalhadores sem trabalho, por trabalhadores rurais sem terra frequentemente ocupando terras pouco ou nada cultivadas de latifúndios, às vezes ameaçados de despejo por ordem judicial, e agrupamentos informais de homens e mulheres residentes em áreas urbanas em busca de oportunidades de trabalho para ao menos garantir sua sobrevivência. A Senaes passou, a partir de 2004, a dispor de recursos do orçamento do governo federal e com eles tratou de apoiar essas cooperativas e agrupamentos, constituídos por gente muito pobre e além disso totalmente sem acesso às fontes convencionais de crédito.

A ação da Senaes consistia em aplicar seus recursos tanto no apoio direto a coletivos solidários de trabalhadoras e trabalhadores como no apoio a entidades da sociedade civil sem finalidade de lucro, dedicadas ao fomento e suporte a empreendimentos de economia solidária. Para tornar mais efetivas suas políticas, era necessário que a equipe da Senaes conhecesse melhor as condições e possibilidades reais desses empreendimentos. Para tanto, a Senaes, atendendo a pedidos, convocou em 2004 o I Encontro Nacional de Empreendimentos de Economia Solidária em Brasília. O atendimento a essa chamada foi muito além do esperado: nada menos de 1.400 representantes de empreendimentos compareceram ao encontro, vindos de todos os recantos do Brasil. Pela primeira vez, vimos no mesmo salão reunidos camponeses, operários, artesãos, pescadores, indígenas, quilombolas, costureiras, representantes de grupos incubados por universitários, criadores de abelhas e uma grande variedade de pessoas pertencentes a movimentos sociais em luta contra a opressão de diferentes setores da sociedade brasileira.

Esse encontro foi de fundamental importância para possibilitar a crescente inserção da Senaes na realidade econômica, social, cultural e política do país. Foi pouco depois do I Encontro de Empreendimentos que a Senaes decidiu que a economia solidária poderia se tornar um instrumento válido para promover o desenvolvimento local de comunidades pobres. Para tanto, iniciou-se um primeiro experimento com quilombos, que são comunidades rurais de descendentes de escravos que permaneceram isoladas durante gerações, mas passaram a ser reconhecidas a partir da Constituição de 1988 como titulares do direito à posse coletiva do solo, direito idêntico ao reconhecido também às comunidades indígenas.

A estratégia de desenvolvimento local pela qual a Senaes optou foi a do endodesenvolvimento, ou seja, o desenvolvimento produzido pelo esforço coordenado dos membros da própria comunidade, sem depender de investimentos externos, provindos de fontes públicas ou de fontes privadas. A estratégia repousava na ação de agentes locais de desenvolvimento, escolhidos pela própria comunidade e

ENSAIOS SOBRE ECONOMIA SOLIDÁRIA

submetidos a uma formação em economia solidária e endodesenvolvimento a cargo da Senaes. Cada agente de desenvolvimento tinha por encargo mobilizar a comunidade e organizar com ela planos de desenvolvimento econômico à base da formação de cooperativas. Os agentes estavam em perene contato com coordenadores estaduais e podiam contar com o apoio de agências do governo federal, além da própria Senaes, para apoiar a comunidade em luta pelo seu desenvolvimento. Cada agente elaborava um relatório mensal de suas atividades, que era enviado ao seu coordenador e a uma equipe de desenvolvimento local da Senaes. Posteriormente, o programa foi desdobrado em diferentes setores: etnodesenvolvimento tendo por alvo comunidades tradicionais indígenas e quilombolas; desenvolvimento feminista visando ao fomento de cooperativas formadas por mulheres e o desenvolvimento de comunidades formadas por jovens.

Como um dos desafios fundamentais ao desenvolvimento da economia solidária é a falta de acesso a capital, uma das políticas públicas que alcançou melhores resultados até o momento tem sido a de promoção das finanças solidárias. Estas são constituídas por três tipos de entidades: bancos comunitários de desenvolvimento, fundos rotativos solidários e cooperativas de crédito. Cada um desses tipos de entidades é autogestionário. O banco comunitário é formado em geral pela população de um bairro ou de uma vizinhança, formada por centenas ou milhares de famílias, em geral pobres. O banco se especializa em financiar iniciativas de economia solidária de autoria de membros da comunidade à qual pertence o banco. Para dispor de meios para fazer os financiamentos o banco comunitário emite uma moeda social. Essa moeda circula no comércio do bairro ou vizinhança; sua circulação é estimulada pela concessão de descontos nos preços a serem pagos pelos compradores desde que utilizem a moeda social. Esse procedimento faz que os moradores do bairro e também da redondeza prefiram fazer suas compras no bairro em que opera o banco comunitário. Essa preferência estimula o desenvolvimento de cooperativas de produção e de serviços no território de atuação do banco. Por isso ele faz jus à denominação de Banco Comunitário de Desenvolvimento.

Fundos rotativos solidários são formados por famílias ligadas por laços de amizade e/ou parentesco. Cada família associada ao Fundo coloca nele mensalmente uma certa quantia. Quando o Fundo atinge um determinado valor, definido pelas associadas, o dinheiro acumulado é sorteado entre as famílias; a família contemplada passa a ter um certo capital com o qual pode construir uma cisterna se for moradora na região semiárida do Brasil ou adquirir sementes para plantar ou animais para iniciar uma criação. Nos períodos seguintes de acumulação de poupanças, as famílias já contempladas continuam contribuindo com suas cotas de poupança ao fundo solidário, mas não entram mais nos sorteios até que todas famílias tenham sido contempladas. Esta é uma modalidade de financiamento comunitário tradicional que é praticada por pobres em todos os continentes e é muito efetiva. Coletivizando pequenas poupanças e as distribuindo ao acaso a uma família após a outra, cada uma tem sua oportunidade de deixar de ser pobre, o que acaba por constituir um processo de desenvolvimento solidário que beneficia toda coletividade e preserva os laços de solidariedade entre as famílias participantes. Entre todos os benefícios auferidos, a preservação dos laços é provavelmente o mais importante.

Finalmente, cooperativas de crédito são intermediários financeiros legalmente formalizados e supervisionados pelo Banco Central. Seus sócios abrangem muitas vezes uma área maior e são em geral famílias em melhores condições econômicas do que as dos bancos e fundos. No Brasil, atualmente, grande parte das cooperativas de crédito solidário são formadas por agricultores familiares, em geral proprietários das terras em que produzem. Formam redes em que oferecem aos associados clientes os mesmos serviços financeiros que são fornecidos pelos bancos comerciais privados. Sua importância para os agricultores mais pobres é vital porque lhes fornecem os créditos públicos subsidiados do Programa Nacional de Fortalecimento da Agricultura Familiar (Pronaf).

O relato das políticas públicas de economia solidária aqui apresentado se limita às políticas desenvolvidas pela Senaes, nas quais temos envolvimento direto. Outras políticas de economia solidária são desenvolvidas por 22 outros ministérios, com os quais a Senaes tem acordos de cooperação. Faltam-nos no momento fontes de informação que permitiriam um relato sobre as mesmas; além disso, o espaço disponível certamente não seria suficiente para apresentá-las neste texto.

A título de informação complementar, devo acrescentar que políticas públicas de economia solidária são igualmente desenvolvidas por centenas de governos municipais e por mais de metade dos governos estaduais do Brasil.

A economia solidária como inovação no Brasil no fim do século XX[1]

Em 1981, o Brasil foi colhido pela grande crise financeira que, a partir dos Estados Unidos, se irradiou pelo mundo. O seu impacto foi particularmente violento na América Latina, onde assumiu a forma de "crise do endividamento externo", com forte queda do gasto público e consequente baixa da atividade econômica, provocando no Brasil a primeira experiência de desemprego em massa e gigantesca exclusão social da nossa história.

Milhares perderam seus empregos, e grande parte das famílias assim atingidas teve de passar a morar em favelas ou então nas ruas. Estávamos em regime militar, que se mostrou incapaz de acudir às vítimas dessa tragédia social. Foi então que a Cáritas, entidade beneficente da Igreja católica, saiu a campo para oferecer aos excluídos uma estratégia de sobrevivência, baseada na solidariedade e, portanto, na ajuda mútua.

---

1 Publicado em Paul Singer, *Ensaios sobre economia solidária*, pref. Rui Namorado, Coimbra: Almedina, 2018, p.165-7.

Contando com recursos doados pelas Cáritas de outros países, a Cáritas brasileira começou a organizar os desempregados em projetos alternativos comunitários (PACs). Estes eram, a princípio, pequenos grupos de produção à procura de qualquer oportunidade de ganho através de trabalho associado. Todos contribuíam para a tarefa comum do modo que lhes era possível, e a soma obtida era repartida entre todos em proporção da necessidade de cada família. À medida que atuavam juntas, as pessoas foram se conhecendo e criando laços de confiança mútua. A Cáritas foi percebendo que as pessoas iam se emancipando da dependência do emprego assalariado. Resolveram denominar a sua ação de "solidariedade que liberta", atestando que os PACs eram muito mais do que apenas saídas emergenciais.

A crise que estourou em 1981 se prolongou até o início do século XXI, o que deu tempo a que milhares de PACs, espalhados pelo Brasil, se transformassem em assentamentos de reforma agrária (principalmente do MST), em cooperativas de produção de mel e própolis, de fitoterápicos, de artesanias variadas, de serviços urbanos, sobretudo de reciclagem de resíduos sólidos. De todas essas inovações nasceu a economia solidária. Não há dúvida de que, no Brasil dos anos 1980, o cooperativismo de trabalho tornou-se importante tecnologia social, até então desconhecida no país. As primeiras cooperativas de trabalho penaram para encontrar alguém que tivesse conhecimento dessa modalidade cooperativa. O que havia em certa profusão eram cooperativas agrícolas e cooperativas de consumo. Nos anos 1990, enfim, começou-se a reconhecer a importância das cooperativas de trabalho.

Além da Igreja, os sindicatos descobriram que, se os trabalhadores de uma empresa em crise se organizassem em cooperativa, eles teriam grande chance de assumir a direção da massa falida e de prosseguir na produção até recuperá-la economicamente, evitando que seus membros ficassem desempregados por muito tempo. Daí surgiram as empresas recuperadas por trabalhadores.

Por essa mesma época, a Universidade Federal do Rio de Janeiro inventou a Incubadora Tecnológica de Cooperativas Populares (ITCP), outra inovação social. Hoje há mais de oitenta delas em igual número de universidades espalhadas pelo país. Formadas predominantemente por estudantes, as ITCP acolhem grupos de pessoas sem trabalho e que almejam se associar para atuarem na economia solidária. Eles os instruem nos princípios da autogestão, prática universal do cooperativismo, e os assistem e acompanham num processo de aprendizado mútuo, em que os trabalhadores aprendem a praticar a democracia econômica e os estudantes aprendem o que são os modos de vida da maioria dos brasileiros de pouca renda e os caminhos possíveis de resgatá-los da pobreza.

O cooperativismo foi uma inovação social, na passagem do século XVIII ao XIX, inventado para enfrentar a degradação do trabalhador, proletarizado pela Revolução Industrial na Grã-Bretanha, França e demais países europeus. Redescoberto no Brasil dois séculos depois, a ele se agregaram mais inovações sociais, como os clubes de troca, que introduziram no país a experiência das moedas sociais, hoje emitidas pelos bancos comunitários. A moeda social é um instrumento de troca que circula em comunidades urbanas, sendo aceitas apenas pelo comércio local. Isso faz que a produção local ganhe a preferência dos vizinhos, viabilizando o seu desenvolvimento porque é protegida da concorrência dos produtos que vêm de fora e não podem ser adquiridos com a moeda social.

A economia solidária hoje é praticada em todos os continentes e em cada país adquire formas próprias, em parte pela diversidade das culturas, em parte pela diversidade das economias locais. Tendo de enfrentar a concorrência de empresas capitalistas, algumas poderosas, a economia solidária é obrigada a se reinventar para se tornar resiliente, ou seja, capaz de reagir a ameaças. Uma fonte fecunda de inovações é certamente o comércio justo e solidário, hoje organizado num sistema brasileiro. Graças a ele, a solidariedade não é praticada apenas dentro das cooperativas, mas entre elas, através da formação de distintas redes de cooperativas, muitas sendo autênticas inovações. São exemplos notáveis a "Justa Trama", a Agência de Desenvolvimento Solidário da Central Única dos Trabalhadores (CUT) e a sua Conexão Solidária.

Essa história mostra que a economia solidária foi uma inovação social em sua origem e logo se tornou fonte de outras inovações sociais. Isso só acontece quando a inovação mãe é fecunda e seus princípios induzem a criação de mais inovações. No caso da economia solidária, a novidade está na solidariedade praticada na economia, quando esta se encontra sob o domínio do capitalismo, cujo princípio reitor é a competição, encarada como o oposto da solidariedade. Na competição pelo domínio dos mercados, a prática da colaboração entre concorrentes é proibida como delito. Como a competição sempre produz ganhadores e perdedores, ela é fonte inesgotável de desigualdade. Como o ideal dos que fazem a economia solidária é uma sociedade de iguais, fica evidente que entre ela e o capitalismo não há conciliação possível. Por isso, ela está sendo conhecida também como a *outra economia*.

A experiência brasileira nas políticas públicas para a economia social e solidária[1]

1. Políticas públicas para a ESS

Políticas públicas para a economia social e solidária (ESS) visam amparar o desenvolvimento de uma economia caracterizada pela propriedade coletiva dos meios de produção, pela gestão participativa democrática do processo econômico de produção e distribuição e pela repartição da renda gerada pelo empreendimento segundo critérios de justiça distributiva definidos em conjunto pelos seus participantes. Os empreendimentos que atuam segundo os princípios da ESS constituem um modo de produção que se desenvolve em economias nacionais nas quais o capitalismo está presente há mais tempo e se caracteriza por relações sociais de produção baseadas na propriedade privada dos meios de produção, sendo o tra-

---

1 Escrito em 2011, para mesa de debate sob o tema "Necessidades de conhecimento: capacidade para o desenho e gestão de políticas públicas para a economia social e solidária", foi publicado em Paul Singer, *Ensaios sobre economia solidária*, pref. Rui Namorado, Coimbra: Almedina, 2018, p.179-91.

balho executado por assalariados, cuja participação na renda gerada no empreendimento é definida contratualmente entre empregador e empregados, a partir da contradição entre seus interesses, pois, quanto maior a folha de pagamento dos trabalhadores, tanto menor será o montante de lucro auferido pelos donos do capital. E vice-versa.

A propriedade privada do capital se concentra normalmente numa pequena fração da população economicamente ativa. A maioria não proprietária de meios de produção só tem acesso a ele mediante a venda de sua capacidade de produção aos capitalistas por valores determinados pela relação entre oferta e demanda de força de trabalho. A repartição da renda entre salários e lucros se define num contexto dominado pelo antagonismo entre as classes sociais, em geral regulado pela legislação do trabalho vigente e pela capacidade de luta das organizações sindicais de assalariados e de empregadores em confronto.

Diante do fato de o capitalismo ser o modo de produção mais antigo e dominante, a cultura que prevalece na sociedade tende a considerar normal a subordinação dos que executam o trabalho aos que determinam as normas que regem o trabalho e o destino das mercadorias por ele produzidas. Essa divisão de atribuições e poderes entre patrões e empregados condiciona a subordinação dos últimos aos primeiros. A ESS surge como reação de trabalhadores contra essa subordinação e visa precisamente eliminá-la através da propriedade coletiva do capital pelos trabalhadores, entre os quais deve prevalecer total igualdade de direitos de participação nas decisões que definem a divisão do trabalho e dos rendimentos que dele decorrem.

Nos setores da economia dominados pelo capitalismo, verifica-se a concorrência entre os empreendimentos, que naturalmente tende a concentrar a propriedade do capital nos mais poderosos, o que não pode deixar de aprofundar a subordinação dos trabalhadores aos seus patrões. Nos setores dominados pela ESS, a concorrência entre os empreendimentos tende a ser evitada, pois os seus donos – os trabalhadores – não almejam maximizar seus ganhos, mas fortalecer seus empreendimentos, inclusive associando-os em redes ou em cooperativas de segundo e terceiro grau formadas pelas cooperativas singulares. Quando empreendimentos capitalistas e solidários se encontram no mesmo mercado, a concorrência entre os mesmos torna-se inevitável: os empreendimentos capitalistas têm mais facilidade em dispor de capital em comparação com os empreendimentos solidários, cuja vantagem relativa decorre da solidariedade entre seus trabalhadores-proprietários, assim como entre os próprios empreendimentos solidários.

Em cada país, a disputa entre capitalismo e ESS é um fato da vida, que se trava tanto no plano propriamente econômico quanto no plano político e ideológico. O capitalismo tende a ser dominante econômica e socialmente, mas seus frutos tendem a ser rejeitados pela maioria da população, que raramente se beneficia deles. Por isso, é cada vez mais comum que a ESS seja fomentada por governos democraticamente eleitos. Assim sendo, a luta de classes se desenrola em diferentes planos: patrões e empregados se confrontam dentro dos setores da economia que são capitalistas. Na economia como um todo, pode haver confrontos entre os diferentes modos de produção; no plano político, eventualmente na disputa pela apropriação de fundos públicos e/ou pelo espaço de crescimento que a legislação, que regula a tributação da renda auferida por empresas capitalistas e empreendimentos solidários, é oferecida a um e outro modo de produção.

É nesse contexto que se definem as políticas públicas de ESS. Em muitos países, tais políticas nem existem, em outros surgem como modalidades de assistência social, visando proteger e eventualmente reinserir social e economicamente as pessoas e famílias que as crises do capitalismo periodicamente marginalizam ou chegam a arruinar. Mas neste seminário nos interessam os países que adotam a ESS como modo preferencial de produção e que por isso estão determinados a promover a sua expansão quantitativa e o seu fortalecimento econômico e institucional.

Para simplificar a exposição, vamos adotar a hipótese de que o governo que deseja fomentar a ESS não limita suas políticas ao apoio aos mais pobres, mas as estende também aos empreendimentos solidários que dispõem de capital próprio, mas sem praticar políticas que transformam empreendimentos capitalistas não em crise diretamente em empreendimentos de ESS. Essa hipótese se aplica à experiência brasileira dos últimos oito anos, que constitui a base empírica deste ensaio. Ela combinou o apoio a empresas capitalistas com o fomento de empreendimentos da ESS. Essa postura do governo respeita as opções livremente adotadas pelos cidadãos, sejam empreendedores ou trabalhadores, por um ou outro modo de produção.

2. Políticas públicas de ESS

As políticas de ESS têm frequentemente como objetivos: 1. transmitir conhecimentos a trabalhadores e trabalhadoras que possam estar interessados em optar pela ESS, para habilitá-los a fazer essa opção, conscientes das vantagens e desvantagens que ela implica; e 2. capacitar as pessoas já decididas a tentar a sorte na ESS a darem os passos necessários a uma inserção efetiva na ESS, seja mediante a associação com outros trabalhadores que fazem a mesma opção para formar novos empreendimentos solidários, seja pela entrada em empreendimentos solidários já em funcionamento.

As políticas que perseguem o primeiro objetivo têm caráter educativo, pois visam difundir conhecimentos sobre a realidade da ESS no país e as diversas modalidades que seus empreendimentos assumem conforme as características das regiões em que se situam e os ramos de produção de que participam. Uma parte dessas políticas se dirige aos educandos dos sistemas de ensino profissional desde o nível elementar até o universitário. No Brasil, as pessoas que não puderam cursar a escola quando jovens têm a oportunidade de recuperar seu atraso através do programa Educação de Jovens e Adultos (EJA), que é realizado mediante convênios entre o governo federal e entidades da sociedade civil sem fins de lucro. No EJA, a economia solidária é ensinada em todas as modalidades.

No ensino superior, a economia solidária é matéria que pode ser oferecida em cursos de graduação e pós-graduação. Além disso, ela se destaca nas atividades de extensão universitária, sob a forma de incubadoras de cooperativas populares, que atuam em cerca de uma centena de universidades federais, estaduais e comunitárias. As incubadoras são formadas por professores e alunos das mais diferentes

ENSAIOS SOBRE ECONOMIA SOLIDÁRIA

áreas da universidade, o que lhes confere caráter interdisciplinar. Elas incubam agrupamentos de trabalhadores que cogitam se associar em cooperativas. A incubação é realizada por formadores, em sua maioria estudantes de graduação, que recebem conhecimentos que os habilitam a ensinar aos trabalhadores os princípios da economia solidária e as formas de sua aplicação às práticas econômicas associativas.

A incubação consiste não só de ensino, mas também de acompanhamento das cooperativas em formação, durante o qual os estudantes participam de atividades em que se decidem os passos que a cooperativa deve dar para alcançar seus objetivos. Os estudantes aprendem a enfrentar os desafios que cooperativas populares, isto é, formadas por gente pobre, têm de superar. Nesse processo, os estudantes conseguem muitas vezes assessorar as cooperativas, inclusive oferecendo acesso a tecnologias sociais, de que os estudantes tomam conhecimento por meio de contatos com professores, pesquisadores e técnicos que trabalham na universidade.

A incubação é um processo de aprendizagem mútua entre universitários e trabalhadores. Os formadores estudantis transmitem conhecimentos que recebem na condição de alunos, mas também na de agentes de fomento da ESS. Cada cooperativa em incubação provoca intensa troca de conhecimentos entre os incubadores estudantis, na medida em que enfrentam desafios e aproveitam oportunidades que diferem entre as cooperativas em incubação porque decorrem das circunstâncias específicas em que cada uma delas se desenvolve. Na incubadora da Universidade de São Paulo, que pude coordenar desde sua fundação por cerca de cinco anos, havia reuniões semanais dos formadores estudantis com os professores e técnicos, em que as experiências vividas nos processos de incubação eram intensamente discutidas. Nessas reuniões, o aprendizado mútuo era evidente, e a produção de novos conhecimentos a partir das experiências vividas era vital para o aperfeiçoamento dos processos de incubação.

O Programa Nacional de Incubadoras de Cooperativas Populares (Proninc) fomenta a formação de incubadoras nas universidades e nos institutos federais de educação tecnológica (Ifets) em que ainda não existem. Desse programa participam nada menos que oito ministérios do governo brasileiro, que realizam políticas de ESS em parceria com incubadoras. Essas políticas visam, em geral, ao desenvolvimento de novas atividades econômicas, mediante o fomento a empreendimentos de ESS nas áreas em que esses ministérios atuam. Um exemplo significativo é o do Ministério da Justiça, sob cuja jurisdição se encontra o sistema penitenciário nacional. A grande maioria dos que cumprem penas no Brasil é formada por homens jovens de baixíssima escolaridade, muitos já tendo mulher e filhos, que sustentavam com ganhos obtidos por meio de atividades delituosas. Uma vez cumprida a pena, os egressos das prisões voltam à sociedade, com mínimas possibilidades de encontrar emprego, não só pela falta de qualificação, mas também pelo estigma de terem sido condenados. Consequentemente, as taxas de reincidência no crime são altíssimas. Tendo em vista reduzir a reincidência, o Ministério da Justiça entrou no Proninc e, em parceria com a Secretaria Nacional de Economia Solidária (Senaes), executa um programa de desenvolvimento econômico das regiões em que é grande a presença do crime e da violência, por meio do fomento de empreendimentos da ESS, com a participação de incubadoras. O programa prevê também a criação de cooperativas de trabalho nas penitenciárias, com o objetivo de facilitar a inserção socioeconômica dos egressos, uma vez cumprida a pena. O programa prevê a conexão das cooperativas em penitenciárias com as cooperativas localizadas nas áreas em que vivem as famílias dos condenados, de modo a garantir que os egressos possam prosseguir em seu trabalho cooperativo depois de cumprida a pena.

O exemplo da política de fomento da ESS pelo Ministério da Justiça é apenas uma de diversas políticas de ESS promovidas por vários órgãos do poder público. O Brasil é um país semidesenvolvido, em que grande parte da população é pobre por ter sido marginalizada dos processos de desenvolvimento. O capitalismo é um modo de produção dinâmico, que se expande a maior parte do tempo, mas se contrai quando entra em crise. Nessas ocasiões, as oportunidades de emprego praticamente somem, e muitos trabalhadores que estavam empregados perdem essa condição e por isso se tornam pobres. Quando a crise finda e a economia capitalista volta a crescer, uma parte dos trabalhadores que foi excluída pelo desemprego consegue se reinserir, mas nem todos têm essa sorte, seja porque durante o tempo em que ficaram desempregados não puderam se atualizar profissionalmente seja porque estão velhos demais para conseguir disputar empregos com outros na flor da idade.

Como é sabido, o capitalismo dificilmente emprega a totalidade de pessoas que almejam um emprego, sendo normal a existência de um exército industrial de reserva. Quando ocasionalmente a demanda por mão de obra tende a exceder a oferta, a tendência dos salários é subir, o que poderia comprimir os lucros, se as empresas não pudessem repassar o aumento de seus custos com a folha de pagamentos aos preços dos produtos que vendem. Como quase sempre esse repasse é feito, os momentos de pleno emprego são acompanhados de pressões inflacionárias, que têm o condão de se reproduzir ampliadamente. O temor à inflação induz os governos a adotarem políticas de contenção do crédito e de redução do gasto público, para reverter a conjuntura. O resultado quase sempre é a queda das vendas e dos investimentos, que ocasionam a redução da demanda por força de trabalho e a reconstituição do exército industrial de reserva, ou seja, a exclusão social e o aumento da pobreza.

A presença da pobreza nos países em que a economia é capitalista não é, portanto, casual, mas uma condição essencial para que a exploração da mão de obra ocorra "normalmente". Para dar oportunidade a todos de participarem do desenvolvimento e desse modo erradicar a pobreza, torna-se indispensável desenvolver, ao lado das empresas capitalistas, empreendimentos de ESS que não visam ao lucro e por isso não promovem a disputa pela renda entre o capital e o trabalho em seu seio. É claro que empreendimentos solidários também precisam produzir um excedente para ser investido na expansão da capacidade produtiva e no aperfeiçoamento desta. Os sócios de cooperativas limitam suas retiradas mensais para que uma parte da receita, que eles consideram adequada, possa ser colocada em diversos fundos de inversão. Esse "sacrifício" de ganho é aceito pelos trabalhadores porque sabem que os recursos poupados para serem investidos continuam sendo deles e serão aplicados para melhorar seu padrão de vida. A autogestão torna a poupança coletiva perfeitamente aceitável para os sócios, pois sabem que ela não passa de um adiamento do consumo que será vantajoso para eles no futuro.

A situação é totalmente diferente nas empresas capitalistas, porque: a) o excedente toma a forma de lucro e é apropriado inteiramente pelos empresários; e b) a decisão de eventualmente ampliar o excedente é tomada unilateralmente pelos empregadores e só chega ao conhecimento dos trabalhadores pela leitura do balanço anual, quando a decisão já foi implementada e o aumento do lucro pode ser comparado com o montante de salários pagos aos empregados. Coisas assim ocorrem normalmente nas empresas capitalistas e dão lugar a lutas conduzidas pelos sindicatos que visam ao aumento dos salários para recuperar a participação dos trabalhadores na receita resultante do seu trabalho. Os empregadores resistem às reivindicações dos empregados porque visam à obtenção de uma taxa de lucro comparável à usufruída pelos capitais concorrentes. Sendo a taxa de lucro extraída da empresa considerada insuficiente pelos seus dirigentes, eles não hesitarão em fechá-la no lugar em que está para reabri-la em outra localidade, eventualmente em outro continente, em que os salários e/ou os tributos são menores, de modo a alcançar a taxa de lucro almejada.

Podemos concluir, portanto, que, se a redução da pobreza é um objetivo prioritário do governo, torna-se necessário que ele promova o desenvolvimento da economia nacional por meio do fomento da ESS. Isso requer diversas políticas públicas que visam a distintos objetivos: 1º) disseminar entre a população trabalhadora a convicção de que o emprego assalariado não é a única nem necessariamente a melhor opção para ganhar a vida de forma digna; de que há outras opções, entre as quais se destaca o exercício por conjuntos de trabalhadores associados de atividades por conta própria; 2º) oferecer aos trabalhadores que dão preferência a essa opção oportunidade de adquirirem meios de produção e as habilidades profissionais necessárias para utilizá-los eficazmente e administrá-los coletivamente; 3º) estimular o desenvolvimento de sistemas financeiros solidários cujos serviços são necessários para que os empreendimentos produtivos cooperativos possam desenvolver plenamente suas potencialidades.

ENSAIOS SOBRE ECONOMIA SOLIDÁRIA   205

3. Política pública de desenvolvimento local por meio da ESS

Uma política que no Brasil se mostrou importante é *a promoção do desenvolvimento local por meio da ESS*. Em vez de limitar as políticas de ESS ao apoio a trabalhadores que já decidiram se associar para desenvolver autonomamente atividades econômicas, é possível contatar comunidades em bolsões de pobreza e oferecer-lhes a oportunidade de desenvolverem suas economias através da criação de empreendimentos cooperativos, viabilizados pela ação de *agentes de desenvolvimento*. Uma vez a comunidade tendo decidido se integrar ao Programa de Desenvolvimento Local de ESS, ela é convidada a designar entre os seus membros uma pessoa que será o agente de desenvolvimento. Este terá por encargos: a) motivar todos componentes da comunidade para que tomem parte ativa no processo, de modo que todos participem das tomadas de decisões e da criação de empreendimentos solidários; b) se integrar na rede de agentes, que em cada estado é dirigido por um coordenador diretamente ligado à direção nacional do Programa. A função da rede de agentes é conectar cada comunidade em desenvolvimento às políticas públicas municipais, estaduais e federais que serão imprescindíveis para o desenvolvimento: banco comunitário, educação pública, saúde pública, saneamento básico, infraestrutura de energia, transporte, comunicação, armazenamento etc.

A política de desenvolvimento local solidário decorre do reconhecimento de que o desemprego, a miséria e a exclusão social não são situações individuais, mas coletivas. Ao contrário do que supõe a ideologia individualista, que atribui à pessoa que sofre uma dessas situações a culpa de se encontrar nela, a ESS percebe que essa culpa, o mais das vezes, deriva da estrutura de classes em que a sociedade capitalista se divide e da conjuntura cíclica que rege a dinâmica da economia de mercado. Logo, reverter tais situações exige ações comuns de todas as vítimas, que sejam concomitantes para que se possam apoiar mutuamente. Se numa favela ou num povoado, em que todos são pobres, um ou dois moradores decidem iniciar algum negócio, é quase certo que ele estará condenado ao fracasso por causa da falta de poder aquisitivo dos moradores, que se traduz em demanda insuficiente pelas mercadorias que os negociantes colocarem à venda.

Agora, se uma parte grande da favela ou povoado resolver iniciar uma série de negócios que possam satisfazer as necessidades básicas dos moradores *ao mesmo tempo*, todos estarão produzindo e vendendo mercadorias e, portanto, ganhando dinheiro, o que torna possível que todos os que estavam ociosos – condição frequente em comunidades pobres – passem a produzir e comercializar, o que viabiliza os negócios e a satisfação das necessidades básicas de todos. O que se verifica, portanto, é que o desenvolvimento solidário objetiva resgatar da pobreza todos ao mesmo tempo, o que é eticamente aconselhável e economicamente indispensável.

Cumpre notar que o desenvolvimento local capitalista é completamente diferente. Ele, em geral, é desencadeado por iniciativa de alguma grande empresa privada, que investe em alguma exploração agrícola ou em extração mineral, vegetal ou animal, visando vender a produção no mercado mundial, ou então por alguma grande empresa pública encarregada de realizar obras de infraestrutura, em geral de grande monta e longa duração. Nesses casos, é inegável que há benefícios, mas que atingem a uma fração só da comunidade: parte dos moradores consegue emprego, os negócios que servem aos novos assalariados vendem mais, lucram mais e se expandem. A arrecadação fiscal do município aumenta, o que permite à prefeitura eventualmente fazer investimentos e expandir serviços.

Mas, como esses benefícios são só para alguns, o efeito total do processo é aumentar a desigualdade, apesar da quantidade de pobres se ter reduzido em número absoluto e relativo. É que a distância em termos de rendimento monetário e de padrão de vida entre ricos e pobres se amplia a olhos vistos, por efeito do desenvolvimento capitalista. O ganho dos que ocupam cargos de direção nas novas empresas é notavelmente maior do que o que ganhavam os "ricos" antes de o desenvolvimento ter lugar. Nas comunidades pobres, pouco ou nada desenvolvidas, os poucos que não são pobres frequentemente usufruem rendas modestas em relação ao que ganham ricos em comunidades desenvolvidas, mas bem maiores do que o povo ganha em geral. Quando alguma dessas comunidades passa por um desenvolvimento capitalista, surge uma nova elite, em geral vinda de fora, cujos membros têm proventos semelhantes aos da elite em sociedades desenvolvidas.

Desenvolvimento solidário e desenvolvimento capitalista não só são bem diferentes enquanto processos de transformação social e econômica, como produzem sociedades distintas. O resultado do desenvolvimento realizado por meio da ESS tende a ser uma sociedade em que simplesmente não há pobres e ricos, mas trabalhadores em empresas não hierárquicas, nas quais os desníveis de ganhos ou inexistem ou são controlados por dispositivos estatutários. Observando as cooperativas atuais, verifica-se que os ganhos maiores equivalem, em geral, a cinco ou seis vezes os ganhos menores. Importa lembrar que esses intervalos são decididos em geral em assembleias de todos trabalhadores do empreendimento, em que a maioria se situa no extremo inferior da distribuição. Eles poderiam facilmente decidir que os ganhos de todos sejam iguais, o que de fato é praticado em algumas cooperativas. Não obstante, ao que parece, na maioria das cooperativas há alguma desigualdade de ganhos, adotada pela maioria por critérios de justiça: os trabalhadores estão convictos de que determinados sócios, seja pelos serviços que prestam ao coletivo ou pelo que sabem e poderiam ganhar alhures, *merecem ganhar mais*. São sociedades sem classes, em cuja base econômica reina a democracia: nela ninguém manda e ninguém obedece.

Não resta dúvida de que as sociedades capitalistas são caracterizadas não só por enormes desníveis entre ricos e pobres, mas pela tendência de esses desníveis aumentarem ao longo do tempo. Essa tendência está estatisticamente comprovada, apesar de que hoje a maioria das sociedades capitalistas são democracias políticas. Após a Segunda Guerra Mundial, a vitória dos países democráticos sobre o nazifascismo inaugurou um período de hegemonia "social--democrática", em que os Estados nacionais instituíram o chamado Estado de bem-estar social, durante o qual a desigualdade foi nitidamente reduzida através da previdência social e da legislação trabalhista, que garantia ao assalariado um padrão de vida considerado "digno". Mas, nos últimos trinta anos, grande parte dessas conquistas foi revogada em consequência da voga do neoliberalismo. Durante esse período, houve intenso crescimento da produtividade do trabalho e, portanto, aumento correspondente da produção de riqueza nas economias do capitalismo democrático. Esse aumento foi apropriado em grande medida pelos capitais aplicados na intermediação financeira e na especulação nas bolsas de valores e pelos que administram esses capitais. Tudo indica que os principais beneficiários do progresso das últimas três décadas são o famoso 1% da população que é denunciado pela rebelião dos Indignados, acampados (desde o dia 15 de outubro de 2011) junto aos centros financeiros das metrópoles e cidades de muitas dezenas de países.

4. Conhecimentos necessários para o desenho e gestão de políticas públicas para a economia social e solidária

Desenhar e gerir políticas públicas corresponde a um processo contínuo de ensaio e erro, no qual políticas tentativas são aplicadas em escala piloto e depois são cuidadosamente avaliadas para que o conhecimento assim gerado permita aplicar melhoramentos a ela. No caso em discussão, trata-se de políticas públicas que visam implantar as bases de "outra economia". Antes de sua formulação, cada política pública deve responder a certa problemática que as políticas existentes não solucionam ao todo ou o fazem de uma forma que deixa muito a desejar. O conhecimento de que se necessita é obviamente o da problemática que a política a ser formulada cumpre resolver ou resolver melhor do que a(s) política(s) existente(s).

Esse conhecimento de que se necessita não pode ser descoberto ou inventado de uma vez por todas, simplesmente porque a problemática a resolver tampouco é um fato dado de uma vez por todas. A problemática-alvo decorre de um processo de transformação econômica e social que avança ou recua o tempo todo, o que faz que a problemática-alvo seja um alvo sempre em deslocamento. Logo, o conhecimento necessitado é *um fluxo de problemas* sujeito às ações dos que precisam encontrar soluções para eles; essas ações prefiguram a política, embora de forma imperfeita, porque as tentativas de solução aplicadas podem afetar a problemática-alvo, sem resolvê-la.

ENSAIOS SOBRE ECONOMIA SOLIDÁRIA

Não dá para caracterizar o conhecimento necessitado antes de tê-lo, por causa da problemática em fluxo, que assume novas formas, na medida em que os conflitos travados entre diferentes interesses e ideologias ao redor das soluções propostas desembocam em vitórias de uns e derrotas de outros. A única maneira de obter o conhecimento necessitado é estudar o processo de transformação, de onde provém a problemática, e procurar entender as forças sociais e econômicas em presença que impelem o processo de transformação ou, pelo contrário, procuram contê-lo ou no mínimo retardá-lo.

Em suma, o conhecimento necessitado começa por identificar os agrupamentos econômicos, de classe, político-partidários, ideológicos, culturais, religiosos, étnicos, de gênero e orientação sexual, localizados no tempo e no espaço, ou seja, situados na história e na geografia do país, do continente e do mundo. O conhecimento necessitado pode ser gerado de duas maneiras: *uma é a acadêmica*, que se baseia em fontes secundárias – atas de reuniões, congressos etc., leis e projetos de lei, programas eleitorais e de governos, estatísticas, resoluções, entrevistas, depoimentos etc.; *a outra é a prática*, que consiste no envolvimento do investigador diretamente com as forças em presença e em conflito, que representam interesses, ideologias, culturas e eventualmente tradições diversas.

Cada uma delas tem vantagens e defeitos. A acadêmica tem a vantagem de ser rigorosa e se submeter ao controle de uma comunidade profissional, que persegue o mesmo tipo de conhecimento e é capaz de detectar erros, omissões, enganos, contradições lógicas e assim por diante. O seu defeito é que ela só trabalha com informações pretéritas, de episódios já encerrados, sendo incapaz de captar o momento presente do processo, pois o acadêmico pretende ser um observador e analista neutro, que não se imiscui nos conflitos em marcha. O defeito de uma é a vantagem da outra: a abordagem prática consiste na participação do investigador no processo enquanto militante, na medida em que o processo de transformação almejado é um processo político, impulsionado pelos partidários da ESS e presumivelmente obstado pelos partidários do *status quo* e quem sabe também por partidários de outros projetos alternativos ao capitalismo.

Na realidade, não dá para abrir mão nem de uma, nem da outra das maneiras de gerar o conhecimento necessitado. O órgão de governo encarregado da formulação das políticas de ESS tem de promover tanto o estudo acadêmico – sobretudo do pano de fundo histórico da problemática em questão – quanto o envolvimento no que está agora sendo chamado de pesquisa-ação, que consiste no levantamento da situação objetiva das populações envolvidas na problemática e ao mesmo tempo de suas disposições subjetivas sob a forma de reivindicações, plataformas, bandeiras de luta. A combinação dos resultados das duas abordagens, que pode ser levada a cabo através de oficina, seminário ou conferência, não dá ainda exatamente o conhecimento necessitado, mas já representa um grande passo em sua direção. O outro passo seria a formulação provisória de uma primeira versão da política almejada, a ser aplicada em escala piloto, para submetê-la a uma primeira experiência prática e assim verificar o quanto se pode esperar que ela atinja os objetivos colimados. Esse passo deveria ser a continuação da pesquisa-ação, que ofereceu fundamentos à formulação provisória da política.

Até aqui, tratamos do conhecimento necessário à formulação e gestão de políticas públicas singulares de ESS. Acontece que o conjunto dessas políticas públicas deve formar um todo razoavelmente coerente e consistente, já que todas almejam a mesma transformação socioeconômica. Para garantir essa consistência, é indispensável que o órgão encarregado da ESS disponha de duas fontes contínuas de informações: uma sobre o que está acontecendo no movimento da ESS (no singular ou no plural) e outra sobre o que está acontecendo na realidade socioeconômica e política da própria ESS, enquanto parte integrante da realidade social e econômica do país.

A primeira fonte deveria consistir numa conexão viva alimentada por periódica troca de ideias e propostas entre o órgão do governo e a(s) direção(ões) do(s) movimento(s) de ESS. Essa conexão seria não só uma importante fonte de informações e ideias, mas, mais do que isso, um espaço de coordenação política entre o Estado e a sociedade civil no que concerne à ESS. A outra fonte poderia consistir num mapeamento sistemático periódico da ESS no país através de levantamentos de campo de todas entidades – desde empreendimentos até órgãos sem fins de lucro da sociedade civil que fomentam a ESS – em todo o país. No Brasil, a Senaes vem promovendo o mapeamento da economia solidária desde 2005. Esse tipo de levantamento oferece dados preciosos para a avaliação das políticas que estão sendo realizadas, mas sobretudo permite acompanhar a problemática da construção do novo modo de produção, o que oferece um conhecimento essencial para poder julgar o processo de transformação em marcha e de que forma ele vem afetando o povo mais carente de atenção e apoio, que sobrevive naquilo que no Brasil chamamos de economia popular.

Hoje, o mapeamento da economia solidária está sendo tentado em diferentes países. Seria desejável que a metodologia desses mapeamentos fosse padronizada, na medida do possível e do conveniente para todos os participantes, pois os estudos comparativos da ESS em escala internacional seriam de valor inestimável para dissipar o denso clima de ceticismo que ainda cerca o debate sobre a viabilidade futura da ESS e, portanto, da sua relevância para um possível (e desejável) mundo pós-capitalista.

A economia solidária no combate à pobreza e por democracia[1]

1. O objetivo maior do futuro governo da presidenta Dilma Rousseff é erradicar a miséria do Brasil até o fim do seu mandato, em 2014. Em outra época essa proposição teria sido vista como um despropósito diante da extensão da miséria e a brevidade de um mero quatriênio para extirpá-la. Hoje, no entanto, a erradicação da miséria em quatro anos é vista como factível graças ao êxito do governo Lula em reduzi-la significativamente com políticas sociais e econômicas coerentes, para as quais a futura presidenta Dilma Rousseff como ministra contribuiu decisivamente.

A erradicação da miséria do Brasil no próximo mandato pode ser alcançada, mas fazê-lo não será fácil porque a miséria a ser combatida é remanescente daquela que o governo Lula começou a reduzir há

---

1 Embora o presente texto tenha sido assinado apenas por Paul Singer, secretário nacional de Economia Solidária, ele foi elaborado com a ativa participação dos membros do Comitê Gestor da Senaes, cujas convicções ele reflete. Escrito em 2011, para apresentação à presidenta da República, foi publicado em Paul Singer, *Ensaios sobre economia solidária*, pref. Rui Namorado, Coimbra: Almedina, 2018, p.201-5.

quase oito anos. As políticas que o governo Lula inventou para resgatar dezenas de milhões de brasileiros da miséria deram os resultados almejados, mas não foram suficientes para impedir que ainda outras dezenas de milhões permanecessem em extrema pobreza. É provável que não bastará aplicá-las por mais quatro anos para que a miséria desapareça do país. Será necessário continuar inovando, a partir de diagnósticos mais apurados das causas da miséria remanescente, para que sua erradicação seja alcançada.

A contribuição da economia solidária ao enfrentamento desse novo desafio poderá ser significativa, dada a experiência de combate à pobreza acumulada pela Senaes desde 2003. Entre as famílias que ainda permanecem na miséria, é provável que muitas vivam em desvantagem social e econômica por causas diversas: retardo mental resultante de desnutrição na infância, sofrimento psíquico decorrente de doença mental, cultura hereditária de pobreza por parte dos integrantes de comunidades tradicionalmente discriminadas, como quilombos, comunidades indígenas, de seringueiros, pescadores artesanais e outros extrativistas, cujos meios de vida estão ameaçados pelo avanço inexorável de monoculturas promovido por grandes firmas de capitais globalizados.

Cooperativas sociais, uma inovação italiana da década dos anos 1970, foram introduzidas no Brasil por meio de acordo de cooperação entre a Coordenação de Saúde Mental do Ministério da Saúde e a Senaes, em execução desde 2004, tendo em vista possibilitar a reintegração social de centenas de milhares de egressos de manicômios. Hoje estão em atividade 440 cooperativas sociais formadas por esse público, e a mesma estratégia está sendo empregada pela Senaes em parceria com o Ministério da Justiça para, no âmbito do Programa Nacional de Segurança Pública com Cidadania (Pronasci), promover ações de prevenção da violência em territórios "perigosos" nas periferias metropolitanas, mediante a formação de cooperativas de trabalho com apenados em diferentes regimes de cumprimento de pena, egressos de penitenciárias e seus familiares, além de jovens internados em instituições socioeducativas.

A Senaes promove ações análogas de desenvolvimento comunitário com quilombolas, indígenas e distintos tipos de comunidades

ENSAIOS SOBRE ECONOMIA SOLIDÁRIA

tradicionais no âmbito de um programa de etnodesenvolvimento que está em execução há mais de seis anos. Muitas dessas ações contam com a cooperação de outros ministérios e com a inestimável colaboração de incubadoras universitárias de cooperativas populares, que são projetos de extensão de cerca de cem universidades brasileiras, apoiadas por um Programa Nacional de Incubadoras (Proninc), coordenado pela Senaes, de que participam oito ministérios, além da Fundação Banco do Brasil, Coepe, Banco do Brasil e a entidade dos Pró-Reitores de Cultura e Extensão das Universidades.

No combate à pobreza, a Senaes fomenta a criação de mais de 150 bancos comunitários e dá apoio a centenas de Fundos Rotativos Solidários, promove a realização de centenas de feiras em âmbito local, regional, nacional e até internacional, além de dar formação política e técnica a cerca de 40 mil trabalhadores, gestores públicos e formadores e de oferecer assistência técnica a grande número de empreendimentos de economia solidária.

2. A economia solidária é um programa de organização de todo tipo de atividades econômicas que tem por base a plena igualdade de direitos de todos os participantes na produção, comercialização e distribuição de bens e serviços. Na economia solidária, os meios de produção são propriedade coletiva dos sócios, que os administram em autogestão: cada trabalhador tem direito a um voto, e as decisões são tomadas por consenso ou – quando este não é possível – por maioria de votos. Funções de direção e coordenação são exercidas por sócios eleitos para mandatos de poucos anos, e o rodízio no preenchimento desses cargos é frequentemente obrigatório por dispositivo estatutário.

Historicamente, a economia solidária é a resposta do movimento operário à enorme concentração de riqueza e poder acarretada pelo capitalismo mediante a generalização da economia de mercado, em que predomina a concorrência, na qual vencem os que possuem mais capital; como a experiência demonstra, a livre concorrência provoca a ruína da maioria dos disputantes em benefício de uns poucos que acumulam sempre mais dinheiro, ao passo que a grande maioria dos agentes, por não possuírem mais meios de produção, é obrigada a se assalariar para poder participar da produção social e assim ganhar a vida.

A economia solidária, que surgiu na época da Primeira Revolução Industrial sob a forma do cooperativismo operário e camponês, demonstrou que, se os pequenos produtores familiares ou individuais se associam, eles são capazes de enfrentar a concorrência dos grandes empreendimentos capitalistas mediante o exercício da solidariedade e desenvolver uma florescente democracia econômica nos muitos interstícios que as crises econômicas sempre deixam em seu rastro. Essa experiência acabou se repetindo no Brasil a partir das duas décadas perdidas (entre 1981 e 2003) por iniciativa de entidades da sociedade civil, inicialmente de cunho religioso e sindical, e depois por todo tipo de movimentos sociais que visam lutar contra a exclusão social e a consequente miséria, que o desemprego em massa e de longa duração não deixam de produzir.

A carta dirigida à presidenta eleita Dilma Rousseff, pedindo a criação do Ministério da Economia Solidária, foi subscrita por oitenta entidades representativas de grande parte da economia solidária brasileira, das quais quinze são entidades de assessoria leigas e outras nove são instituições religiosas, várias de abrangência nacional, como a Rede de Incubadoras Tecnológicas de Cooperativas Populares, a Cáritas Brasileira, o Conselho Nacional de Igrejas Cristãs, a Pastoral Operária Nacional, a Articulação Nacional de Agroecologia, entre outras. Subscreveram ainda a carta treze movimentos sociais, dos quais cerca da metade é feminino: Rede Economia e Feminismo, Marcha Mundial de Mulheres, Articulação de Mulheres Brasileiras, Ação dos Cristãos pela Abolição da Tortura (Acat), Casa da Mulher do Nordeste, Fórum de Mulheres da Amazônia Paraense, entre outros.

A representatividade de muitas das entidades que subscreveram o pedido de criação do Ministério de Economia Solidária dá uma ideia da importância que a economia solidária vem ganhando em nosso país, inclusive entre as comunidades mais tradicionais e mais pobres: assinam o pedido a Coordenação Nacional de Articulação das Comunidades Negras Rurais Quilombolas (Conaq), o Conselho das Aldeias Wajapi (Apina) e a Associação de Arte Indígena.

ENSAIOS SOBRE ECONOMIA SOLIDÁRIA 217

Desde a sua criação, em 2003, a Secretaria Nacional de Economia Solidária (Senaes) vem demonstrando, através de suas ações de apoio à economia solidária, que a multiplicação de empreendimentos de economia solidária constitui uma forma eficaz de reinserção social de populações que vegetam em bolsões de pobreza tanto rurais como urbanos. Esse fato permitiu que a Secretaria celebrasse acordos de cooperação com nada menos que 22 ministérios, bancos públicos como o BNDES, o Banco do Brasil, a Caixa Econômica Federal e o Banco do Nordeste do Brasil, além da crescente cooperação com estados e municípios. Atualmente, dezoito estados e cerca de trezentos municípios desenvolvem políticas de fomento da economia solidária.

Ao longo dos dois mandatos do presidente Lula, ações de sustentação ao desenvolvimento local e regional por meio da economia solidária tiveram tal expansão que a economia solidária se tornou verdadeiramente uma política transversal em grande parte do governo federal e num número crescente de governos estaduais e municipais.

Apesar da significativa expansão das políticas da Senaes, elas não chegam a atender as demandas de uma economia solidária em ritmo de expansão ainda maior. Nas duas Conferências Nacionais de Economia Solidária, realizadas em 2006 e em 2010, apareceu uma crítica persistente ao governo federal por "não priorizar as políticas de economia solidária", apesar dos esforços em sentido oposto de nosso governo.

Não se trata apenas da necessidade de mais recursos para que as ações de apoio possam atender a maior parte das carências de acesso a crédito, a canais de comercialização e a conhecimentos legais, administrativos, financeiros e tecnológicos dos empreendimentos de economia solidária, mas da necessidade da própria Senaes de dispor de um corpo de funcionários qualificados bem maior do que o atual para acompanhar e avaliar adequadamente dezenas de convênios sendo executados em numerosas regiões espalhadas pelo vasto espaço do território brasileiro, além de coordenar numerosas políticas, muitas desenvolvidas em parceria com diferentes ministérios, bancos públicos, governos estaduais e prefeituras.

A construção da economia solidária como alternativa ao capitalismo[1]

1. Prolegômenos

Desde a época aberta pela Revolução Industrial, no final do século XVIII, a noção de socialismo esteve ligada à emancipação da classe trabalhadora assalariada – o proletariado – mediante a apropriação coletiva dos meios de produção por aqueles que sabiam manejá-los e efetivamente se encarregavam de executar o trabalho que dotava a matéria-prima de valor de uso, adequando-a às necessidades humanas. Karl Marx expôs essa ideia em sua mensagem inaugural à direção da então recém-fundada Associação Internacional dos Trabalhadores, em 1864, nos seguintes termos:

---

1 A primeira publicação de parte deste artigo foi feita em versão em espanhol reduzida por Valmor Schiochet sob o título de "La construcción de la economía solidaria como alternativa al capitalismo". In: CORAGGIO, José Luis (org.), *Economía social y solidaria en movimiento*. Los Polvorines: Universidad Nacional de General Sarmiento, 2016, p.87-100. Depois, a versão completa em português foi publicada em Singer, *Ensaios sobre economia solidária*, p.119-49.

220   ECONOMIA SOLIDÁRIA

Após uma luta de trinta anos, travada com notável perseverança, o proletariado inglês [...] conseguiu que fosse aprovada a lei da jornada de dez horas. Os imensos benefícios físicos, morais e intelectuais que daí decorreram para os operários das fábricas [...] são agora amplamente admitidos. [...] Mas o futuro nos reservava uma vitória ainda maior da economia política do operariado sobre a economia política dos proprietários. Referimo-nos ao movimento cooperativo, principalmente às fábricas cooperativas, levantadas pelos esforços desajudados de alguns *hands* [operários] audazes. O valor destas grandes experiências sociais não pode ser superestimado. Pela ação, invés de por palavras, demonstraram que a produção em larga escala e de acordo com os preceitos da ciência moderna, pode ser realizada sem a existência de uma classe de patrões, que utilizam o trabalho da classe dos assalariados; que para produzir, os meios de trabalho não precisam ser monopolizados, servindo como meio de dominação e exploração contra o próprio operário; e que, assim como o trabalho escravo, assim como o trabalho servil, o trabalho assalariado é apenas uma forma transitória e inferior, destinada a desaparecer diante do trabalho associado, que cumpre a sua tarefa com gosto, entusiasmo e alegria. [...] Ao mesmo tempo, a experiência do período decorrido entre 1848 e 1864 provou acima de qualquer dúvida que, por melhor que seja em princípio, e por mais útil que seja na prática, o trabalho cooperativo, se mantido dentro do estreito círculo dos esforços casuais de operários isolados, jamais conseguirá deter o desenvolvimento em progressão geométrica do monopólio, libertar as massas ou sequer aliviar de maneira perceptível o peso de sua miséria. [...] Para salvar as massas laboriosas, o trabalho cooperativo deveria ser desenvolvido em dimensões nacionais e, consequentemente, incrementado por meios nacionais.[2]

Sete anos mais tarde, a recomendação de Marx foi colocada em prática pela Comuna de Paris. Ele comentou a experiência nestes termos:

> É um fato estranho. Apesar de toda prosa elevada e toda imensa literatura, durante os últimos sessenta anos, sobre a emancipação do trabalho,

---

2 Marx, "Manifesto de lançamento da Associação Internacional dos Trabalhadores", em *Marx & Engels: obras escolhidas*, p.318, 320.

tão logo os trabalhadores tomam a questão em suas próprias mãos com vontade, aparece de uma vez a fraseologia apologética dos porta-vozes da sociedade atual, com os seus dois polos do Capital e da escravidão do Assalariamento [...] como se a sociedade capitalista estivesse ainda em seu estado mais puro de virginal inocência, com os seus antagonismos ainda não desenvolvidos, [...] com suas realidades prostituídas ainda não desmascaradas. A Comuna, eles exclamam, pretende abolir a propriedade, a base de toda a civilização! Sim, cavalheiros, a Comuna pretende abolir a propriedade de classe que torna o trabalho de muitos a riqueza de uns poucos. Ela visava à expropriação dos expropriadores. Ela queria fazer da propriedade individual uma verdade ao transformar os meios de produção, terra e capital, agora os meios de escravizar e explorar trabalho, em meros instrumentos do trabalho livre e associado. Mas, isso é Comunismo, o "impossível" Comunismo! [...] Se a produção cooperativa não é para ser uma farsa e uma isca; se é para ela superar o sistema capitalista; se sociedades cooperativas unidas devem regular a produção nacional a partir de um plano comum, dessa maneira tomando-a sob o seu próprio controle e pondo fim à constante anarquia e às constantes convulsões que são uma fatalidade da produção capitalista – o que mais seria, cavalheiros, do que Comunismo, um Comunismo "possível"?[3]

Essas duas citações se propõem comprovar que, durante o século XIX, as principais lideranças do movimento operário na época encaravam o trabalho autogestionário como a encarnação lógica da base econômica do socialismo ou comunismo, ou seja, da sociedade livre e democrática almejada. Convém notar que os dois textos de que as citações foram tiradas são documentos redigidos por Marx para a I Internacional, da qual ele era o secretário para os países de língua alemã e ao mesmo tempo a sua liderança de maior destaque.

Durante o século XX, o século das revoluções, houve numerosas ocasiões em que a visão de Marx e Engels de um socialismo autogestionário poderia ter sido transformada em prática, mas, de fato, essas oportunidades jamais foram aproveitadas. A Revolução Russa de 1917 talvez tenha sido uma das mais importantes, e, como sabemos,

---

3 Id., *The Paris Commune*, tradução de Paul Singer.

os sucessivos governos bolcheviques efetivamente expropriaram os meios de produção, mas jamais os entregaram à autogestão dos trabalhadores. Os meios de produção passaram a ser controlados pelo Estado, que procurou enquadrar todas as empresas em planos centrais, elaborados por ele. O socialismo passou a ser uma economia centralmente planejada, na qual os trabalhadores eram submetidos aos ditames de administradores, encarregados da magna tarefa de cumprir as determinações dos planos, em seus mínimos detalhes.

2. Controvérsias sobre a estratégia da luta dos trabalhadores pelo socialismo, entendido como combinação de autogestão dos trabalhadores com sufrágio universal

O primeiro corpo político que aspirou representar os trabalhadores de todos os países do mundo foi a Associação Internacional dos Trabalhadores, formada em 1864, em Londres, num encontro em que predominavam organizações trabalhistas da Inglaterra e França, além de representações de emigrados italianos, alemães etc. Marx assumiu desde o início a liderança intelectual. Sua fala inaugural "incluiu apenas as ideias com as quais os sindicalistas, mas também os proudhonistas e mazzinistas, poderiam concordar".[4] Desde a primeira Conferência em Londres, em 1865, as diferenças entre os proudhonistas, que constituíam a maioria da delegação francesa, e Marx estavam claras. Daí em diante, em todas as reuniões da Associação, as posições de Marx tinham o apoio da maioria do Conselho Geral e sobretudo dos sindicatos ingleses, ao passo que as delegações dos países agrários – Itália, Espanha e inicialmente França – ou de áreas em que predominava a pequena indústria, como a Suíça francesa, eram predominantemente proudhonistas, que depois da Comuna de Paris, em 1871, foram sucedidas pelas ideias de Bakunin.

Estes chegaram a propor no Congresso de Genebra, em 1866, que apenas trabalhadores manuais pudessem ser membros da Associação, o que implicaria a exclusão de Marx. A maioria do Congresso

---

4 Abendroth, *A Short History of the European Working Class*, p. 31.

ENSAIOS SOBRE ECONOMIA SOLIDÁRIA 223

rejeitou a proposta. Marx propôs que fosse reivindicada a melhoria das condições de trabalho de mulheres e crianças e a jornada de trabalho de oito horas por dia. Apesar da oposição dos proudhonistas, que rejeitavam qualquer intervenção do Estado na formulação dos contratos de trabalho, a proposta foi aprovada por unanimidade.[5]

As controvérsias giravam ao redor da luta política dos trabalhadores. Para Marx, os partidos operários deveriam lutar por concessões arrancadas do Estado burguês, enquanto não tivessem poderio para aboli-lo. A partir do Congresso de Genebra, os sindicatos e as cooperativas de produção não apoiadas pelo Estado foram considerados pela Internacional as alavancas com as quais a tirania do trabalho assalariado e do capital poderia ser eliminada. [...] Os proudhonistas rejeitavam a luta política dos partidos operários porque procuravam ignorar a questão do poder estatal e excluí-la do desenvolvimento social. Quanto mais eles concordavam com a maioria quanto à necessidade de os ramos monopolistas da indústria, a começar pelas ferrovias, serem nacionalizados, menos acordo havia a respeito da forma que a nacionalização deveria assumir. Como poderiam grandes unidades funcionar se fossem possuídas por pequenas cooperativas descentralizadas, como estava implícito nas posições de Proudhon?[6]

É impressionante como essas questões continuam atuais quase um século e meio depois.

Após o sanguinário fim da Comuna de Paris em 1871, verdadeira caça aos socialistas, representados pela Internacional, foi desencadeada pelos governos da Europa, enquanto as divergências dentro da Internacional se aprofundavam.

A Conferência de Londres em 1871 adotou uma resolução pregando a formação de partidos legais da classe operária em cada país da Europa como pré-condição da revolução socialista. Para os seguidores de Blanqui e Bakunin isso era inaceitável. [...] Mas tampouco para os sindicatos ingleses a nova política correspondia às suas necessidades [...], pois ainda

5 Ibid., p.34.
6 Ibid., p.34-5.

eram demasiadamente fracos para poder atuar como força política independente. Suas esperanças se baseavam na aliança com a ala radical do Partido Liberal, com cujos votos contavam para melhorar as condições sociais dos trabalhadores.[7]

Em 1872, por proposta de Marx e Engels, a sede da Internacional foi transferida para Nova York, onde vegetou por mais quatro anos, longe de sua base social e política europeia, antes de encerrar suas atividades. Depois da partida da I Internacional para a América, nada menos que cinco conferências internacionais de trabalhadores se reuniram entre 1877 e 1888 em diferentes cidades europeias, evidenciando que a colaboração entre os movimentos operários do continente não foi interrompida. Em 1889, reuniram-se em Paris duas conferências de trabalhadores para comemorar o centésimo aniversário da queda da Bastilha: uma de sindicalistas e outra de seguidores de Guesde, ex-partidário de Bakunin, convertido às ideias marxistas. A esta última compareceram delegados dos Estados Unidos e da Argentina, e foram eles que começaram o restabelecimento da Internacional. Ficou decidido que haveria demonstrações em todos os países no 1º de maio de 1890 pela adoção da jornada de oito horas e que essa demanda deveria ser feita não só aos empregadores, mas ao próprio Estado burguês.[8]

Com o fim da Associação Internacional de Trabalhadores original e a fundação de nova Associação em 1889, a primeira passou a ser conhecida como a I Internacional e a nova como a II Internacional. Esta herdou naturalmente as controvérsias entre marxistas e anarquistas. Mas, nesses treze anos, a relação de força entre os dois agrupamentos mudara consideravelmente: os marxistas representavam fundamentalmente o proletariado industrial, majoritário nas hostes dos trabalhadores nos países mais adiantados, ao passo que os anarquistas predominavam nos países pouco ou nada industrializados, onde representavam o artesanato urbano e o campesinato mais pobre. A partir de 1870, a Alemanha e os Estados Unidos passaram

7 Ibid., p.39-40.
8 Ibid., p.52.

ENSAIOS SOBRE ECONOMIA SOLIDÁRIA   225

a se industrializar aceleradamente até alcançarem a Inglaterra e por fim ultrapassá-la. A industrialização avançou também em outros países europeus, alcançando os Impérios Russo e Austro-Húngaro, a França, a Bélgica, a Holanda e os países mediterrâneos, como a Itália e a Espanha.

Essa extensa mudança econômica acarretou uma profunda alteração na estrutura de classes das nações, com o crescimento do proletariado e o consequente fortalecimento de suas organizações sindicais e partidárias. Isso se refletiu na composição da II Internacional, que em seu Congresso de 1896 decidiu excluir os anarquistas e que daí em diante só fariam parte dela representantes de organizações "que trabalhassem para trocar o capitalismo pelo socialismo e reconhecessem o valor da legislação e da atividade parlamentar".[9]

A expansão demográfica do proletariado, primeiro na Europa e em seguida nas Américas e na Ásia (a começar pelo Japão), trouxe consequências não só socioeconômicas, mas também políticas. Desde o grande movimento cartista na Grã-Bretanha nos anos 1840, a classe operária passou a reivindicar os mesmos direitos políticos que as revoluções liberais haviam prodigalizado às classes médias, compostas por pequenos e médios empresários da cidade e do campo e pelas camadas superiores de uma crescente burocracia estatal, condicionada pela expansão urbana, desde logo demandante de mais e melhores serviços públicos: transporte, tráfego, iluminação, saneamento básico, rede hospitalar e escolar, policiamento etc. Embora o cartismo tivesse sido derrotado, o peso crescente do proletariado tornava inevitável que suas demandas de igualdade no gozo dos direitos de votar e ser votado teriam de acabar sendo atendidas, ainda que sob a forma de sucessivas concessões das classes dominantes e de seu estado.

A história da Revolução Industrial na Inglaterra e na Escócia registra uma sucessão quase ininterrupta de grandes campanhas da nova classe operária industrial pelo direito de se organizar em sindicatos e recorrer à greve para conquistar melhores condições de trabalho e de remuneração. A limitação da jornada de trabalho e a criação

---

9 Ibid., p.53.

dos inspetores de fábricas foram conquistas iniciais no campo social às quais se somam avanços sucessivos de extensão do gozo dos direitos políticos a novas categorias de trabalhadores. Tendo em vista essa realidade histórica, que acabaria por se estender aos outros países à medida que iam sendo alcançados pela expansão da indústria, a posição marxista de defesa do envolvimento do movimento operário nas lutas pela democratização era inegavelmente racional. Por isso, seu triunfo sobre a oposição anarquista deve ser visto como natural. O anarquismo, ao ser excluído da II Internacional, não desapareceu pelo simples fato de que nem o artesanato desapareceu das cidades nem o campesinato do campo, cujos interesses e visão ideológica ele expressava.

A luta pelo sufrágio universal atravessou a maior parte do século XIX e só se tornou vitoriosa na maioria dos países depois da Segunda Guerra Mundial, em meados do século XX. Etapas importantes foram a revolução proletária na França, em 1848, que instaurou o sufrágio universal masculino naquele país, e a abolição da escravatura nos Estados Unidos, alcançada ao cabo da Guerra da Secessão, em 1865, que abriu a possibilidade da inclusão dos libertos no sufrágio universal masculino, que já vigorava para os colonos brancos no país, quase desde a independência.

É de notar que essa possibilidade foi bloqueada no Sul daquele país pela violenta discriminação racial lá implantada pela tradicional oligarquia agrária branca depois do fim da Guerra Civil. A discriminação racial no Sul levou grande parte da população negra a migrar para os estados do Norte, onde se tornaram cidadãos em pleno gozo de seus direitos políticos. Somente na década de 1960 estudantes descendentes de escravos, educados no Norte, se organizaram nos Freedom Riders [Cavaleiros da Liberdade] e, ao lado de colegas brancos, viajaram até aos estados do Sul e conseguiram, após árduas lutas, interditar a prática da discriminação nas escolas e demais serviços públicos, até garantir à população negra o direito de se inscrever como eleitora, de votar e de ser votada. É preciso registrar com tristeza que, até hoje, o exercício desses direitos pelos negros, nos Estados Unidos, continua sendo contestado ocasionalmente mediante meios fraudulentos.

ENSAIOS SOBRE ECONOMIA SOLIDÁRIA

Para que o sufrágio universal se tornasse completo era preciso que ele fosse estendido às mulheres, o que exigiu ampla mobilização das mesmas e a conquista de direitos civis para que elas efetivamente pudessem se igualar aos homens. O feminismo surgiu nos Estados Unidos ainda no século XIX, na esteira da luta pela abolição da escravatura, e levou mais de um século até que, gradativamente, a revolução feminista se completasse. Nesse cenário de gradual emancipação humana de grupos oprimidos – operários, escravos, mulheres, negros não mais escravos –, o Brasil definitivamente não se encontra na rabeira: após a Revolução de 1930, a legislação do trabalho foi sendo sistematicamente implantada até culminar na adoção da Consolidação das Leis do Trabalho, em 1940. E, antes disso, em 1932, foi aprovada legislação que completou o sufrágio universal com a extensão às brasileiras do direito de votar e de se candidatarem a quaisquer cargos eletivos.

3. O avanço das lutas populares impõe sucessivas revisões às noções de socialismo como sistema socioeconômico destinado a suceder ao capitalismo

A trajetória das lutas populares, digamos, entre a conquista da independência dos povos das Américas (1776-1830) e a consolidação no mundo da democracia, no após Segunda Guerra Mundial, com a descolonização da Ásia e África (1976), foi marcada por revoluções e guerras, entre as quais se destacam as revoluções de 1848 na Europa, a Guerra da Secessão nos Estados Unidos (1861-1865), a Comuna de Paris (1871), a Revolução de 1905 na Rússia tzarista, a Primeira Guerra Mundial (1914-1918), a Revolução Russa de Outubro de 1917, a Guerra Civil Espanhola (1936-1939) e as inúmeras revoluções e guerras internacionais e civis que compõem a chamada Segunda Guerra Mundial (1939-1945). Esta, na realidade, não acabou com a rendição do Japão em 1945, como foi convencionado. Basta lembrar os conflitos detonados por essa guerra mundial e que prosseguiram após 1945 na China, no Vietnã, na Grécia, nas Filipinas e em outros países colonizados do Terceiro Mundo. Todos esses eventos marcaram com violência os avanços das lutas por mais democracia política, para começar, mas também por profundas mudanças sociais e econômicas.

Muitas dessas guerras foram iniciadas por regimes que procuravam se fortalecer por efeito das glórias bélicas a serem conquistadas no exterior, mas que acabavam por se enfraquecer na medida em que os conflitos se estendiam no tempo, impondo enormes sofrimentos à massa popular. Revoltas populares ajudaram a pôr fim a regimes autoritários, mesmo onde não chegou a haver revoltas, mas apenas reviravoltas políticas, que abriram caminho para grandes avanços das lutas operárias, feministas, de libertação nacional e de afirmação democrática e socialista. Essa longa experiência histórica soldou nas mentes de muitos socialistas a ideia de que sem violência revolucionária é impossível vencer as resistências ao avanço das lutas populares.

Este foi certamente o caso de Karl Marx e Friedrich Engels, cuja influência sobre as lutas populares, desde o lançamento do *Manifesto do Partido Comunista*, em 1848, dificilmente pode ser exagerada. Os dois são autores do programa revolucionário socialista mais inspirado, que a partir da II Internacional motivou e orientou um sem-número de movimentos e os dotou de uma visão de outro sistema socioeconômico, superior sob todos os aspectos ao capitalismo, sempre considerado como estando à beira de sua crise terminal. Marx e Engels herdaram dos socialistas utópicos a ideia de que a economia socialista teria de ser autogestionária, tendo como modelo as cooperativas de produção de sua época, conforme vimos nos Prolegômenos. Essa ideia predominou na I Internacional, tendo sido partilhada por partidários de Marx e Engels e de Proudhon e Bakunin. A bandeira da livre união dos produtores como diretriz básica de organização das atividades econômicas emergiu na Revolução de 1848, na França, e novamente na Comuna de Paris, 23 anos depois.

Mas, ao lado da visão autogestionária do socialismo, Marx e Engels desenvolveram outra visão: a de que no socialismo o mercado teria de ser abolido e substituído por um planejamento capaz de evitar as crises periódicas, características do capitalismo, assim como a concentração do capital em poucas mãos, condição essencial para a existência do trabalho assalariado e, portanto, da exploração da classe trabalhadora pelo capital. O mercado desenvolvido pelo capitalismo

ENSAIOS SOBRE ECONOMIA SOLIDÁRIA

enseja a competição entre as empresas pelo lucro máximo, que passa a ser o único motivo para produzir mercadorias, cujo valor de uso é necessário para que alguém queira comprá-las, mas que não incrementa a taxa de lucro sobre o capital investido e, portanto, não regula a quantidade das mercadorias produzidas. Em outras palavras, no capitalismo, a produção não visa à satisfação do consumidor, mas ao lucro máximo do capitalista.

Marx estudou intensamente a administração capitalista das empresas guiado pela experiência empresarial de Engels, que dirigia uma fábrica têxtil de sua família. Marx captou a contradição entre a anarquia provocada pela concorrência entre as empresas no mercado e a minuciosa racionalidade aplicada na gestão da empresa para dela extrair o máximo de lucro. Marx e Engels concluíram que, no socialismo, o mercado poderia e deveria ser abolido e, em seu lugar, o ajuste entre oferta e demanda seria construído, no conjunto da economia, por meio de um planejamento centralizado de toda a economia, análogo ao que o capitalista realiza em sua empresa. Obviamente, esse planejamento não iria visar à maximização do lucro privado, mas o bem-estar dos consumidores. Para que a sociedade possa dar o salto da economia anárquica do mercado à economia-ordenada pelo Estado, é preciso que este se aproprie de uma vez de todos os meios de produção. Isso exige, obviamente, a conquista de todo o poder de Estado por uma organização revolucionária e portanto a necessidade da derrubada do governo existente.

A história foi cruel com os pais do socialismo científico ao fazer que sua proposta acabasse sendo aplicada, cerca de quarenta anos depois de formulada, na Rússia, então o maior país do planeta. O planejamento geral de toda a economia, centralizado no Estado, foi praticado durante cerca de setenta anos. O modelo foi exportado depois da Segunda Guerra Mundial para numerosos países da Europa, da Ásia e de África e para Cuba, nas Américas, e um dos seus resultados inegáveis é que o Estado, longe de perecer, como pensavam Marx e Engels, hipertrofiou-se. A aspiração democrática foi deixada de lado, e a vida social foi submetida a uma camisa de força. Nas palavras de alguém forçado a viver num país imerso no socialismo real: "Aqui tudo o que não é proibido torna-se obrigatório".

O Estado, encarregado de alocar a totalidade do produto social, sem contar com as informações sobre as necessidades e desejos da população que somente o mercado pode fornecer em tempo, resolveu o enigma determinando ele mesmo as necessidades e desejos que cada cidadão e cada coletividade *deveria ter.* Como seria de se esperar, os resultados foram desastrosos. A ditadura manteve a insatisfação popular invisível aos próprios atores durante duas gerações até que ela explodisse tão logo o sistema repressivo começou a ser desmontado por Gorbatchov, a partir de 1985. Em 1989, sem muita violência e nenhuma intervenção externa, o sistema foi repudiado não somente na Rússia, mas pela quase totalidade dos países que o havia adotado. As populações sublevadas optaram por uma volta ultrarrápida ao capitalismo com democracia, da qual tinham vaga ideia por meio da mídia ocidental.

O aspecto que aqui nos interessa é que o planejamento centralizado é incompatível não só com a democracia "burguesa", mas também com o socialismo autogestionário, que tanto entusiasmo havia despertado em Marx e Engels. R. Selucky, que analisou essa contradição com muita perspicácia, concluiu:

> Eu gostaria de meramente sugerir que a rejeição do mercado é, por definição, incompatível com o conceito de sistema econômico socialista autogestionário. Se o mercado é abolido, a autonomia de unidades econômicas desaparece. Se o mercado é abolido, o relacionamento horizontal (isto é intercâmbio) entre unidades econômicas também desaparece. Se o mercado é abolido, a informação vinda dos consumidores (demanda) ou é inteiramente cortada ou ao menos é irrelevante para os produtores. Então, o plano central é a única fonte supridora de informações relevantes aos produtores para a tomada de decisões. Se este é o caso, a estrutura do sistema econômico tem de estar baseada no tipo de relacionamento vertical prevalecente (isto é, subordinação e superioridade), com a tomada de decisões centralizada na agência de planejamento, sem qualquer controle externo das decisões centrais. Um sistema autogestionário, mesmo que formalmente introduzido, é um corpo estranho em qualquer estrutura não de mercado, vertical e centralizada. Mesmo que a autoridade de tomar decisões seja formalmente garantida a órgãos au-

ENSAIOS SOBRE ECONOMIA SOLIDÁRIA 231

togestionários, a sua única fonte de informações é o plano central, já que o mercado foi eliminado. Qualquer economia consistentemente não de mercado tem de ser por definição: centralizada; dirigida por um plano de comando; controlada por um punhado de planejadores em vez de pelos próprios trabalhadores; baseada na manipulação dos produtores pela agência de planejamento.[10]

A experiência histórica confirma a tese de Selucky. Em 1930, Stálin resolveu estatizar toda a terra agrícola da União Soviética, transformando os empreendimentos agrícolas em empresas estatais ou em cooperativas. Só que estas últimas eram obrigadas a vender sua produção ao Estado por preços fixados pelo comprador. As cooperativas soviéticas só diferiam das empresas estatais pelo fato de que os trabalhadores destas eram remunerados por salários, como todos os trabalhadores empregados pelo Estado, enquanto os cooperados eram remunerados pelo ganho decorrente da venda de sua produção. Enquanto todos os preços eram fixados pelo Estado, a situação dos trabalhadores em cooperativas não se distinguia da dos empregados pelo Estado. Ficou evidente que a autogestão somente existe se são os cooperados que decidem o que produzir e a quem vender seus produtos e por quais preços.

4. Auge e declínio do "socialismo realmente existente" como sistema socioeconômico universal, sem autogestão e sem democracia, e o retorno da autogestão como bandeira dos novos movimentos sociais

Depois da Segunda Guerra Mundial, quando o regime soviético foi estendido a numerosos países da Europa central e oriental, não tardou que sucessivos levantes operários em Berlim, Hungria, Polônia e finalmente na Tchecoslováquia, entre 1953 e 1968, desmascarassem o seu pseudossocialismo. Após a invasão russa da Tchecoslováquia,

---

10 Selucky, "Marxism and Self Management", em Vanek, *Self-Management: Economic Liberation of Man*, p.57-8.

em 1968, para reprimir a tentativa de lá instaurar um socialismo "com cara humana", no mundo inteiro, o regime vigente na União Soviética e em seus satélites passou a ser denominado de "socialismo realmente existente" ou abreviadamente de "socialismo real". A denominação denotava que o "socialismo real" era de fato um regime opressivo que nada tinha em comum com o socialismo pelo qual lutaram muitas gerações de militantes. Numerosos partidos comunistas situados fora do território dominado pela União Soviética se dissociaram publicamente do socialismo real, enquanto os poucos partidos comunistas que não o fizeram perderam a maior parte dos seus eleitores.

> Foi este o grande trauma do comunismo: em dois anos, o PC Italiano perdeu 400 mil filiados e no PC da Grã-Bretanha o número de filiados caiu de 33.095 para 24.900 filiados. Em alguns dos PC menores, como o austríaco, o alemão e o português, os membros leais a Moscou simplesmente se fecharam em copas.[11]

O único país do bloco soviético que tentou construir uma economia socialista autogestionária foi a Iugoslávia, enquanto ela foi governada por Tito, entre 1948 e 1980. Durante a Segunda Guerra Mundial, a Iugoslávia foi ocupada pelos nazistas, e Tito comandou uma guerrilha comunista, que conseguiu efetivamente expulsar os invasores antes que as tropas russas entrassem no país. Foi o único país dos Bálcãs que se libertou sozinho, sem depender de ajuda externa, o que lhe conferiu enorme prestígio a ponto de Stálin sentir que Tito ameaçava seu domínio sobre a região. Em 1948, Stálin denunciou violentamente Tito como traidor e o expulsou do Cominform, que na época reunia todos os partidos comunistas. Embora não houvesse qualquer razão que justificasse a atitude de Stálin, os demais partidos comunistas se alinharam com ele. Tito, para se proteger de um ataque militar russo, aceitou a oferta de auxílio dos Estados Unidos e em seguida promoveu mudanças profundas na economia do país: todas as empresas que haviam sido estatizadas foram transformadas em cooperativas e entregues à autogestão de seus ex-empregados. Houve

---

11 Eley, *Forjando a democracia: a história da esquerda na Europa, 1850-2000*, p.385.

ENSAIOS SOBRE ECONOMIA SOLIDÁRIA

um restabelecimento dos mercados, em que as cooperativas podiam se abastecer e vender seus produtos por preços livremente determinados pela barganha entre compradores e vendedores. O Estado continuava monopolizando as finanças, e o crédito para investimentos dependia do planejamento estatal.

As cooperativas estavam sob a influência das autoridades nacionais e também das comunidades locais. Para que o sistema pudesse funcionar com certa autenticidade, o partido comunista foi dissolvido e substituído pela Liga dos Comunistas e a repressão às liberdades civis foi consideravelmente atenuada. Apesar da manutenção do regime de partido único, temas econômicos e sociais controvertidos eram discutidos publicamente. Estive pessoalmente no país em 1978 e pude verificar o contraste entre a total ausência de liberdades políticas nos países que compunham o mundo do "socialismo real" e o regime iugoslavo. Infelizmente, depois da morte de Tito, em 1980, os diferentes países que compunham a Iugoslávia entraram em conflitos étnicos e religiosos violentíssimos, que puseram fim à nação e com ela à experiência de autogestão, que até aquela data deveria ser considerada única no mundo.

A experiência da Iugoslávia despertou novo interesse pelo socialismo autogestionário, pois ele foi mais benéfico para o povo do que a economia centralmente planejada, adotada nos países vizinhos. Os interessados eram principalmente intelectuais e estudantes, desejosos de encontrar vias de transição ao socialismo democrático. O socialismo autogestionário havia sido abandonado tanto pelos partidos comunistas como pelos partidos social-democratas ou trabalhistas. Durante as primeiras décadas do pós-guerra, estes últimos foram eleitos ao governo, sozinhos ou em coligação com outros partidos, na maioria dos países da Europa ocidental. Uma vez no poder, esses partidos nacionalizaram os principais serviços públicos: transportes, energia, comunicações, educação e assistência à saúde, além de grande parte da indústria pesada, mas em nenhum país a gestão de empresas estatais foi entregue aos empregados. Uma exceção parcial foi a Alemanha Ocidental, onde as empresas estatais, legadas pelo nazismo, passaram a ser administradas em cogestão por representantes do governo e dos trabalhadores, por exigência das potências ocupantes.

234   ECONOMIA SOLIDÁRIA

Esas decisão foi tomada e efetivada durante o longo governo demo-
crata-cristão de Adenauer, estando a social-democracia na oposição.

A autogestão operária na realidade não constava da ordem do
dia da social-democracia. Nesta predominava a pauta de reivindicações dos trabalhadores sindicalizados, cujo atendimento produziu o famoso e na época consensual "Estado de bem-estar social".
Nessa pauta, o que mais se aproximava da autogestão operária era
a reivindicação de direitos democráticos a serem exercidos no local
de trabalho: a criação de conselhos de empresa, compostos por representantes eleitos pelos empregados, com poder de intervir em
situações em que algum direito contratual ou legal de empregados
estivesse sendo lesado. Cumpre notar que esses direitos foram efetivamente conquistados em diversos países europeus, dando aos representantes eleitos pelos trabalhadores certa capacidade de influir em
decisões dos empregadores que afetassem diretamente os interesses
de seus representados.

A autogestão voltou com vigor à agenda com a explosão de pro-
testos e lutas dos estudantes de Paris, que rapidamente se espalharam
pela Europa, América do Norte e do Sul, no inesquecível ano de 1968.
Foi antes de tudo um movimento de jovens, de uma geração que estava sendo educada para atuar num mundo que não só desaprovavam,
mas que os indignava pelas flagrantes injustiças que estavam sendo
cometidas pelos poderosos, sem que algo fosse feito para impedi-los.

> O radicalismo europeu em 1968 era totalmente internacionalista,
> inspirado pelos movimentos revolucionários não ocidentais ou pela
> raiva contra os Estados Unidos contrarrevolucionários. Os estudantes
> cruzavam facilmente as fronteiras passando de um teatro de radicalismo
> para outros. O Tribunal Internacional para Crimes de Guerra, instalado
> pela Fundação Bertrand Russell pela Paz, promoveu este processo, con-
> centrando esforços na Guerra do Vietnam. Em termos práticos, o mun-
> do havia encolhido pelas viagens e comunicações, e, em termos cultu-
> rais, pelo gosto e pelo estilo.[12]

---

12 Ibid., p.395.

ENSAIOS SOBRE ECONOMIA SOLIDÁRIA

Em maio de 1968, a agitação estudantil eclodiu na Universidade de Paris, a Sorbonne. Os estudantes entraram em greve, ocuparam a universidade e em seguida organizaram manifestações nas ruas, sendo violentamente reprimidos pela polícia, o que deve ter despertado a simpatia da população pelos jovens. Desse modo, as lutas estudantis acabaram contaminando a classe operária fabril. Em resposta, o Partido Comunista, que dominava a central sindical mais poderosa, repudiou o movimento estudantil, denunciando os estudantes rebelados como inimigos pseudorrevolucionários da classe trabalhadora.

Mas, à medida que os acontecimentos se desenvolviam, os comunistas da base inevitavelmente se juntaram às manifestações. Sabedores de que nenhum desafio maior ao governo iria acontecer sem eles, a CGT relutantemente combinou com os outros sindicatos uma greve de protesto de um dia a 13 de maio, quando 800 mil trabalhadores marcharam numa maciça validação dos atos dos estudantes.[13]

Em seguida, o governo reabriu a Sorbonne, cedendo aos estudantes.

Mas, no momento em que os estudantes gozavam a liberdade, começaram os abalos secundários, numa mobilização sem paralelo na Europa capitalista desde 1936. A disposição passara dos estudantes para os operários. [...] No fim da semana, a onda de greve avançava, concentrada no cinturão vermelho de Paris, Normandia e Lião. Foram afetadas as indústrias de automóveis, aviação, engenharia, carvão, química e construção naval, além do setor público, com o transporte municipal, ferrovias, gás e eletricidade, os correios, serviços sanitários e a navegação do canal, todos em greve. Os profissionais técnicos, tais como os controladores de tráfego aéreo e o pessoal do rádio e da televisão, também pararam. A 18 de maio, 2 milhões estavam em greve e havia 120 fábricas ocupadas. Na semana seguinte, o número de grevistas chegou a algo em torno de 4 a 6 milhões. No dia seguinte já eram entre 8 e 10 milhões.[14]

---

13 Ibid., p.401.
14 Ibid.

A rebelião estudantil, provavelmente sem querer, acabou provocando um imenso movimento de protesto social. Nas universidades ocupadas, os estudantes trataram de eliminar hierarquias, democratizar a administração e redefinir os currículos.

Mas os trabalhadores também afirmavam sua ação. Inspirados pelo exemplo dos estudantes, sua audácia tomou de surpresa não somente os empregadores e o governo, mas também os sindicatos. Em Nantes, a ação na Sud Aviation galvanizou um movimento geral de greve, que culminou com a tomada da prefeitura pelo comitê central dos trabalhadores, camponeses e estudantes em greve no dia 27 de maio, afastando o prefeito e o chefe da polícia.[15]

O governo da França se viu coagido a oferecer concessões para poder retomar o controle da situação. A 25-26 de maio, ofereceu aos grevistas um aumento de 35% do salário mínimo, um aumento geral de 10% dos salários e a perspectiva de a semana de trabalho ser reduzida a quarenta horas. Mas a oferta de acordo foi rejeitada pelos trabalhadores da Renault e de outras empresas.

Os trabalhadores queriam mudanças que resultassem em melhoria da qualidade de vida: aumento da autoestima, maior participação nas decisões, mais controle sobre a vida diária – *tudo o que implicasse a autogestão*.[16]

Depois de prolongada resistência nas fábricas e nas universidades, operários e estudantes acabaram tendo de ceder ao governo, que afinal conseguiu restaurar a ordem. Mas o movimento de maio de 1968 deixou um rico legado, que ainda dá frutos.

Animar a revolta antiautoritária foi um ideal de autogestão, adotado oficialmente como *autogéstion* pelo novo Partido Socialista (PS) em 1973-75. Previa a democratização da economia – via reivindicação do con-

---

15 Ibid., p.402.
16 Ibid., p.403, itálico nosso.

ENSAIOS SOBRE ECONOMIA SOLIDÁRIA

trole das fábricas pelos seus trabalhadores, cooperativas autogeridas e constitucionalização dos negócios, bem como por meio de tomada participativa de decisões, abertura dos livros, descentralização da gerência e melhoramento geral do local de trabalho.[17]

O posicionamento do novo Partido Socialista refletia os valores do movimento de maio de 1968, que apresentam afinidades significativas com os do movimento da economia solidária no Brasil e em outras nações, 35 anos depois. Vejamos. "Alienação" era a palavra do momento. Ela transmitia uma poderosa acusação: "a sociedade moderna é um truque de confiança que oferece altos padrões de conforto material em troca da escravidão à máquina industrial; o ensino moderno tem como seu principal objetivo a aceitação desta situação". Como recordava Cohn-Bendit: "Os estudantes queriam saber: por que estamos aprendendo isso? Para fazer o quê? Para assumir que função na sociedade?".[18]

O movimento estudantil, que teve o seu epicentro em Paris e se esparramou pela França, em 1968, repercutiu na Itália, na Alemanha e em outros países da Europa, nos guetos negros das grandes cidades dos Estados Unidos, no massacre estudantil na Cidade do México, no *cordobazo* argentino e em greves e gigantescas manifestações de rua dos estudantes no Rio e em São Paulo. Em 1968, em plena ditadura militar, as universidades brasileiras estavam em greve pela *reforma universitária*, no fundo protestando contra o golpe que havia fulminado a democracia. Um congresso estudantil clandestino foi denunciado à polícia, e centenas de participantes foram presos. O movimento estudantil foi para a clandestinidade e logo em seguida muitos estudantes aderiram à resistência armada à ditadura, pela qual grande número pagou com a vida, enquanto muitos outros foram presos ou obrigados a se refugiar no exterior.

Em outros países, os estudantes se engajaram no pacifismo, contra a Guerra do Vietnã nos Estados Unidos, contra o estacionamento de mísseis nucleares na Grã-Bretanha. Na Alemanha, os estudantes

---

17 Ibid., p.406.
18 Ibid., p.406.

radicalizados se engajaram no movimento ambientalista, que mais tarde ensejou a formação do Partido Verde, com réplicas em numerosos outros países. A vertente propriamente autogestionária voltou à tona no episódio da Lip, uma fábrica de relógios em Besançon, perto da fronteira suíça, que entrou em crise, ameaçando demitir a maioria dos seus operários especializados. A crise se estendeu por mais de cinco anos e envolveu as principais centrais sindicais, o governo da cidade, o governo francês, os dois principais partidos de esquerda e a própria indústria relojoeira francesa.

Em 1973, os trabalhadores ocuparam a fábrica, mas dois meses depois foram forçados pela polícia a evacuar o prédio. Mas, antes disso, os trabalhadores haviam removido peças do maquinário para continuar a produção em oficinas clandestinas. O governo negociou um plano de recuperação da empresa com as centrais sindicais e industriais "progressistas", que, depois de prolongadas idas e vindas, acabou sendo aprovado pelos trabalhadores. Mas as medidas de racionalização não foram suficientes para garantir a recuperação almejada, e, com a recessão em 1975-1976, a direção da Lip requereu em abril de 1976 a falência da empresa, o que levou os trabalhadores a tornar a ocupá-la na esperança de poder contar com a solidariedade da esquerda francesa e da classe operária organizada. Os operários abriram as portas da Lip a visitantes (só em maio foram 60 mil) e a reuniões sindicais e eles mesmos compareceram a reuniões em toda a França, com a imprensa, com representantes do governo e com os síndicos da falência, nomeados pelo tribunal. Os operários sobreviviam com o seguro-desemprego e o ganho com vendas de diversos artigos produzidos por eles e vendidos a simpatizantes.

Finalmente, em novembro de 1976, a assembleia dos trabalhadores decidiu formar uma cooperativa que compraria a Lip de seus acionistas. Esse passo levou dezenove meses a ser dado por razões ideológicas: eles se consideravam assalariados em luta contra proprietários e não para que eles mesmos se tornassem proprietários. Temiam que sua transformação em cooperados implicasse em mudança de sua identidade de classe e, portanto, de suas relações com a classe operária assalariada do país. Convenceram-se, no entanto, de que, nas eleições marcadas para março de 1978, a esquerda seria

ENSAIOS SOBRE ECONOMIA SOLIDÁRIA 239

vitoriosa e de que, com um governo de esquerda, uma empresa de propriedade de seus trabalhadores poderia ser um exemplo para outros ocupantes de fábricas. E de fato, em 1974-1975, mais de duzentas ocupações de fábricas na França se inspiraram no exemplo da Lip. Mas, nas eleições, a esquerda foi derrotada, o que não impediu os trabalhadores de apresentarem um novo plano para assumirem a empresa enquanto cooperativa.[19]

5. A autogestão como reivindicação das lutas operárias no "socialismo real"

O ímpeto autogestionário francês foi no entanto de curto fôlego, e o tema foi por assim dizer suplantado por outros, como o pacifismo, o ambientalismo e o feminismo nas agendas dos novos movimentos sociais. Mas voltou à cena em grande estilo graças às seguidas revoltas operárias na Polônia.

> Greves de massa se seguiram aos aumentos do preço dos alimentos, anunciados inesperadamente primeiro em 1970, no governo Gomulka, e depois em 1976, em meio de grave crise econômica, no governo Edward Gierek. Nas duas vezes o governo recuou diante da militância da classe trabalhadora – greves, passeatas, protestos formais e ações diretas de saques de edifícios, batalhas contra a polícia e ocupações dos locais de trabalho. Em 1970-71, [...] depois que os tanques invadiram os portos bálticos e Varsóvia ficou sob greve geral, o novo secretário-geral Gierek [...] anunciou o congelamento dos preços por dois anos nos níveis de 1966, tornado possível por um empréstimo soviético. Em 1976, o ciclo repetiu-se com mais rapidez: anunciaram-se os aumentos, os trabalhadores saíram às ruas, e o governo recuou.[20]

Em 1980, começou outra insurreição pelos mesmos motivos: aumentos de preços. O estaleiro Lênin foi ocupado por operários

---

19 Carnoy; Shearer, *Economic Democracy: The Challenge of the 1980s*, p.163-9.
20 Eley, *Forjando a democracia*, p.494.

240   ECONOMIA SOLIDÁRIA

chefiados por Lech Walesa. Mas dessa vez os trabalhadores fizeram uma nova reivindicação: sindicatos independentes. Enquanto o governo negociava com os trabalhadores nas diferentes regiões, em setembro foi fundado o Sindicato Independente Autogerido ou *Solidarnosc* (Solidariedade). No mês seguinte, estourou uma greve geral, e o número de aderentes ao Solidarnosc crescia aos saltos: 3 milhões em setembro, 8 milhões em outubro, chegando a 9,5 milhões, ou seja, mais de três quartos de uma força de trabalho de 12,5 milhões, um ano depois.

> Em seu primeiro Congresso, em setembro-outubro de 1981, o Solidariedade abandonou sua postura de sindicato e exigiu uma "república autogerida", atacando o "papel de liderança" do PC. A economia planejada foi rejeitada em favor de empresas autônomas "autogeridas", com sugestões sindicais de uma economia democratizada além da esfera de comando do Partido. Quando o programa declarou que "a vida pública na Polônia exige reformas profundas e abrangentes que resultem na introdução permanente de princípios de autogestão, democracia e pluralismo" estava entrando no terreno da "Primavera de Praga" e deixando para trás a terra do "socialismo realmente existente". O resultado era inevitável. A 12 de dezembro, Jaruzelski [o chefe do governo] decretou a lei marcial, prendeu os líderes do Solidariedade e formou um Conselho Militar de Salvação Nacional.[21]

6. *A repercussão da revolução do Solidarnosc e a consequente difusão do socialismo autogestionário no Brasil*

Apesar de reprimido pela força, o movimento do Solidarnosc teve enorme repercussão nos outros países, particularmente nos que eram palcos da atuação dos jovens estudantes, engajados em movimentos sociais herdeiros dos valores de 1968. No Brasil, a luta do Solidarnosc coincidiu com a fundação do Partido dos Trabalhadores por uma

---

21 Ibid., p.495-6.

ENSAIOS SOBRE ECONOMIA SOLIDÁRIA

ampla frente de agrupamentos de esquerda, de orientações diferentes, mas com uma significativa representação dos novos movimentos sociais. Entre as lideranças, uma parcela significativa era composta por pessoas que haviam estado exilados na Europa, portanto conhecedoras das lutas pela autogestão operária dos dois lados da ainda incólume Cortina de Ferro.

Um dos que se engajaram no estudo do socialismo autogestionário foi Cláudio Nascimento, intelectual autodidata e educador popular, que a partir de 2003 integraria a equipe da Secretaria Nacional de Economia Solidária como coordenador-geral de formação. Num depoimento autobiográfico, relatava:

> Em 1980, tinha publicado brochuras e ensaios sobre o movimento operário e sindical que tinha surgido na Polônia, o Solidarnosc. Na França participei de estudos e ações de apoio aos exilados de Solidarnosc, que estavam apoiados pela CFDT, onde trabalhava. [...] Muitas entrevistas e conversas em bares da periferia de Paris, com dirigentes operários e intelectuais poloneses [...], reuniões com militantes de Lublin, que vinham como convênio com a Universidade de Louvain La Neuve, na Bélgica, me levaram a escrever sobre essa experiência de autogestão. Fiz pesquisa sobre o movimento de autogestão na Polônia, o Solidarnosc, na França, consultando bibliotecas e centros de documentação. A pesquisa foi publicada em Portugal, pelas edições Base-Fut, do Porto.
>
> Na volta ao Rio de Janeiro, me reintegrei no Cedac. Com o companheiro da metalurgia Ferreirinha, passei a integrar a equipe de formação sindical da Secretaria Estadual de Formação do RJ. Desde essa época até mais ou menos 1991, viajei por vários estados, desenvolvendo cursos sobre "socialismo autogestionário" para uma camada jovem de operários, estudantes e militantes de movimentos sociais, ávidos por conhecimento sobre uma nova forma de organização da sociedade e de autores pouco ou quase nada conhecidos entre nós: Rosa Luxemburgo, o austro-marxismo, Pannekoek, Mariátegui e experiências históricas de autogestão.
>
> Após 1989, juntos com o Iser, lançamos o Boletim "Vermelho e Branco" (iniciativa de Rubem César Fernandes, que tinha vivido seu exílio na Polônia), com assessoria do jornalista Newton Carlos, para divulgar notícias sobre os acontecimentos do Leste. Ainda com o Iser, Ieds e Cedac,

formamos um *pool* para atividades de formação sobre o socialismo. Na equipe estavam Rubem César Fernandes, Pedro Uchoa Cavalcanti, Reginaldo di Piero, Piragibe Castro Alves. Em 1990, um ano após a queda do Muro de Berlim, fundamos no RJ o Centro de Cultura Socialista, para continuar as atividades de formação sobre essa temática.

Na época do Cedac, constituíamos uma frente político-cultural aglutinando informalmente militantes de várias correntes de esquerda no PT e na CUT [Central Única dos Trabalhadores] para formação em vários estados, onde tínhamos apoios de ONG, em pelo menos oito estados. Esse trabalho levou, no Rio de Janeiro e em Santa Catarina, alguns companheiros a formarem uma "tendência" dentro do PT, na linha da autogestão socialista. Esse "fechamento" levou a um definhamento das atividades, pois terminou por isolar muitas pessoas. Dessas atividades surgiram várias brochuras:

– *A questão do socialismo: da Comuna de Paris à Comuna de Gdansk*;

– *Rosa Luxemburgo e Solidarnosc. Autonomia operária e autogestão socialista*, São Paulo: Cedac; Edições Loyola, 1988;

– *Polônia 80, uma lição de socialismo*;

Com o Pacs (colega Marcos Arruda), realizamos muitas atividades sobre essa temática na região Sul do país. Era em convênio com a ONG gaúcha Ceca, com sede em São Leopoldo. Com o Ceca, publicamos as brochuras:

– *Dos soviets à burocratização* (tradução da obra do historiador Marc Ferro);

– *Um programa socialista autogestionário* (do tcheco Petrl Uhl, traduzido, mas que não foi publicado);

– *Socialismo e marxismo na América Latina* (Mariátegui, Che e Carlos Fonseca), junto com texto de Michael Löwy;

– *A evolução do socialismo autogestionário* (tradução de texto do iugoslavo), Branko Hovart.

O relato de Cláudio Nascimento mostra que o socialismo autogestionário passou a receber uma divulgação sistemática por um número notável de intelectuais, a partir pelo menos de julho de 1983, quando o autor volta ao Brasil. Na realidade, essa atividade começou antes, conforme ele relata em seu depoimento:

ENSAIOS SOBRE ECONOMIA SOLIDÁRIA   243

Em 1978-1979, com a volta dos anistiados, tínhamos fundado diversas ONGs para levar este trabalho em vários estados da federação: no Rio fundamos a Cedac [Centro de Ação Comunitária], onde passei a trabalhar. Nessa época, já era assessor da Pastoral Operária Nacional (junto com Frei Beto, Frei Eliseu, sindicalistas como João Pires Vasconcelos, José Ibrahim e intelectuais como Piragibe Castro Alves). Trabalhávamos com oposições sindicais pelo país afora. Esta atividade intensa levou-me mais uma vez a perseguições: após ser seguido durante seis meses, tive o meu apartamento invadido no Rio, em 1980, quando da onda de terrorismo que assolou o país naquele período [...]. Por isto, tive de sair do Brasil, passando três anos na França, trabalhando numa Central Sindical, a CFDT. Este tipo de estágio foi no campo da formação sindical, pois estávamos para fundar a CUT [Central Única dos Trabalhadores] e precisaríamos de pessoas que soubessem como fazer formação em uma central sindical (não tínhamos esta experiência no país devido à constante exclusão e proibição de centrais sindicais).[22]

O depoimento de Cláudio Nascimento indica que sua incessante atividade intelectual e como educador popular se desenvolveu em estreito contato com ativistas e intelectuais ligados à Igreja católica, certamente inspirados pela Teologia da Libertação. Um estudioso atento do tema, Pablo A. Guerra,[23] oferece dados significativos a esse respeito:

Nos anos 1950, um dominicano francês de nome Louis Joseph Lebret haveria de marcar a fogo um grupo de investigadores de diversos países da América, divulgando no continente uma escola conhecida como "economia humana".

Paulo VI, que começa o seu papado em pleno Concílio, promulgaria logo o seu *Populorum progressio* (1967), onde se volta a mencionar a solidariedade como valor indispensável na busca de um verdadeiro desenvolvimento para os povos:

---

22 Nascimento, *Memorial* (pelo que sabemos, nunca publicado).
23 Guerra, *Socioeconomia de la solidariedad.*

Esta linha seria continuada por S.S. João Paulo II, o papa que mais tem contribuído nessa linha de reflexão, a ponto de promover, em uma reunião em Santiago de Chile, em 1987, a ideia de "economia da solidariedade", na qual disse: "pomos todas nossas esperanças na América Latina".[24]

A forte afinidade dos socialistas cristãos com o socialismo autogestionário ou economia solidária se manifesta também no fato de o Complexo Cooperativo de Mondragón, a maior rede de cooperativas do mundo, ter sido fundado sob a iniciativa e liderança do padre Arizmendiareta, um lídimo socialista cristão e discípulo do padre Lebret. No Brasil, igualmente a economia solidária passou a ser difundida e organizada em boa parte por entidades da Igreja, como a Pastoral Operária e a Cáritas.

A afinidade do socialismo cristão ou da Teologia da Libertação com a economia solidária, no Brasil, no ocaso da ditadura militar, é significativa porque compartilha desde cedo um mesmo campo de atuação com a maioria dos novos movimentos sociais que surgiram no país, inspirados pelas insurreições operárias que se levantaram contra a opressão, tanto em Praga como em Paris e Varsóvia. Nesse contexto, não deixa de ser significativo o movimento do Solidarnosc ter sido predominantemente católico.

O testemunho de Cláudio Nascimento deixa claro que a pregação do socialismo autogestionário nos anos 1980, quando o declínio do regime militar no Brasil já era inegável, teve lugar no seio mesmo do movimento operário, sindical e político. É esse movimento operário, que ressurge mutilado por catorze anos de repressão total (1964-1978), que vai gerar o Partido dos Trabalhadores, uma inovação não somente à luz da história do Brasil, mas também da história mundial, pois na mesma época tem lugar o auge da contrarrevolução do neoliberalismo, sinalizado pelas eleições e reeleições de Margaret Thatcher, na Grã-Bretanha, e de Ronald Reagan, nos Estados Unidos.

O neoliberalismo surge avassalador, desde 1979-1980, ao mesmo tempo que a União Soviética começa a se livrar das amarras

---

24 Ibid., p.45 e 50-1.

ENSAIOS SOBRE ECONOMIA SOLIDÁRIA 245

estalinistas que sufocaram durante quase setenta anos qualquer iniciativa democrática de sua população. Há os que atribuem a abertura russa à onda neoliberal, hipótese que não encontra qualquer corroboração factual. O que surpreende nos países capitalistas é a quase total incapacidade da esquerda de oferecer resistência à ofensiva neoliberal, produzida pela falta de qualquer alternativa que nem precisaria ser socialista, mas apenas democrática, como a que está sendo *hoje* reivindicada pelos movimentos de jovens, na periferia europeia e nos países árabes. As prolongadas lutas por democracia e socialismo, travadas pelos movimentos operários e seus intelectuais orgânicos ao longo dos séculos XIX e XX, provam que a essência do socialismo é a democracia sem mais adjetivos, aplicada não só à política, mas à economia, à educação escolar, à assistência à saúde, à ordenação urbana, ao cuidado com o meio ambiente e demais áreas cruciais de interação social.

A fundação do PT no Brasil, em 1980, vai contra a corrente do colapso perante o neoliberalismo da esquerda democrática na União Europeia, nos Estados Unidos e em países da América do Sul, ao levantar a bandeira da luta por um socialismo humano e absolutamente democrático. No manifesto lançado por ocasião de sua fundação a 10 de fevereiro de 1980, o PT proclama:

> O PT afirma o seu compromisso com a democracia plena e exercida diretamente pelas massas. [...] Lutará por sindicatos independentes do Estado, como também dos próprios partidos políticos. [...] É preciso que o Estado se torne a expressão da sociedade, o que só será possível quando se criarem as condições de livre intervenção dos trabalhadores nas decisões dos seus rumos. Por isso, o PT pretende chegar ao governo e à direção do Estado para realizar uma política democrática, do ponto de vista dos trabalhadores, tanto no plano econômico quanto no plano social. O PT buscará conquistar a liberdade para que o povo possa construir uma sociedade igualitária, onde não haja exploradores e nem explorados.[25]

---

25 Partido dos Trabalhadores, *Resoluções de encontros e congressos 1979-1998*, p.66-7.

246   ECONOMIA SOLIDÁRIA

Na primeira Convenção Nacional do PT, em 1981, Lula discursou dizendo, entre muitas outras coisas:

> [...] queremos com todas as forças, uma sociedade [...] sem exploradores. Que sociedade é esta senão uma sociedade socialista? Mas, o problema não é somente este. Não basta alguém dizer que quer o socialismo. A grande pergunta é: *qual socialismo?* [...] Sabemos que não nos convém, nem está em nosso horizonte, adotar a ideia do socialismo para buscar medidas paliativas aos males sociais causados pelo capitalismo ou para gerenciar a crise em que este sistema econômico se encontra. Sabemos também que não nos convém adotar como perspectiva um socialismo burocrático, que atende mais às novas castas de tecnocratas e de privilegiados que aos trabalhadores e ao povo. [...] O socialismo que nós queremos irá se definindo nas lutas do dia a dia, do mesmo modo como estamos construindo o PT. [Ele] terá de ser a emancipação dos trabalhadores. E a libertação dos trabalhadores será obra dos próprios trabalhadores.[26]

Lula, isto é, o PT, entrega a decisão sobre qual socialismo será edificado aos próprios trabalhadores, como garantia de que as lutas que o definirão serão travadas de modo inteiramente democrático, como sempre foram, desde os dias heroicos da resistência à repressão em São Bernardo do Campo. O compromisso do PT e seu líder fundador é que a democracia vigente no país teria de se tornar cada vez mais participativa, para que o seu destino pós-capitalista possa ser decidido diretamente pelos trabalhadores.

O assunto socialismo e democracia volta a ser tratado, em 1987, no V Encontro Nacional do PT, no item 46 de suas resoluções:

> A ausência de democracia, do direito à livre organização dos trabalhadores é contraditória com o socialismo pelo qual lutamos. Ainda mais quando sabemos, a partir de várias experiências históricas, que essa ausência foi alçada a quase que a um princípio permanente, cujas consequências podem ser vistas hoje, num certo impasse que vivem vários países que fizeram a revolução e que está na base, por exemplo, da luta

---

26 Ibid., p.114.

ENSAIOS SOBRE ECONOMIA SOLIDÁRIA

dos trabalhadores poloneses em torno do Solidariedade, que o PT tem apoiado.[27]

Vale notar que o apoio à luta do Solidariedade polonês implica, se não um compromisso ainda, uma inclinação do PT ao socialismo autogestionário reivindicado por aquele famoso sindicato. O compromisso foi assumido quatro anos depois, em 1991, no I Congresso do PT. Vale a pena examinar a formulação de três resoluções do Congresso.

98. O PT entende que a diversidade de desejos e ideias é inerente à condição humana, razão pela qual a pretensão de suprimi-la não passa de um projeto de violentação da humanidade. Lutamos por uma sociedade efetivamente plural, mais um motivo para sermos anticapitalistas, pois o capitalismo, ao oprimir e alienar os indivíduos, só admite uma pluralidade restringida pela desigualdade de condições e oportunidades. Mas, motivo também para rechaçarmos a chamada "pluralidade para os partidos operários", ou seja, "para quem pensa como nós" que, historicamente, só pode levar a formas de ditadura. [...]

100. Nossa perspectiva, entretanto, não se limita à democratização e à socialização da política a partir do Estado. Visamos construir no socialismo uma esfera pública na qual a política não se restrinja a iniciativas estatais e institucionais, mas que, ao contrário, tenha seu polo dominante nas iniciativas surgidas da sociedade, na perspectiva de que a população organizada se aproprie de funções que hoje são reservadas às esferas estatais e institucionais, exercendo em plenitude uma nova cidadania. Para o PT, o socialismo deve ser também a socialização dos meios de governar, a descentralização do poder e, principalmente, o reconhecimento do direito à diversidade política, cultural, étnica, sexual e religiosa. [...]

103. O PT entende que é preciso estimular o planejamento estratégico e democrático do desenvolvimento, diversificar as formas de propriedade, gestão e controle social, combinando diferentes formas de propriedade (estatal, coletiva, social, pública, particular, mistas), privilegiando as formas de propriedade de carácter social e estabelecendo limites à propriedade individual, de acordo com critérios vários, como

---

27 Ibid., p.316.

setor de atividade, volume de lucro gerado, número de empregados, entre outros; diferentes formas de gestão econômica (autogestão, direção pessoal ou coletiva, mistas) e várias formas de controle social (sindical, popular, estatal), compreendendo que a eliminação das desigualdades herdadas do capitalismo demandará um longo, demorado e conflituoso processo, do qual, no momento, só podemos vislumbrar as formas mais gerais. Até porque os contornos precisos de uma sociedade socialista não podem ser definidos hoje (a não ser como projetos de laboratório, desprovidos de vida), exatamente porque eles serão produtos da própria luta social, política, econômica e cultural. Por isso mesmo, entendemos ser essencial fortalecer o controle da sociedade civil sobre o Estado também no terreno econômico, impulsionando a socialização e a democratização do Estado e o desenvolvimento das esferas públicas no âmbito da própria sociedade civil.[28]

Há séculos, a democracia vem sendo experimentada em diferentes lugares e épocas, mas pela primeira vez se tornou uma quase unanimidade mundial, ao menos como ideal político. Essas tentativas democráticas, que se generalizaram após a queda das ditaduras stalinistas, se chocam hoje com a extrema concentração do capital, da riqueza e da renda, que resulta da total liberdade de movimentação do capital, imposta pela hegemonia neoliberal na maioria dos países do Primeiro Mundo e portanto nos órgãos multilaterais da Organização das Nações Unidas (ONU), como a Organização Mundial do Comércio (OMC) e o Fundo Monetário Internacional (FMI).

O Brasil, hoje governado pelo PT e uma coligação de partidos, constitui brilhante exceção, ao lado de um bom número de países da América do Sul e do Extremo Oriente, a esse panorama desolador de retrocesso, que ainda prevalece na América do Norte e na Europa. Essa excepcionalidade brasileira se deve em grande parte ao Partido dos Trabalhadores, o maior partido do país e que é a matriz, juntamente com ONGs e movimentos sociais, desse processo de construção ideológica e política da economia solidária como alternativa viável ao capitalismo em sua atual fase neoliberal.

---

28 Ibid., p.500-1.

ENSAIOS SOBRE ECONOMIA SOLIDÁRIA

O PT foi fundado em 1980, quando o regime militar resolveu pôr em prática sua abertura política, mediante a restauração do multipartidarismo. Até então, o regime havia tolerado apenas um único partido de oposição, o MDB [Movimento Democrático Brasileiro], e um único partido da situação. Com a abertura, os militares resolveram possibilitar aos oposicionistas fundar outros partidos, com a esperança de que, ao fazê-lo, as oposições se dividissem. O que efetivamente aconteceu. O MDB teve de se tornar PMDB [Partido do Movimento Democrático Brasileiro] e em 1988 sofreu uma primeira cisão, com a formação do PSDB [Partido da Social Democracia Brasileira], que teve a oportunidade de governar o país entre 1995 e 2003. Os herdeiros de siglas partidárias tradicionais as refundaram e surgiram novos partidos políticos. Hoje o Brasil possui dezenas de partidos, que disputam eleições em nível nacional, estadual e municipal.

O PT disputou a Presidência da República com candidato próprio desde a primeira eleição direta, em 1989, tendo perdido as três primeiras, sempre ocupando o segundo lugar, o que o tornou, desde 1990, o maior partido de oposição. O crescimento eleitoral do PT foi inicialmente vagaroso, mas se acelerou a partir de 1988, quando conquistou o governo municipal de São Paulo, a maior metrópole do país, e de mais duas capitais de estados e dezenas de municípios grandes, médios e pequenos. Desde esse momento, o PT passou a enfrentar os problemas decorrentes do exercício do poder executivo, sem ter acesso a recursos que lhe permitissem cumprir a maior parte de suas plataformas de governo. É que uma inflação enorme praticamente paralisou as políticas de fomento do desenvolvimento econômico entre 1980 e 1994, mantendo a economia brasileira em semiestagnação durante as duas décadas finais do século XX.

A estabilização dos preços foi alcançada mediante o Plano Real, que foi executado dentro das regras neoliberais, com abertura brutal do mercado interno às importações de bens industriais de países com custos trabalhistas muito menores que os vigentes no Brasil, o que acarretou forte crise industrial, com a perda de milhões de postos de trabalho e uma elevação do desemprego em massa, grande parte dele de longa duração. Nessa conjuntura trágica de empobrecimento e exclusão social, que se agravou durante as duas décadas perdidas, a economia solidária emerge como uma estratégia de sobrevivência à qual recorrem cada vez mais trabalhadores, amparados pelos projetos alternativos comunitários (PACs), implantados pela Cáritas, pelas incubadoras tecnológicas de cooperativas populares abrigadas por universidades públicas e por um bom número de ONGs, em grande parte ligadas à Igreja católica, com algum acesso a recursos da chamada ajuda internacional.

A economia solidária desde então tem sido viabilizada por movimentos sociais apoiados pelos setores organizados da sociedade civil: comunidades eclesiais de base, pastorais, sindicatos operários, movimento estudantil atuando em incubadoras ou entidades similares, movimentos de trabalhadores rurais sem terra, catadores de resíduos recicláveis, quilombos, indígenas, mulheres, egressos de manicômios, sem falar da solidariedade entre vizinhos, que faz parte da cultura das classes trabalhadoras de baixa renda.

O apoio do poder público veio inicialmente de prefeituras, quase todas petistas. O movimento político da economia solidária se desenvolve de forma molecular durante os anos 1980 e emerge na cena pública com a realização dos primeiros foros sociais mundiais, a partir de 2001. Há um importante processo de reconhecimento mútuo entre todos os movimentos sociais envolvidos com a economia solidária a partir da segunda metade dos anos 1990, de modo que, quando o primeiro Foro Social Mundial ocorre, em 2001, em Porto Alegre, cidade governada pelo PT desde 1989, o movimento da economia solidária tem presença destacada, provocando considerável interesse entre os milhares de participantes nacionais e estrangeiros.

É importante considerar a estreita afinidade política entre os promotores dos foros sociais mundiais e os militantes e organizadores da economia solidária, pois ambos são inspirados pelo rico legado dos movimentos estudantis que emergem em 1968 e se mantêm ativos desde então. Apesar do crescente apoio dado à economia solidária pelos governos do PT, não só municipais mas também estaduais, o partido só a assume pelo que foi visto antes, no I Congresso, em 1991, e na forma de uma cogitação teórica no quadro da discussão do socialismo petista, cuja construção demandaria "um longo, demorado e conflituoso processo".

ENSAIOS SOBRE ECONOMIA SOLIDÁRIA

Em 2000, Lula resolveu promover uma série de debates sobre o socialismo no PT, tendo em vista a nova situação criada dentro do partido pela crise mundial do "socialismo real", que vinha sendo abandonado pelos países e partidos em escala crescente. Como seria de se esperar, o socialismo autogestionário, já então sendo identificado como economia solidária, foi objeto de debate pelos dirigentes do partido, que resultou em sua adoção pelo PT, quase sem oposição. Lula foi mais uma vez candidato à Presidência em 2002 e fez questão de incluir em sua plataforma o apoio à economia solidária, que já vinha crescendo com vigor, embora ainda largamente ignorada pela opinião pública. A vitória de Lula foi recebida com enorme entusiasmo pela população, que esperava mudanças profundas na sociedade, a serem efetivadas pelo novo governo.

O movimento de economia solidária, movido pela mesma esperança, encaminhou ao presidente eleito, mas ainda não empossado, missiva em que pedia a criação da Secretaria Nacional de Economia Solidária no Ministério do Trabalho e Emprego. A proposta contou com o apoio do futuro ministro do Trabalho Jacques Wagner e recebeu a aprovação de Lula. Essa decisão permitiu ao movimento da economia solidária, que até aquele momento ainda não havia assumido caráter nacional, o ensejo e a necessidade de cobrir todo o extenso território nacional, o que mudou o seu caráter numa dimensão que só foi possível perceber gradativamente ao longo dos anos seguintes.

A criação da Secretaria Nacional de Economia Solidária (Senaes) teve de esperar a aprovação da lei que reorganizou o governo brasileiro, por meio da qual a criação de outros ministérios e secretarias também foi legalizada. Foi uma espera de um semestre, durante o qual o movimento da economia solidária se empenhou na discussão das políticas a serem desenvolvidas pela Senaes, em duas reuniões plenárias. Quando chegou o dia da instalação da Secretaria, uma terceira plenária foi convocada em Brasília, que acabou sendo a maior de todas, com a presença de 800 delegados de 20 dos 27 estados brasileiros. Nessa reunião foram fundadas duas entidades que acabaram sendo as principais parceiras da Senaes: o Fórum Brasileiro de Economia Solidária, que reúne desde então os empreendimentos de economia solidária de todo o país e todas as organizações da sociedade civil que fomentam a economia solidária; e a Rede Nacional de Gestores Públicos de Economia Solidária, à qual pertencem os responsáveis pelos órgãos estaduais e municipais de apoio e promoção da economia solidária.

A Senaes foi recebida com simpática curiosidade não só pelos servidores do Ministério do Trabalho, mas também pelos dos ministérios responsáveis por políticas sociais e de defesa dos direitos de mulheres, negros, indígenas e outras "minorias" socialmente excluídas e discriminadas, o que levou a Secretaria a organizar cursos para servidores públicos federais de formação e informação sobre economia solidária. De cada vez, o número de matrículas ultrapassava de longe a quantidade esperada de alunos. A satisfação da curiosidade reforçou a simpatia pela economia solidária, o que fez que ao cabo de poucos anos nada menos de 22 ministérios do governo federal desenvolvessem políticas de fomento da economia solidária, em parceria com a Senaes.

Da mesma forma, cresceu incessantemente o número de estados e municípios que realizam ações de difusão e apoio à economia solidária. Na verdade, a economia solidária já vinha aumentando vigorosamente antes da vitória de Lula e da criação da Senaes, de modo que é difícil saber quanto da aceleração desse crescimento deve ser atribuído à ampliação das políticas de fomento devida à criação da Senaes ou à dinâmica própria do movimento. A expansão da economia solidária pelo extenso território brasileiro tornou a economia solidária cada vez mais diversificada culturalmente com a vinda de variadas comunidades tradicionais: quilombolas, indígenas, quebradeiras de coco, seringueiros, pescadores artesanais, marisqueiras, cultivadores de peixes e frutos do mar e uma profusão de artesãos, de bordadeiras a apicultores e cultivadores de plantas medicinais etc.

Essa crescente diversidade cultural vem enriquecendo a economia solidária ao juntar operários de empresas recuperadas, que trazem à economia solidária a experiência recente da luta de classes, com povos que cultuam os valores da economia solidária em função de suas próprias tradições, transmitidas de geração a geração há muitos anos. Havendo respeito pelos diferentes, a diversidade alarga os horizontes dos engajados na economia solidária e os torna mais capazes de extrair dos avanços e recuos, dos ganhos e das perdas os ensinamentos que facilitam a convivência e afiam a inteligência coletiva para o enfrentamento de novos desafios.

Sob nomes diferentes, a economia solidária se desenvolve em muitos países dos cinco continentes e, graças à revolução informática e à troca de experiências, foi facilitada, o que torna possível não só a interação, mas a colaboração efetiva, que permite falar da globalização de uma variedade de alternativas viáveis ao capitalismo neoliberal, que a todos ameaça. O florescer de uma profusão de economias solidárias ou sociais ou humanas ou como quer que se denominem é a garantia de sua viabilidade, pois a vocação da humanidade não é a uniformização.

Referências bibliográficas

ABENDROTH, Wolfgang. *A Short History of the European Working Class*. Nova York; Londres: Monthly Review Press, 1972.

CARNOY, Martin; SHEARER, Derek. *Economic Democracy*: The Challenge of the 1980s. Nova York: M. E. Sharpe, 1980.

ELEY, Geoff. *Forjando a democracia*: a história da esquerda na Europa, 1850-2000. São Paulo: Fundação Perseu Abramo, 2005.

GUERRA, Pablo A. *Socioeconomia de la solidariedad*. Montevidéu: Nordan--Comunidad, 2002.

MARX, Karl. *The Paris Commune*. Nova York: Labor News, 1941.

_____. Manifesto de lançamento da Associação Internacional dos Trabalhadores. In: *Marx & Engels*: obras escolhidas. Rio de Janeiro: Vitória, 1961.

NASCIMENTO, Cláudio Araújo. *Memorial*. (não publ.)

PARTIDO DOS TRABALHADORES (PT). *Resoluções de encontros e congressos 1979-1998*. São Paulo: Diretório Nacional do PT, set. 1998.

SELUCKY, R. Marxism and Self Management. In: VANEK, Jaroslav. *Self-Management*: Economic Liberation of Man. Harmondsworth: Penguin Education, 1975.

SINGER, Paul. *Ensaios sobre economia solidária*. Pref. Rui Namorado. Coimbra: Almedina, 2018.

SOBRE O LIVRO

FORMATO
13,5 x 21 cm

MANCHA
24,9 x 41,5 paicas

TIPOLOGIA
Coranto 10/14

PAPEL
Off-white 80 g/m^2 (miolo)
Cartão Supremo 250 g/m^2 (capa)

1ª Edição Editora Unesp: 2022

EQUIPE DE REALIZAÇÃO

EDIÇÃO DE TEXTO
Tulio Kawata (Copidesque)
Claudia Andreoti (Revisão)

PROJETO GRÁFICO
Marcos Keith Takahashi (Quadratim)

CAPA
Quadratim

EDITORAÇÃO ELETRÔNICA
Eduardo Seiji Seki

ASSISTÊNCIA EDITORIAL
Alberto Bononi
Gabriel Joppert

Rua Xavier Curado, 388 • Ipiranga - SP • 04210 100
Tel.: (11) 2063 7000
rettec@rettec.com.br • www.rettec.com.br